Mosaik

zum 25jährigen Dienstjubiläum am 1.1.96

Lieber Herr Dr. Albrecht,

wir hoffen, daß wir Ihnen mit diesem Buch eine Freude machen können. Vielleicht finden Sie darin Ihr "Paradies" für schöne Golfurlaube.

Ihre

Werner [illegible]

Anita Vossen

Karin Schmitt

Michael [illegible]

# Golf paradiese

Denis Machenaud

## Die schönsten Golfplätze Europas

Mosaik Verlag

Der Mosaik Verlag ist ein Unternehmen der Verlagsgruppe Bertelsmann

Deutsche Bearbeitung: Rainer Cordes, Stephan Engert, München
Grundlayout: Ada Forster, München
Produktion: Buchheim Editions SA, Fribourg
Umschlaggestaltung: Petra Dorkenwald, München
Umschlagfoto: Thomas Exler, München
Redaktion: Hubertus von Gemmingen, Fribourg

Satz: Filmsatz Schröter GmbH, München
Reproduktion: Repro-Studio Lorenz & Zeller, Inning
Druck und Bindung: Mohndruck Graphische Betriebe GmbH, Gütersloh

Printed in Germany
ISBN 3-576-03179-0

# Inhalt

Oben: Das berühmte Flüßchen Swilcan Burn durchkreuzt das 1. und 18. Fairway des Old Course. Die rechts neben der 18. Spielbahn gelegenen Straßenzüge der Universitätsstadt St. Andrews bilden eine großartige Kulisse.

Unten links: Das Clubhaus des Royal and Ancient Golf Club of St. Andrews, Heimat des organisierten Golfsports.

Unten rechts: Abendstimmung am 6. Tee des Old Course.

SCHOTTLAND

# St. Andrews

**Die besondere Bedeutung, ja den Mythos von St. Andrews zu umschreiben, ist ein schwieriges Unterfangen. Sicherlich gibt es keinen herausragenden Grund, warum gerade diese in der schottischen Grafschaft Fife gelegene Universitätsstadt sich zum »Home of Golf« entwickelt hat. Nüchtern betrachtet bietet St. Andrews nicht viel mehr als andere Küstengolfplätze in Schottland oder anderswo. Ist es also das einzigartige, in Teilen oft kopierte und doch nie erreichte Layout des Old Course von St. Andrews, dem Klassiker unter den Links-Courses, diesen küstennahen, von Sanddünen durchsetzten Küstengolfplätzen? Oder ist es die Tatsache, daß auch der Royal and Ancient Golf Club, der zusammen mit dem amerikanischen Golfverband weltweit über die Einhaltung des Golf-Reglements wacht, in St. Andrews**

seinen Sitz hat? Was es auch immer sein mag, ein Besuch in St. Andrews macht vor allem deutlich, daß der Mythos lebt!
Wer unter den Fenstern des altehrwürdigen, schloßartigen Clubhauses auf dem 1. Tee des Old Course steht und das Panorama der Anlage auf sich wirken läßt, der atmet Golfgeschichte. Da liegen linker Hand die ehrwürdige Universitätsstadt, deren Pulsschlag vom Golf bestimmt zu werden scheint, und das 18. Grün, dramatischer Schlußpunkt vieler großer Meisterschaften. Geradeaus blickt man auf das breite Fairway des 1. Loches, im Hintergrund das Flüßchen Swilcan Burn, das auch die 18. Spielbahn kurz nach dem Abschlag quert. Auf der rechten Seite schließlich die See, die den Küstenplatz unbarmherzig mit ihren Winden bearbeitet.
Um der Wahrheit die Ehre zu geben: Es ist nicht ganz korrekt, St. Andrews und seinen Old Course als Synonyme zu behandeln, denn es gibt in St. Andrews insgesamt fünf Golfplätze, darunter vier Anlagen mit 18 Löchern sowie eine 9-Löcher-Anlage, die bis 1993 neu gestaltet wird. Eine fünfte 18-Löcher-Anlage steht ebenfalls ab 1993 zur Verfügung.
Am berühmtesten aber ist ohne Zweifel der Old Course, der vor wenigen Jahren noch jedermann zum Spiel offenstand. Der enorme Andrang von Greenfee-Spielern aus aller Welt veranlaßte jedoch die Course-Ranger nicht nur, aus Sicherheitsgründen rote Schutzhelme zu tragen, sondern zwang die Clubverantwortlichen, Spielbeschränkungen einzuführen. Heute darf auf dem Old Course nur spielen, wer ein gültiges Handicap nachweisen kann und eine Startzeit reserviert hat. Nur an Sonntagen und im spielfreien März gönnt sich die »alte Dame«, wie der Platz liebevoll genannt wird, Ruhe: Dann bleibt das »Home of Golf« geschlossen.

Ein riesiger Bunker verteidigt das Doppelgrün des 7. und 11. Loches.

Bevor wir uns mit den spieltechnischen Eigenschaften des Old Course befassen, unternehmen wir einen kurzen Ausflug in die Historie des Platzes, der wie kein anderer die Geschichte der Sportart bestimmt hat. Exakt ist nicht zu klären, wo der Golfsport seinen Ursprung genommen hat. Alte Überlieferungen besagen, daß bereits im 12. Jahrhundert in Holland Eschenkugeln mit Hilfe von Stöcken über die zugefrorenen Gräben, Flüsse und Seen getrieben wurden, und daß es holländische Seefahrer waren, die das Spiel nach Schottland brachten. Nach anderen Aufzeichnungen waren es schottische Schäfer, die Steine mit ihren Stöcken in Löcher zu bugsieren versuchten.

SCHOTTLAND

# St. Andrews

Verläßlichen Quellen ist jedoch zu entnehmen, daß in St. Andrews bereits Mitte des 16. Jahrhunderts Golf gespielt wurde. Zunächst ohne ein allgemein gültiges Regelwerk, bis man sich am 14. Mai 1754 in St. Andrews entschloß, jene Golfregeln zu übernehmen, die Jahre zuvor von der »Ehrenwerten Gesellschaft der Golfer von Edinburgh« aufgestellt worden waren. 1764 erhielt der Old Course seine endgültige Form. William St. Claire hatte nämlich die ursprüngliche Anzahl von 22 Löchern, elf in jede Richtung, in der für damalige Verhältnisse unglaublichen Schlagzahl von 121 bewältigt, so daß man sich entschloß, aus den ersten vier zwei Löcher zu machen und damit die Golfrunde auf 18 Löcher zu verkürzen. Diese Zahl, die vom Royal and Ancient Golf Club 1858 offiziell festgeschrieben wurde, gilt bis heute als Norm beim Bau eines Golfplatzes.

Seit seiner offiziellen Eröffnung hat sich der Old Course über die Jahrhunderte hinweg nur unwesentlich verändert. Vielleicht bleibt dieser Golfplatz, der in bezug auf seine Topographie ein wenig an eine Mondlandschaft erinnert, gerade deswegen so einzigartig.

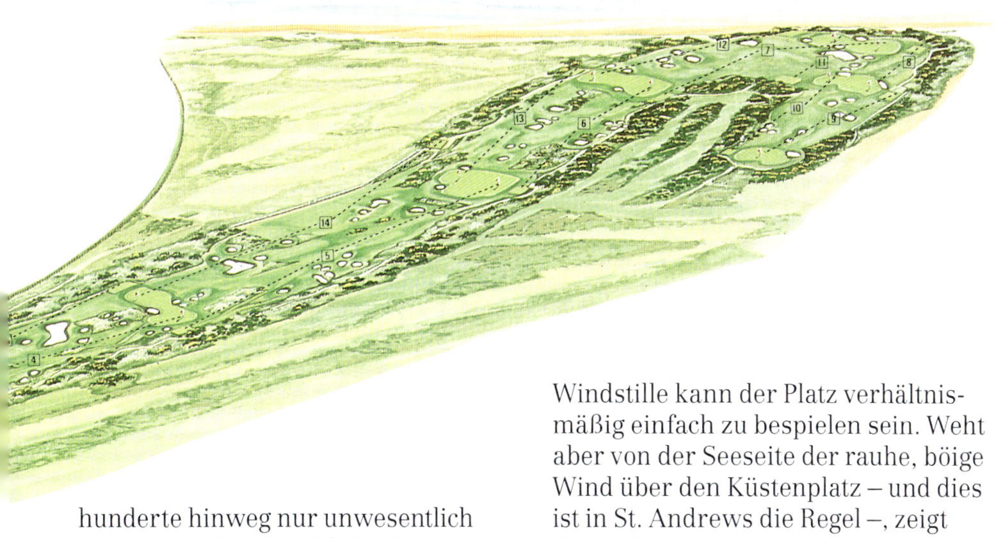

Ein weiteres unnachahmliches Charakteristikum stellen die sieben gewaltigen Doppelgrüns dar, die von Golfplatz-Designern aus aller Welt meist ergebnislos kopiert wurden.

Den Old Course als Prototyp eines klassischen Links runden schließlich die mächtigen, meist mit mannshohen Kanten versehenen Bunker ab, die teils in den Landezonen der Tee-Shots, teils in strategischer Lage rund um die Grüns plaziert sind. Diese Bunker stellen gefürchtete Hindernisse dar, die selbst Professionals gelegentlich dazu zwingen, den Ball mit dem Sandwedge zurück auf das Fairway zu spielen. 138 Bunker zählt der Old Course, einige davon tragen so bezeichnende Namen wie »Höllenbunker« ...

Die Roughs spielen auf dem Old Course – im Gegensatz zu vielen Links auf den britischen Inseln – keine spielentscheidende Rolle.

Wie es sich für einen echten Links-Course gehört, verfügt St. Andrews weder über künstlich angelegte Wasserhindernisse noch über Baumbestand. Weit mehr als durch etwaige natürliche Hindernisse wird der Schwierigkeitsgrad des Spiels auf dem Old Course durch die jeweils vorherrschenden Witterungsverhältnisse bestimmt. Bei schönem Wetter und Windstille kann der Platz verhältnismäßig einfach zu bespielen sein. Weht aber von der Seeseite der rauhe, böige Wind über den Küstenplatz – und dies ist in St. Andrews die Regel –, zeigt der Meisterschaftsplatz sein wahres Gesicht.

Eine Golfrunde auf dem Old Course beginnt mit einem Drive auf das wohl breiteste Fairway der Welt, das weder von Rough noch von Bunkern geschützt wird. Deutlich mehr Herausforderung bietet der zweite Schlag über das Flüßchen Swilcan Burn, hinter dem sich unmittelbar das Grün befindet. Wer zu kurz annähert, muß damit rechnen, daß der Ball im Wasser landet. Nach diesem relativ einfachen Auftakt erwartet den Spieler mit den Löchern 2, einem Dogleg, 4, 6 und 7 ein Paket von Par-4-Löchern, das nahezu vorbildlich die spielerischen Tücken des Old Course repräsentiert. Die Aufgabenstellung bleibt dabei – in leicht abgewandelter Form – immer gleich: Plaziert man den Abschlag auf die linke, sichere Seite des Fairways, hat man beim zweiten Schlag nahezu keine Chance zum Angriff auf die Fahne. Eine erfolgversprechende Annäherung muß also vom rechten Rand der Spielbahn erfolgen, die in der Landezone des Abschlags allerdings von Bunkern gut verteidigt wird. Besonders bei Gegenwind stellen diese Löcher für einen Amateur nahezu unüberwindliche Hindernisse dar.

Verschnaufpausen erlauben die Löcher 3, 8 und 9. Vor allem das 9. Loch gilt als vielversprechende Möglichkeit, ein Par zu spielen. Die einzige Gefahr an diesem kurzen Par 4 besteht darin, den Abschlag in einen der Fairwaybunker zu verziehen. Mit dem 9. Loch hat man den am weitesten vom Clubhaus entfernten Punkt der Anlage, deren Form einer Hammelkeule ähnelt, erreicht.

Der erste Höhepunkt der zweiten Hälfte des Old Course erwartet den Spieler am 11. Loch, das als eines der schönsten Par-3-Löcher der Welt gilt und unzählige Male kopiert worden ist. Die Schwierigkeit besteht vor

Die Swilcan-Brücke am 18. Fairway hinter dem 18. Tee. Das 324 Meter lange Par 4 bildet den krönenden Abschluß einer Runde auf dem Old Course.

allem darin, den Teeshot über zwei riesige Bunker hinweg auf dem Grün zum Halten zu bringen – eine Aufgabe, die bei seeseitig einfallendem Rückenwind großes golftechnisches Können verlangt. An diesem Loch zerriß Bobby Jones 1921 seine Scorekarte, nachdem es ihm mit fünf Schlägen nicht gelungen war, einzulochen.

Die Löcher 12 bis 16 bereiten dann keine größeren Probleme, wenn der Abschlag nicht in einem der gewaltigen Fairwaybunker landet. Das 17. Loch – »Road Hole« genannt, weil sich rechterhand ein Weg befindet – ist das bekannteste des Old Course. Es zählt zu den schwierigsten Par-4-Löchern der Welt und war Schauplatz zahlreicher Katastrophen bei großen Meisterschaften. Wer seinen Abschlag in Höhe des Old Course Hotel zum Liegen bringt, muß den zweiten Schlag auf ein querliegendes, nahezu rechteckiges Grün plazieren, das links von einem tiefen Bunker verteidigt wird.

Das 18. Loch setzt den gelungenen Schlußpunkt unter eine unvergeßliche Golfrunde. Der Abschlag muß über den Swilcan Burn auf Höhe des Weges, der die Spielbahn durchschneidet, plaziert werden. Straffreies Droppen des Balls ist hier nicht gestattet. Bleibt der Ball auf dem Weg liegen, so muß das Grün von hier angenähert werden. Der zweite Schlag erhält die letzte Würze durch das berühmte Valley of Sin, das Tal der Sünde, das sich links am Rande des Grüns befindet. Nur ein gut getimter Pitch findet den Weg über das Sündental auf ein Grün, das unzählige Meister mit drei Putts verlassen haben.

## Platz-Charakteristik

Der Old Course von St. Andrews umfaßt 18 Löcher und hat den Platzstandard 72 bei 6004 Metern Länge. Kennt man den Platz erst einmal und weht kein Wind, ist er nicht sonderlich schwer zu spielen. Er verfügt allerdings über einige herausragende Löcher, die nur bei perfekten Schlägen in Par zu spielen sind.

## Fairways

Sie sind relativ großzügig angelegt. Vom 1. Fairway existiert das geflügelte Wort, es sei breiter als die Champs-Elysées in Paris. Das 2. Loch sei stellvertretend für die Doglegs genannt. Ungewöhnlich ist die Par-Verteilung: vierzehn Par-4- und je zwei Par-3- und Par-5-Löcher.

## Rough

Im Gegensatz zu vielen klassischen Links-Courses stellt das Rough hier kaum eine spielentscheidende Komponente dar. Vorsicht ist dann geboten, wenn es aus stacheligem Gebüsch besteht.

## Bunker

Der Schwierigkeitsgrad des Old Course wird vor allem durch die vielen Bunker geprägt. Insgesamt verfügt er über 117 Bunker. Die in den Landezonen der Drives strategisch gut plazierten Fairwaybunker zwingen zu präzisen Abschlägen. Die mächtigen, tiefen Grünbunker verlangen solide technische Fähigkeiten.

## Wasser

Als klassischer Links-Course verfügt der Old Course über keine künstlichen Wasserhindernisse. Der Swilcan Burn greift zweimal, an Loch 1 und 18, ins Spiel ein.

## Sonstige Hindernisse

Es gibt keine weiteren Hindernisse.

## Greens

Die sieben riesigen Doppelgrüns sind ein Charakteristikum des Old Course. Lediglich die Löcher 1, 9, 17 und 18 haben normale Grüns. Mit rund 750 Quadratmetern ist das Doppelgrün der Löcher 5 und 13 das größte der Anlage. Nahzu alle Grüns sind schnell, liegen erhöht und verfügen über viele Breaks. Sie sind äußerst schwierig zu putten.

## Club

Ein Clubhaus oder ein Restaurant gibt es derzeit noch nicht. Doch wird ein Gäste-Clubhaus in absehbarer Zeit fertiggestellt werden. Nahe gelegene Hotels bieten inzwischen Umkleidemöglichkeiten.

## Pro-Shop

Hinter dem 18. Loch des Old Course befindet sich der Links Trust Golf Shop, in dem Golfkleidung, Ausrüstung und Souvenirs angeboten werden. Hier kann man auch Schläger ausleihen.

PRO SHOP

## Caddie-Service

Generell stehen 159 Caddies bereit. Elektrocarts und Golfwagen sind nicht erlaubt.

## Driving Range

Eine neue Driving Range mit Putting Greens und Übungsbunkern wird voraussichtlich 1992 fertiggestellt sein. Kostenlose Übungsmöglichkeiten bestehen derzeit nur für Mitglieder und Greenfee-Spieler.

## St. Andrews

St. Andrews Links
Management Committee
St. Andrews, Fife KY16 9JA
Schottland
Tel. (03 34) 7 57 57

## Veranstaltungen

Die bedeutendste Veranstaltung, die auf dem Old Course ausgetragen wird, sind die British Open und der Dunhill Nations Cup.

## Saison

Nur der Monat März ist spielfrei.

## Tip

Handicap-Nachweis und Voranmeldung sind dringend erforderlich. Sinnvoll ist es, beim ersten Besuch die Dienste eines Caddie in Anspruch zu nehmen, der vor allem beim Grünanspiel und beim Lesen der schwierigen Puttlinien wertvolle Hilfe leistet.

Old Course

| Loch | Länge | Par | Loch | Länge | Par |
|---|---|---|---|---|---|
| 1 | 338 | 4 | 10 | 291 | 4 |
| 2 | 377 | 4 | 11 | 157 | 3 |
| 3 | 322 | 4 | 12 | 289 | 4 |
| 4 | 383 | 4 | 13 | 364 | 4 |
| 5 | 470 | 5 | 14 | 478 | 5 |
| 6 | 342 | 4 | 15 | 366 | 4 |
| 7 | 328 | 4 | 16 | 321 | 4 |
| 8 | 152 | 3 | 17 | 421 | 4 |
| 9 | 281 | 4 | 18 | 324 | 4 |
| Total | 2993 | 36 | Total | 3011 | 36 |
| | | | Insgesamt | 6003 | 72 |

Oben: Das 10. Loch des Ailsa Course zählt zu den bekanntesten Seaside-Löchern der Welt. Rechts daneben das 11. Tee, im Hintergrund der berühmte Leuchtturm.

Unten links: Das imposante Turnberry Hotel, das sich in japanischem Besitz befindet. Im Vordergrund das Clubhaus.

Unten rechts: Abschlagtafel des 1. Loches des Ailsa Course. Aufgrund des ständig wehenden Windes ist es angeraten, mit einem Dreier-Holz zu beginnen und mit einem Sechser- oder Siebener-Eisen weiterzuspielen.

SCHOTTLAND

# Turnberry

Es gibt nur wenige Golfplätze weltweit, die einen Shuttle-Service zwischen Flughafen und Anlage per Rolls Royce anbieten. Noch rarer ist ein solches Angebot, wenn es ohne Snob-Appeal gemacht wird, einfach aus guter Tradition, mit Rücksicht auf einen seriösen Namen. Hier lautet dieser Name Turnberry; er steht für eine der zehn schönsten Golfanlagen der Welt!
Turnberry liegt an der schottischen Atlantikküste, rund 55 Meilen südwestlich von Glasgow in unmittelbarer Nähe der Fernstraße A 77. Dieser sogenannte »Golfplatz-Highway« verbindet u. a. Old Prestwick, Royal Troon und Turnberry miteinander.
Die 36-Löcher-Anlage mit den Meisterschaftsplätzen Ailsa und Arran erhielt 1977 und 1986 ihre höchste sportliche Auszeichnung, als sie als Austragungsort der British Open nominiert wurde.

Voraussichtlich 1994 wird sie wiederum diese ehrenvolle Gastgeberrolle übernehmen.
Bei der Ankunft in Turnberry fällt der Blick auf das alles dominierende schneeweiße Turnberry Hotel mit seinem leuchtend roten Dach, das in scharfem Kontrast zur Landschaft steht, sich aber gleichsam als langgestreckter Farbtupfer harmonisch integriert. Dieser majestätische Golfpalast aus der Zeit um die Jahrhundertwende zählt zu den besten Hotels Europas! Der direkt am Meer gelegene Ailsa, ein rauher, von Wind und Wetter geprägter Links-Course, steht für eine »klassische« schottische Küstengolfanlage. Er fordert jedem Golfer, der sich ihm stellt, das gesamte golftechnische Repertoire ab. Der Arran liegt landeinwärts. Er bietet nicht ein ähnlich imposantes Panorama wie der Ailsa, fordert aber auch den Golfer weniger, weil er kürzer und weniger dem Wind ausgesetzt ist. Dennoch ist auch er ein absolutes Muß für jeden Golfenthusiasten.
Das 9. Loch des Ailsa ist das berühmteste und sicherlich am meisten fotografierte Loch der Anlage. Von einem Felsenplateau, das mitten in der See zu liegen scheint, muß der Ball weit über Fels und Wasser getrieben werden, soll das 416 Meter lange Par 4 einigermaßen passabel bewältigt werden. Dieses mag dann gelingen, wenn der anlandige Wind eine Verschnaufpause einlegt. Frischt er aber auf, so stellt das Dogleg selbst beste Spieler vor eine schwierig zu lösende Aufgabe. Dieses 9. Loch gilt mit den Nachbarlöchern 8 und 10 als eine der schönsten Par-4-Loch-Kombinationen auf unserem Globus.

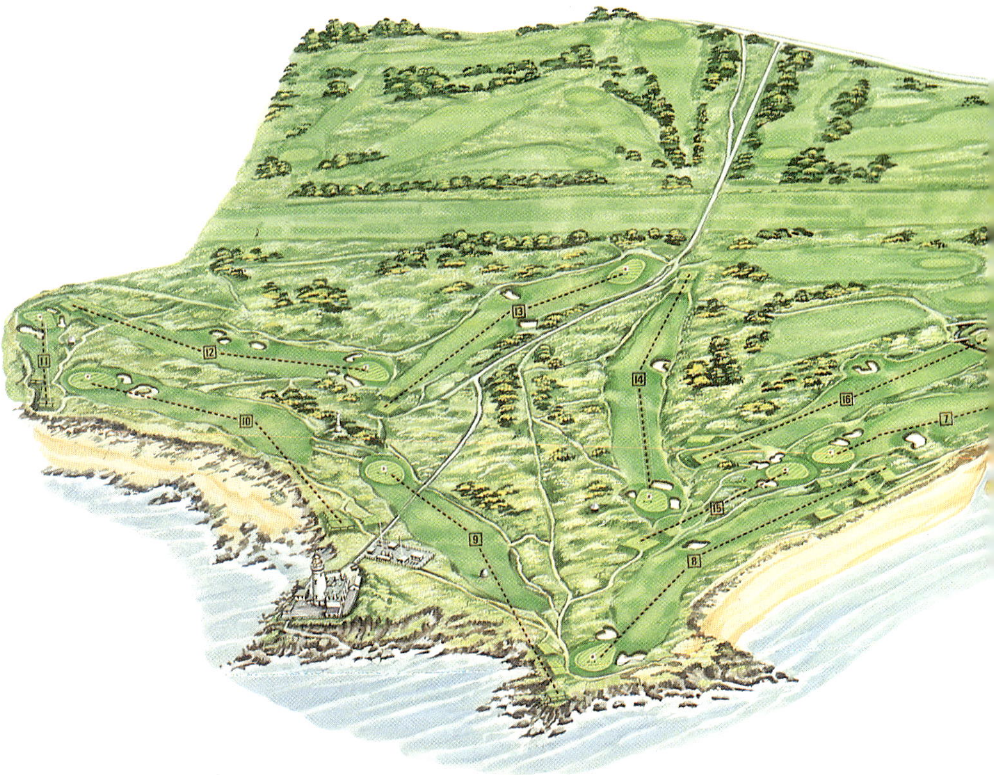

Der Ailsa Course mit dem berühmten 9. Loch.

Ein nach links verzogener Abschlag vom 10. Loch des Ailsa landet unweigerlich am felsigen Strand.

Golfplätze, die das ewig wogende Meer und ausladende Hügelketten als natürliche Kulisse haben, gibt es in größerer Zahl. Doch keiner von ihnen ist mit Turnberry vergleichbar. Auf Felsen über dem Meer angelegt, mit Sicht auf das Urgestein des Ailsa Craig und die Insel Arran, vom Strand see-

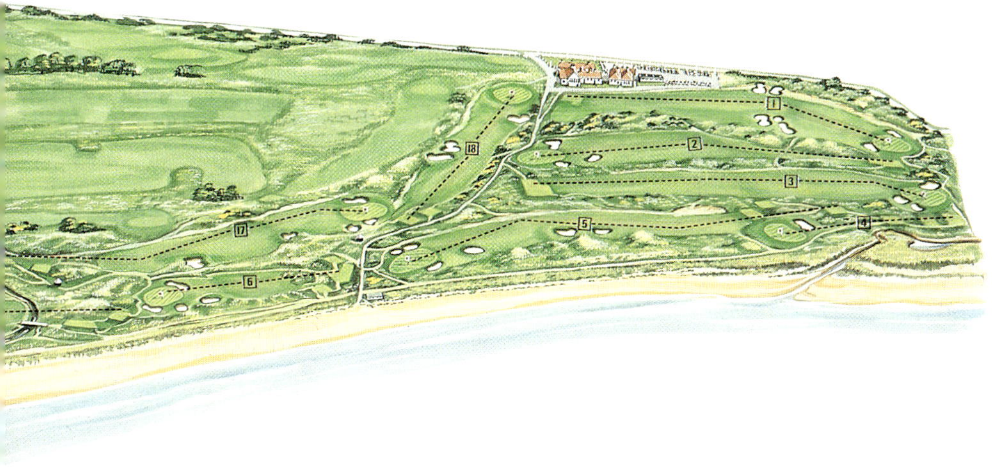

SCHOTTLAND

# Turnberry

Turnberry
HOTEL AND GOLF COURSES
SCOTLAND

wärts gesäumt, und mit grünem Hügelland im Hintergrund ist Turnberry ein gutes, ein klassisches Stück Schottland!

Wer heute über die vom Meereswind gepeitschten Spielbahnen des Ailsa Course oder die etwas weiter im Inneren gelegenen Fairways des Arran golft, kann sich wahrscheinlich nur sehr schwer vorstellen, daß dieses Gelände, das für die Anlage eines Golfplatzes wie geschaffen scheint, während des Zweiten Weltkrieges als Militärflugplatz zweckentfremdet wurde. Die durch die Anlage von Rollbahnen und Straßen entstandenen Schäden waren so groß, daß es ganze vier Jahre der Restaurierung brauchte, bis in Turnberry 1951 wieder Golf gespielt werden konnte.

Den Golfarchitekten Mackenzie/Ross ist es zu verdanken, daß sich Ailsa und Arran heute wieder in bestem Zustand dem Besucher präsentieren. Mackenzie/Ross gelang es, jedem der Plätze ein eigenständiges Profil zu verleihen. Den Ailsa konzipierten sie als echten Meisterschaftsplatz für höchste sportliche Ansprüche, Arran dagegen sollte ein weniger schwer zu bespielender Parcours werden, doch durch landschaftliche Schönheit bestechen.

Der dritte Graf von Ailsa, der die berühmte Glasgower Eisenbahngesellschaft leitete, hatte zu Beginn dieses Jahrhunderts Willie Fernie beauftragt, einen 13-Löcher-Parcours anzulegen. Des Grafen Verdienst ist es auch, daß Turnberry sehr rasch Bekanntheit erlangte, weil er von London nach Turnberry einen Schienenstrang verlegen ließ. 1905 konzipierte Fernie mit dem Arran einen zweiten Parcours in Turnberry.

Zweifellos der bekanntere und attraktivere ist jedoch der Ailsa Course, der zu den wenigen Golfplätzen zählt, auf denen die British Open im Wechsel ausgetragen werden. Der Aufnahme in diesen erlauchten Kreis gingen viele erfolglose Bewerbungen Turnberrys voraus, aber 1977 war es dann soweit. Dank einer hervorragenden Organisation und eines spannungsreichen Turnierverlaufs sollten die British Open 1977 in die Geschichte des Golfsports eingehen.

Drei Runden lang lieferten sich Jack Nicklaus und Tom Watson ein Kopf-an-Kopf-Rennen. Nach Runden von jeweils 68, 70 und 66 Schlägen gingen sie schlaggleich in die Schlußrunde. Lange Zeit behielt Nicklaus die Oberhand, aber am 17. Loch hatte sich Watson herangekämpft und ging durch ein Birdie an diesem langen Par-5-Loch in Führung. Nun kam alles auf das letzte Loch an. Nicklaus attakkierte und setzte seinen zweiten Schlag an den Rand des Greens, der Birdieputt aber verfehlte das Ziel. Watson machte es besser. Er setzte seine Annäherung bis auf anderthalb Meter an die Fahne und lochte zum Birdie ein. Mit 268 Schlägen schaffte er, was zuvor noch keinem British-Open-Champion gelungen war: Er unterbot den Platzrekord um acht Schläge. Watson errang damit seinen zweiten Open-Titel, dem noch drei weitere folgen sollten.

Allen langjährigen Erfahrungen zum Trotz wurden 1977 die Titelkämpfe von traumhaftem Wetter begleitet. 1986 bei Greg Normans Triumph, seinem ersten bei einem der vier Major-Turniere, zu denen neben der British Open auch das US-Masters, die US-Open und die US-PGA-Meisterschaft gehören, präsentierte sich Turnberry so, wie es die Einheimischen kennen, lieben und fürchten. Es goß in Strömen, und eisiger Seewind peitschte über die Anlage, entgegen dem schottischen Sprichwort »it never rains on scottish golf courses«!

Die Auftaktlöcher, drei moderate Par-4-Löcher, täuschen noch über den wahren Schwierigkeitsgrad des Platzes hinweg. Am 4. Loch aber beginnt die Stunde der Wahrheit, denn die folgenden acht Löcher ziehen sich die Küste entlang. Dieses 153 Meter lange Par 3 verlangt einen exakten Abschlag über die Ausläufer einer Sandbucht auf ein in den Dünen liegendes Grün. Auch der leichteste Pull läßt den Ball hinunter zum Strand fliegen. Golfspieler, die häufig hooken, sollten hier besser kehrtmachen, wollen sie ihren Seelenfrieden bewahren.

Tiefe Pottbunker zählen zu den Eigenheiten eines klassischen Links-Course. Hier das 10. Grün des Ailsa.

Schwieriger gestaltet sich das 6. Loch, ein 203 Meter langes Par 3, das in jedem Fall – egal welche Wetterbedingungen auch herrschen mögen – einen perfekten, mit dem Holz 1 ausgeführten Golfschlag erfordert. Ein langer, gut plazierter Abschlag ist das Geheimnis eines möglichen Erfolges an den beiden folgenden Löchern, bevor man am 9. Loch den unumstrittenen Höhepunkt des Platzes erreicht. Dieses 416 Meter lange Par 4 zählt sicherlich zu den spektakulärsten Golflöchern der Welt. Selbst spieltechnisch versierteste Golfer geraten auf dem inmitten der Felsen gelegenen Abschlag und beim Anblick von Klippen und See ins Zögern, wohl ahnend, daß jeder auch nur leicht verzogene Ball verloren ist.

Am Abschlag des 10. Loches nahe dem Leuchtturm sollte man sich unbedingt einen Blick auf die nahen, vom Meer umspülten Klippen gönnen, bevor man das 413 Meter entfernt liegende Par-4-Loch angreift. Das Gefühl, eins mit der Natur, mit Wind, Wasser und Felsen zu sein, beschleicht den Spieler ein letztes Mal am 11. Loch, einem 162 Meter langen Par 3. Die sportliche Aufgabe ist zu bewältigen, wenn der Teeshot nicht in einem der drei gewaltigen Grünbunker zu liegen kommt, die typisch für die Grünverteidigung der kurzen Löcher des Ailsa-Kurses sind. Ansonsten haben Mackenzie/Ross nur an strategisch wichtigen Punkten Bunker eingesetzt. Die Schwierigkeit des Ailsa-Kurses liegt woanders: Zahlreiche Doglegs mit offenen, aber randseitig mit wildem Rough versehene Fairways zwingen immer wieder zu präzisem Spiel.

Das bedeutet nicht, daß ein Besuch auf dem Ailsa-Kurs nur Professionals und Scratchspielern vorbehalten sein muß. Auch der Hobby-Golfer kann – vorausgesetzt, er bringt solides technisches Grundwissen und Können mit – diesen großartigen Golfplatz genießen. Denn mit dem stilvollen Hotel, das in dieser Form hoffentlich lange erhalten bleibt, den beiden herrlichen Golfplätzen und der einzigartigen Landschaft ist Turnberry der ideale Ort, um einen unvergeßlichen Golfurlaub zu verbringen.

## Platz-Charakteristik

Die zwei 18-Löcher-Links-Courses mit hohem spieltechnischem Schwierigkeitsgrad sind sehr gepflegt und passen sich hervorragend in die Landschaft ein. Der Ailsa mißt vom Championtee 6353 Meter bei Par 70 und wird als der schwierigere von beiden eingestuft. Der Arran (5336 Meter, Par 70) wird wegen seiner landschaftlichen Schönheit gerühmt.

## Fairways

Beide Plätze warten mit breiten, offenen Spielbahnen aus hartem Dünengras auf. Auf dem Ailsa verlaufen die meisten Spielbahnen als Doglegs, viele davon in unmittelbarer Nähe der zerklüfteten Küste. Der Platz weicht mit zwölf Par 4, zwei Par 5 und vier Par 3 vom klassischen Layout ab.

## Rough

Abseits der Spielbahnen befindet sich hohes, dichtes Dünengras, das an vielen Löchern fast bis auf Höhe des Grüns reicht. An einigen Stellen ist das Rough so dicht, daß nur mit der Wedge auf die Spielbahnen zurückgespielt werden kann.

## Bunker

Vor allem auf dem Ailsa machen tiefe Pottbunker in klassischer Links-Course-Manier, die strategisch in den Landezonen der Drives oder als Grünverteidigung plaziert sind, allen Spielern das Leben schwer. Der Platz verfügt über 63 Bunker.

## Wasser

Der kleine Bach Wee Burn kreuzt die 7. Spielbahn des Ailsa kurz nach dem Abschlag und umfließt das 16. Grün.

## Sonstige Hindernisse

Beide Plätze warten mit keinen weiteren Hindernissen auf.

## Greens

Auf beiden Plätzen sind die Grüns eher groß und meist gut verteidigt. Vor allem die am Meer gelegenen Grüns sind schnell.

## Club

Turnberry ist ein kommerziell orientierter Club, der mit allem Komfort aufwartet. Obwohl ein kleines Clubhaus existiert, gilt das renommierte Fünf-Sterne-Hotel, das die Anlage dominiert, als eigentliches Clubhaus. Es wird auch höchsten Ansprüchen gerecht. Das nahe Dormy House verfügt über sechs wesentlich preisgünstigere Zimmer, die meist jedoch langfristig ausgebucht sind.

## Pro-Shop

Der großzügig angelegte, an das Clubhaus angeschlossene Pro-Shop wartet mit einem Warenangebot auf, das alle gängigen Marken umfaßt. 30 Schläger-Leihsets sind vorhanden.

PRO SHOP PRO SHOP

## Caddie-Service

Die Reservierung von Caddies ist für beide Plätze möglich. Auf dem Arran ist im Gegensatz zum Ailsa der Gebrauch von Elektrocarts erlaubt.

## Driving Range

Der Übungsbereich besteht aus Putting-Grüns und einem Pitch-Course. Das Angebot ist insgesamt mangelhaft.

# Turnberry

Turnberry Hotel and Golf Courses
Ayrshire KA26 9LT
Schottland
Tel. (06 55) 3 10 00

## Veranstaltungen

Der Ailsa zählt zu den Golfplätzen, auf denen im Wechsel die British Open ausgetragen werden.

## Saison

Die Saison ist ganzjährig. Die besten Wetterverhältnisse werden für Mai und Juni prognostiziert. Demgemäß gestaltet sich die Spielerfrequenz.

## Tip

Die Turnberry Golf Courses sind ausschließlich Hotelgästen zugänglich.

Ailsa Course – Championship Course

| Loch | Länge | Par | Loch | Länge | Par |
|---|---|---|---|---|---|
| 1 | 320 | 4 | 10 | 413 | 4 |
| 2 | 391 | 4 | 11 | 162 | 3 |
| 3 | 422 | 4 | 12 | 403 | 4 |
| 4 | 153 | 3 | 13 | 376 | 4 |
| 5 | 403 | 4 | 14 | 402 | 4 |
| 6 | 203 | 3 | 15 | 191 | 3 |
| 7 | 483 | 5 | 16 | 374 | 4 |
| 8 | 390 | 4 | 17 | 457 | 5 |
| 9 | 416 | 4 | 18 | 394 | 4 |
| Total | 3181 | 35 | Total | 3172 | 35 |
| | | | Insgesamt | 6353 | 70 |

Das gewaltige Schloßhotel von Gleneagles bildet den imposanten Mittelpunkt der Golfanlage. Im Vordergrund die enge Spielbahn des 17. Loches auf dem King's Course, im Hintergrund das Grampian-Vorgebirge.

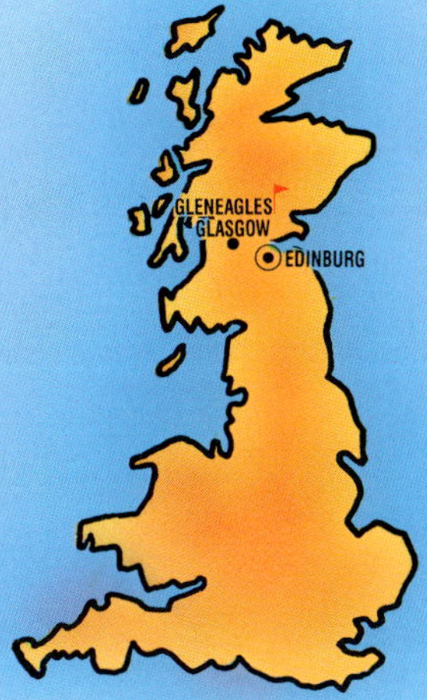


SCHOTTLAND

# Gleneagles

**Hauptberufliche Caddies, die nicht nur die Golftasche tragen, sondern auch bei der Schlägerwahl und beim Lesen der Puttlinie behilflich sind und darüber hinaus mit so mancher Anekdote aufwarten, das ist nur noch ein Privileg ganz weniger Golfplätze. Gleneagles, jene prächtige Golfanlage mit ihren zwei 18-Löcher-Parcours, gehört dazu. Die Anlage ist im Besitz der Firma Guinness PLC und wird nach streng kommerziellen Gesichtspunkten betrieben. In Gleneagles sind die professionellen Caddies daher fester Bestandteil einer Marketing-Strategie, in deren Mittelpunkt das Angebot größtmöglichen Komforts steht. Daß diese Strategie, die amerikanischen Resort-Anlagen entliehen wurde, erfolgreich ist, beweist der enorme Zustrom von Golftouristen aus aller Welt. Vor allem Amerikaner, aber auch**

Direkt neben dem 1. Tee des King's Course liegt das Putting-Grün.

Spielbahnen und Grüns präsentieren sich heute in optimalem Pflegezustand. Im Bild: das 18. Grün des Queen's. Im Hintergrund: das Dormy House.

**viele Mitteleuropäer wissen jene einmalige Mischung aus schottischer Tradition und amerikanischer Dienstleistungsperfektion zu schätzen und zu genießen.**
**Doch das alles wäre ohne Bedeutung, gäbe es nicht die Golfplätze in der herb-schönen Moorlandschaft von Pertshire in den Ausläufern der schottischen Highlands, die Gleneagles den Ruf eingebracht haben, einer der schönsten Inlandskurse der Welt zu sein. 1974 bzw. 1980 wurden den beiden bekannten 18-Löcher-Anlagen King's Course und Queen's Course mit dem Prince's Course und dem Glendevon Course zwei weitere 18-Löcher-Anlagen hinzugefügt, die aber bald dem bekannten schottischen Standard nicht mehr entsprachen und 1989 geschlossen wurden. Auf dem Gelände von Prince's und Glendevon Course wurde inzwischen von Jack Nicklaus eine neue 18-Löcher-Meisterschaftsanlage, der Monarch's Course, konstruiert (voraussichtliche Eröffnung 1993). Seit 1990 bietet Gleneagles auch eine 9-Löcher-Anlage, den Wee Course, und die beiden ursprünglichen Anlagen King's und Queen's Course präsentieren sich heute in optimalem Pflegezustand. Seit 1987 werden auf dem King's Course die Scottish Open ausgetragen. Auferstanden wie ein Phönix aus der Asche ist Gleneagles heute wieder das, was es früher mit Erfolg schon war: eine Hochburg des Golfsports.**

SCHOTTLAND

# Gleneagles

Wie so oft auf den britischen Inseln zeichnete auch bei Gleneagles eine Eisenbahngesellschaft für die Entstehung der Anlage verantwortlich: Mister Donald Matheson, Direktor der Caledonian Railway Company, war 1906 von dem Ehrgeiz besessen, der Glasgow and Southwestern-Eisenbahngesellschaft den Rang abzulaufen und den schönsten Golfplatz Schottlands samt dazugehörigem Hotel bauen zu lassen. Matheson kaufte ein großes Stück Land nahe Pertshire, das sich ideal zur Anlage eines Golfplatzes eignete. Er nahm sich mit James Braid den besten Golfplatzarchitekten der damaligen Zeit. Braid, Gewinner von fünf British Open-Titeln, entwarf den Kern jener Anlage, die zu den schönsten der Welt gehört. Zunächst plante und realisierte er den heutigen King's Course, einen 18-Loch-Platz, der etwas später durch eine kleine 9-Loch-Anlage ergänzt wurde. Ein weiterer Ausbau wurde durch den Ausbruch des Ersten Weltkrieges verhindert. Erst 1919 konnten die beiden Plätze für den Spielbetrieb freigegeben werden.

Fünf Jahre später öffnete das Golfhotel seine Pforten, wurde der Queens's auf 18 Loch erweitert.

Die der Platzanlage hinterlegte Philosophie des Golfplatzarchitekten Braid zielte darauf ab, die natürlichen Gegebenheiten soweit wie möglich in den Kurs zu integrieren, um die optimale Identifikation des Spielers mit seiner Umgebung zu erreichen. Braids Prinzip vom strategischen Golf, das er im King's Course umsetzte, gilt auch heute noch uneingeschränkt: Nicht die Länge der Spielbahn bestimmt den Schwierigkeitsgrad des Platzes, sondern die Vielfalt möglicher Schläge, die ständig neue Spielsituationen erzwingen. Nachdem dieses Prinzip jahrelang verkannt worden war, begannen die neuen Eigentümer, die Gleneagles Anfang der achtziger Jahre der staatlichen British Transport Hotel-Gruppe abgekauft hatten, 1984 die Anlage zu modifizieren. Der Queen's wurde auf das Originallayout von James Braid zurückgeführt, so daß nunmehr drei der letzten sechs wieder Par-3-Löcher sind. Überdies legte man elf neue Abschläge an, um den King's gegenüber anderen bedeutenden Golfplätzen wieder wettbewerbsfähig zu machen.

Mit nahezu 6000 Metern Länge stellt der King's nunmehr selbst Spitzenspieler vor Probleme, wie sich alljährlich bei den Scottish Open zeigt. Auch British Open-Sieger Nick Faldo, der vor zehn Jahren anläßlich eines Pro/Am-Turniers zwei lockere Unter-Par-Runden spielte, hätte heute sicherlich mehr Schwierigkeiten, den Platzstandard zu unterbieten. Auch die Grüns, die jahrelang Golfspieler aus aller Welt wegen ihres miserablen Pflegezustands verzweifeln ließen, präsentieren sich wieder in jener Form und Pflege, die man von schottischen Golfplätzen gewohnt ist. Sie sind schnell und verlangen ein genaues Studium der Puttlinie, da die Putts aufgrund der Neigung, die viele Grüns aufweisen, mehrfach brechen.

Auf Anraten von Ian Marchbank, dem Headpro des Clubs, wurden zahlreiche Abschläge verlegt. Marchbank lebt seit mehr als 25 Jahren in Gleneagles und kennt den Golfplatz daher wie seine Westentasche. Neben der veränderten Abschlagsposition ließ er einige Löcher mit dem Ziel verlängern, den Angriff auf das Grün zu erschweren. So wurde die Bahnführung beim 14. Loch, dem sogenannten Denty Den, nach links gelegt, um damit diesem Loch, das früher als leicht galt, eine gänzlich neue Spielsituation zu geben. Auch das 16. Loch, ein kurzes Par 3, war vor der Änderung einfach zu spielen. Der neue Abschlag aber, der höher und weiter rechts als der alte liegt, zwingt zu einem präzisen mittleren Eisen, das sehr schwer auf dem Grün zum Halten zu bringen ist.

Alle Änderungen wurden unter der Prämisse ausgeführt, die natürliche Schönheit des Geländes zu bewahren. Obwohl die Eingriffe den sportlichen Charakter des Platzes verändert haben, wurde die Natur kaum beeinträchtigt. Das Ergebnis ist ein sportlich abwechslungsreicher Kurs mit vielen Doglegs, eingekesselten oder erhöhten Grüns und zahlreichen tiefen Bunkern. Schlichtweg begeisternd ist das landschaftliche Panorama mit dem schillernden Farbenspiegel der Bergkette von Ochill.

Der King's ist von den weißen Tees als Par 70 ausgelegt, wird aber von den Turnierabschlägen zum Par 71, da das 10. Loch, ein 409 Meter langes Par 4, dann als Par 5 gespielt

Der traumhafte Ausblick vom 8. Grün des King's Course auf die Hügellandschaft von Orchil veranschaulicht, warum Gleneagles zu den schönsten Inlandskursen der Welt zählt.

wird. Doch auch von den weißen Tees ist das 10. Loch keine leichte Aufgabe. Das Fairway ist zwar breit und kaum zu verfehlen, doch zwingen etliche Bunker dazu, den Abschlag genau zu plazieren. Bei Par 70 verfügt der King's über zwei Par 5, vier Par 3 und zwölf Par 4, die vor allem auf den zweiten Neun sehr anspruchsvoll sind. Das 13. Loch, in Erinnerung an den Architekten Braid's Brawest genannt, ist das berühmteste des Platzes. Dieses 410 Meter lange Par 4 ist wegen des zweiten Schlages gefürchtet, da sich das Fairway nach dem Abschlag zum Grün hin extrem verengt.

Doch nicht nur der King's Course rechtfertigt einen Besuch in Gleneagles. Auch der Queen's ist ein wundervoller Inlandkurs mit hohen Grasflächen, die sich besonders im Herbst in bunten Farben darbieten. Um einen Schwierigkeitsgrad wie auf dem King's zu erreichen, wurde auch dieser Platz modifiziert und pflegetechnisch auf Vordermann gebracht.

Nach Beendigung der Scottish Open 1990 wurde in Gleneagles der Wee Course eröffnet, eine 9-Löcher-Anlage. Der neue Monarch's Course wird offiziell 1993 eröffnet werden. Die 18-Löcher-Anlage ist von Jack Nicklaus nach der klassischen Tradition des King's und Queen's angelegt und verfügt über fünf Par 3, acht Par 4 und fünf Par 5. Damit wird Gleneagles endgültig zu einem der bedeutendsten Golfzentren werden.

Wer es sich finanziell erlauben kann, sollte im Gleneagles Hotel, das als einzigartig auf der Welt gilt, Unterkunft nehmen. Die zugegebenermaßen hohen Preise werden durch einen einmaligen Service und die Vielfalt an Freizeitaktivitäten mehr als gerechtfertigt. The Gleneagles Hotel, das ist ein gutes Stück gehobenen British Way of Life!

## Platz-Charakteristik

Das Golfzentrum Gleneagles verfügt über zwei (ab 1993 über drei) 18-Löcher-Plätze: King's, Queen's und Monarch's. Die beiden erstgenannten, gleichsam die ursprüngliche Golfanlage, sind Meisterschaftsplätze, der schwierigere ist der King's (Par 70, SS 71, 5917 Meter).

## Fairways

Weitgehend breite, wellige Fairways aus Bentgras und Fetuque zeigen geraden Verlauf. Auf dem King's sind das 7. Loch, auf dem Queen's das 9. und 10. Loch ein Dogleg. Der Queen's hat zwölf Par 4, ein Par 5 und fünf Par 3, der King's hat zwölf Par-4-, zwei Par-5- und vier Par-3-Löcher.

## Rough

Auf allen Plätzen, insbesondere aber auf dem King's, ist das Rough dicht und mit Stechginsterbüschen durchsetzt.

## Bunker

Der King's verfügt über rund 110 Bunker, die mit Quarzsand gefüllt sind. Die gut plazierten Bunker stellen eine der Hauptschwierigkeiten von King's und Queen's dar.

## Wasser

Nur an drei Löchern des Queen's tritt Wasser ins Spiel.

## Sonstige Hindernisse

Die Spielbahnen werden von Ginsterbüschen, Farnen, Heidekraut und Nadelwald gesäumt.

## Greens

Teils ansteigende, teils abschüssige Grüns, oftmals kesselförmig eingebettet, sind meist schnell und hervorragend gepflegt. Breaks machen das genaue Studium der Puttlinie zur Pflicht. Der Rasen ist zwischen 3,5 und 6 Millimeter hoch.

## Club

Gleneagles, eine kommerziell geführte Anlage, ist perfekt organisiert. Neben Golf werden dem Gast eine Vielzahl von Sportmöglichkeiten geboten. Mittelpunkt der Anlage ist das prunkvolle Gleneagles Hotel mit seinen 216 Zimmern und 20 Suiten. Im Dormy House, dem Clubhaus, nahe dem Tee 1 von King's und Queen's, befinden sich die Umkleide- und Duschräume sowie ein Restaurant und eine Bar.

## Pro-Shop

Der überdurchschnittlich gut ausgestattete Pro-Shop läßt keine Wünsche offen.

## Caddie-Service

Über 40 hauptberufliche Caddies stehen bereit, Buchungen sollten im Clubsekretariat vorgenommen werden. Da das Gelände unwegsam ist, gibt es keine Elektrocarts zu mieten, lediglich Trolleys (Caddie-Carts).

## Driving Range

Der Übungsplatz liegt 400 Meter vom Clubhaus entfernt und hat 12 überdachte Abschlagplätze, ein Putting-Grün und zwei Übungsbunker. Die Anlage ist von 9.00 Uhr bis 18.00 Uhr in den Monaten zwischen Mai und September geöffnet und der Öffentlichkeit zugänglich. Neben Ian Marchbank gibt es drei weitere Golflehrer. Schläger können im Pro-Shop entliehen werden.

## Gleneagles

The Gleneagles Hotel Golf Courses
Auchterarder
Perthshire PH3 1NF
Schottland
Tel. (07 64) 6 22 31

## Veranstaltungen

Neben den Scottish Open, einem PGA-Turnier der europäischen Profi-Tour, wird alljährlich das Siver Tassie für Amateure ausgetragen.

## Saison

Die Plätze sind ganzjährig bespielbar. Am schönsten ist Gleneagles im Herbst, wenn die Plätze sich in bunten Farben präsentieren.

## Tip

Derzeit sind die Golfanlagen nur von Hotelgästen und Clubmitgliedern bespielbar. Spikes sind auf der Driving Range nicht erlaubt.

King's Course

| Loch | Länge | Par | Loch | Länge | Par |
|---|---|---|---|---|---|
| 1 | 331 | 4 | 10 | 409 | 4 |
| 2 | 370 | 4 | 11 | 210 | 3 |
| 3 | 342 | 4 | 12 | 361 | 4 |
| 4 | 426 | 4 | 13 | 410 | 4 |
| 5 | 147 | 3 | 14 | 238 | 4 |
| 6 | 435 | 5 | 15 | 420 | 4 |
| 7 | 401 | 4 | 16 | 123 | 3 |
| 8 | 144 | 3 | 17 | 345 | 4 |
| 9 | 324 | 4 | 18 | 480 | 5 |
| Total | 2920 | 35 | Total | 2996 | 35 |
| | | | Insgesamt | 5916 | 70 |

15
13

Oben: Mit seinen Hügeln und Kratern gleicht der Links-Course von Lahinch einer Mondlandschaft. Im Vordergrund der Abschlag des 7. Loches.

Unten links: Direkt neben dem Clubhaus liegt das Putting-Grün des Dünenparcours.

Unten rechts: Lahinch ist ständiger Austragungsort verschiedener bekannter Turniere.

IRLAND

# Lahinch

Der Links-Course von Lahinch, hoch über der Liscamor-Bucht in der westlichen Ecke Irlands gelegen, begeht 1993 sein hundertjähriges Bestehen. Daß die Bewohner des Ortes dieses historische Datum zum Anlaß nehmen werden, ein rauschendes Fest zu feiern, steht außer Zweifel. Mit mehreren Pints Guiness werden sie dann die Welt, das Guiness und vor allem ihren Golfplatz hochleben lassen, dem eine wichtige Rolle im gesellschaftlichen Leben des Ortes zukommt. Denn die Mehrzahl der Einwohner von Lahinch spielen Golf. Ihre Begeisterung für diesen Sport ist so groß, daß man Lahinch sogar als das »St. Andrews of Ireland« bezeichnet. Vieles spricht für diesen Vergleich: die Lage des Platzes inmitten des Ortes, die von Herzen kommende Begeisterung der Einheimischen für das Spiel, der klassische Links-Course und

Oben: Das 4. Loch, ein Par 4, ist direkt am Atlantik gelegen.

Links: Das 6. Loch, genannt »The Dell«, ein Par 3 von 142 Metern Länge.

Rechts: Der Strand und die See bilden die natürliche Ausgrenze am 7. Loch; links daneben der Abschlag des 8. Loches.

der starke schottische Einfluß in den Anfangsjahren. Schottische Offiziere waren es nämlich, die jenes Gelände entdeckten, das heute die 36-Löcher-Anlage beherbergt. Insbesondere ein schottischer Name aber ist unzertrennlich mit Lahinch verbunden: Dr. Alister Mackenzie, der später mit Plätzen wie Augusta National und Cypress Point weltberühmt wurde, gelang mit der Gestaltung von Lahinch sein Gesellenstück. Mackenzie fand dort ein Gelände vor, dessen natürliche Beschaffenheit ideal zum Bau eines Golfplatzes war. Und die Bewohner von Lahinch danken es ihm bis in die heutige Zeit. Obwohl der große Architekt in Schottland geboren wurde, gilt er mittlerweile als einer der ihren.

IRLAND

# Lahinch

Will man mehr über die bewegte Geschichte des Clubs erfahren, wendet man sich am besten an die älteren Clubmitglieder, die bei einem Glas Malt Whiskey gerne die Vergangenheit Revue passieren lassen. Eine der beliebtesten Geschichten handelt von den Ziegen, die das Clubwappen zieren. Brad Sluttery, pensionierter Sekretär des Clubs, weiß es natürlich genau: »Die Ziegen sind unser offizielles Barometer. Kommt schlechtes Wetter auf, suchen die Ziegen Schutz in der Nähe des Clubhauses! Zerstreuen sie sich wieder, dauert es höchstens noch ein Guiness, bis das Unwetter vorbei ist.« In der Tat findet der Besucher beim Betreten des Clubhauses über einem alten Barometer, das an der Wand befestigt ist, einen kleinen Zettel: »See goats.«

Lahinch, 32 Kilometer vom internationalen Flughafen Shannon entfernt, ist ein golfverrücktes Städtchen. Im Gegensatz zu St. Andrews, das nicht nur des Golfs, sondern auch der übrigen Sehenswürdigkeiten der reizvollen Universitätsstadt wegen Besucher aus aller Welt anzieht, heißt die einzige Attraktion von Lahinch: Golf. Golf ist das Hauptthema nahezu aller Gespräche in Lahinch, und früher oder später, so heißt es, drehe sich jede Unterhaltung um die »Blind Shots« am »Klondyke« oder »The Dell«, zwei der berühmt-berüchtigten Löcher des Old Course.

Golf wird in Lahinch seit nahezu hundert Jahren gespielt. Gegen Ende des vorigen Jahrhunderts war ein schottisches Regiment mit dem klangvollen Namen »Black Watch« bei Limerick, nur wenige Kilometer von Lahinch entfernt, stationiert. Während ihrer Streifzüge durch die Grafschaft Clare stießen die schottischen Soldaten auch auf diesen Ort mit seiner wilden, von Winden gepeitschten Dünenlandschaft nahe der ungezügelten See. Unterstützt von Einheimischen, gründeten eine Handvoll schottischer Offiziere am 31. März 1893 den Lahinch Golf Club. Das Layout entwarf der legendäre »Old« Tom Morris, der für ein Tagessalär von einem englischen Pfund plus Reisespesen Grüns und Abschläge in die gewaltige Dünenlandschaft setzen ließ.

Vom Design des Altmeisters ist heute nur noch ein Loch übrig geblieben, das zu den umstrittensten und faszinierendsten Löchern des Old Course zählt: »The Dell«, das 142 Meter lange 6. Loch, ein Par 3, erfordert einen »blinden« Teeshot über einen Hügel, auf dessen Spitze ein weißer Stein die Fahnenposition angibt. Das Grün liegt inmitten einer gigantischen Mulde, die von drei das Grün umgebenden Hügeln gebildet wird. Diese »blinden« Schläge sind bei vielen Golfern umstritten, vielfach zu Recht, da auch eine gehörige Portion Glück dazugehört, den Ball an der Fahne zu plazieren. In Lahinch tragen sie jedoch zum unverwechselbaren Charakter des Old Course bei.

1928 wurde Dr. Alister Mackenzie beauftragt, die Anlage den Erfordernissen anzupassen, die das Golfspiel durch die Einführung des wesentlich weiter fliegenden Rubbercore-Golfballes erfahren hatte. Auch Mackenzie hielt sich an die natürlichen, für die Anlage eines Golfplatzes nahezu perfekten Gegebenheiten, modifizierte bis auf »The Dell« alle Löcher und schuf einen Meisterschaftsplatz, der neben seinen spieltechnischen Feinheiten auch durch ein herrliches Panorama begeistert. Lahinch gilt heute als das Gesellenstück von Mackenzie, bevor dieser auszog, mit dem Bau so weltberühmter Anlagen wie Augusta National in Georgia und Cypress Point in Kalifornien die Golfwelt im Sturm zu erobern.

Auf dem Old Course setzte Mackenzie seine Auffassung von Golf um, die sich an nahezu jedem Loch zeigt: Die Qualität eines Golfplatzes hat nichts mit seiner Länge zu tun, sondern vielmehr mit der Aufgabenstellung, jeden Schlag zu einer Herausforderung zu machen. Extremes Beispiel ist das 13. Loch, ein Par 4 von nur 250 Metern, das jeden, der versucht, das Grün mit dem ersten Schlag zu erreichen, mit wildem Rough und tiefen Grünbunkern empfängt. Selbst die kurze Annäherung bleibt eine Herausforderung: Nur ein gut getimter »Pitch and Run« findet den Weg auf das stark verteidigte Grün.

Ebenso typisch für Mackenzies Stil ist das 5. Loch, das »Klondyke«, ein Par 5 mit 441 Metern. Der Drive muß auf einem schmalen Fairway plaziert werden, das links und rechts von den Wällen gewaltiger Dünen gesäumt wird. Der zweite Schlag ist in halblinker Richtung »blind« über eine riesige Düne zu schlagen, bevor mit einem kurzen Eisen das Grün erreicht werden kann. Nur eine weiße Markierung auf der Kuppe weist den Weg zur Fahne. Und »blind« geht es weiter.

Besonders auf diesem Teil des Platzes spielt der von See her in den Platz einfallende Wind eine besondere Rolle, da man ab dem 3. Loch die Küste entlang spielt. Starke Aufmerksamkeit verlangen neben dem 7. Loch, das nach Überwinden des überdimensionalen Fairwaybunkers einen langen Annäherungsschlag gegen den Wind erfordert, auch die Löcher 8, 11 und 12, die der Küstenlinie folgen. Hat man diese Prüfung überstanden, droht auf dem Weg zum Clubhaus zumindest durch den Wind nur noch wenig Gefahr, da die restlichen Spielbahnen abseits der Küste verlaufen. Bei 5890 Metern Länge (6123 Meter vom Championtee) und Par 72 stellt Lahinch selbst für den guten Spieler mehr als eine Herausforderung dar.

Wer befürchtet, der Old Course sei, insbesondere bei widriger Witterung, zu schwer zu bespielen, kann auf die zweite 18-Loch-Anlage von Lahinch, den Castle Course, ausweichen. Der 1975 wegen des hohen Spieleraufkommens des Old Course eröffnete Platz liegt rechter Hand des Clubhauses und zieht sich mit den Spielbahnen – parallel zum Old Course – mehr landeinwärts hin. Mit 4641 Metern bei Standard 67 kann der Castle Course einen gewissen Übungscharakter nicht verneinen.

Das zwischen drei gewaltigen Sandhügeln eingebettete 6. Grün (»The Dell«) muß »blind« angespielt werden.

Auf dem Old Course wurden im Laufe seiner Geschichte zahlreiche Meisterschaften, im wesentlichen für Amateure, bestritten. Bei der golffanatischen Bevölkerung wird nicht mit Beifall gespart, wenn etwa bei den Home Internationals die Teams aus England, Irland, Schottland und Wales gegeneinander kämpfen. Auf der Anlage des Lahinch Golf Club wird auch regelmäßig die Amateurmeisterschaft Südirlands ausgetragen.

Zwei Dinge trifft man in Lahinch immer an: eine unglaublich warmherzige Gastfreundschaft und einen sehr sympathischen Mann, Michael Murphy, den jetzigen Sekretär des Clubs. Er hat einiges gemeinsam mit Sean Walsh von Ballybunion und Tom Prendergast von Killarney: Sie alle drei sind ungewöhnlich liebenswürdig und echte Gentlemen.

Sicherlich präsentiert sich Lahinch im Vergleich zu den anderen bekannten Golfplätzen im Südwesten Irlands, wie Ballybunion, Killarney, Waterville und seit neuestem auch Tralee, vielleicht etwas eigenwillig, doch die Reise dahin lohnt sich ganz bestimmt.

# Lahinch

Lahinch Golf Club
Lahinch, Co. Clare
Irland
Tel. (065) 81003

## Platz-Charakteristik

Die Anlage besteht aus zwei 18-Loch-Plätzen, dem Old Course und dem Castle Course. Der wesentlich bekanntere und auch schwieriger zu bespielende Course ist der Old, ein klassischer Links-Course mit viel anlandigem Wind. Bei Par 72 beträgt seine Länge 6123 Meter vom Championtee. Der Castle Course ist mit nur 4641 Metern bei Par 67 wesentlich einfacher zu bewältigen.

## Fairways

Die Spielbahnen auf dem Old sind meist breit und offen, zum Teil kreuzen sie sich wie etwa am 5., 6. und 18. Loch. An einigen Löchern sind die Fairways hügelig, gelegentlich wird ein Spiel aus Schräglagen erforderlich. Mit zehn Par 4, vier Par 5 und vier Par 3 ist das Layout klassisch. Fünf Spielbahnen – das 2., 4., 7., 13. und 14. Loch – sind als Doglegs angelegt.

## Rough

Fast alle Spielbahnen des Old sind von dichtem hohem Dünengras gesäumt. An vielen Löchern sind zudem die Fairwayränder stark abschüssig.

## Bunker

Viele Pottbunker mit hohen Kanten erweisen sich auf dem Old als gefürchtete Spielhindernisse. Die meisten von ihnen dienen der Grünverteidigung. Gut beschützt sind das 3., 7., 13., 16. und 17. Grün.

## Wasser

Es sind keine Wasserhindernisse auf der Anlage vorhanden.

## Sonstige Hindernisse

Es sind keine sonstigen Hindernisse zu finden.

## Greens

Auf dem Old wurde Fetuque-Gras (Fescue) verwendet. Die Grüns sind durchschnittlich schwer zu bespielen und normalerweise gut gepflegt. Lediglich im Herbst kommt es aufgrund der hohen Auslastung des Platzes gelegentlich vor, daß sie schlecht gepflegt sind. Die Löcher 11, 13 und 14 verfügen über Stufengrüns.

## Club

Der Lahinch Golf Club hat rund 1200 Mitglieder, 320 davon sind auswärtige Mitgliedschaften. Das Clubhaus bietet normalen Standard und ist zweckmäßig ausgestattet. Gemütlich ist die Bar im ersten Stock. Zur Zeit ist Michael Murphy Clubsekretär.

## Pro-Shop

Einige Meter rechts vom 1. Tee gelegen, führt er ein kleines Sortiment und einige Souvenirs.

## Caddie-Service

Meist Jugendliche mit guten Platzkenntnissen stehen den Mitgliedern und Gästen gegen Honorar zur Verfügung. Caddie-Master und Starter ist Michael Skerrit, ein Handicap 3-Spieler.

## Driving Range

Der Practice Ground liegt nahe der 16. Spielbahn des Castle Course. Er ist einfachst ausgestattet und hat ein Putting-Grün.

## Veranstaltungen

Im Mai 1989 fand auf dem Old ein PGA-Turnier für Proetten statt. Er ist darüber hinaus ständiger Austragungsort der Irish Amateur Championship.

## Saison

Die Saison ist ganzjährig bei starker Auslastung vor allem von Mai bis September. Das milde, stark maritime Klima (Golfstrom) mit viel Wind und Regen ist unberechenbar. Deshalb empfiehlt sich das Mitführen von Allwetterbekleidung.

## Tip

Den Castle Course sollte man entweder als Aufwärmrunde für den Old Course oder aber als Spielmöglichkeit für Kinder, Jugendliche und Anfänger nutzen.

Old Course – Championship Course

| Loch | Länge | Par | Loch | Länge | Par |
|---|---|---|---|---|---|
| 1 | 352 | 4 | 10 | 412 | 4 |
| 2 | 468 | 5 | 11 | 126 | 3 |
| 3 | 138 | 3 | 12 | 434 | 4 |
| 4 | 391 | 4 | 13 | 250 | 4 |
| 5 | 441 | 5 | 14 | 446 | 5 |
| 6 | 142 | 3 | 15 | 422 | 4 |
| 7 | 365 | 4 | 16 | 178 | 3 |
| 8 | 320 | 4 | 17 | 400 | 4 |
| 9 | 351 | 4 | 18 | 487 | 5 |
| Total | 2968 | 36 | Total | 3155 | 36 |
| | | | Insgesamt | 6123 | 72 |

Bei Regen oder Wind zählt der Old Course zu den schwierigsten Golfplätzen der Welt. Hier das direkt an der Irischen See gelegene 10. Grün.

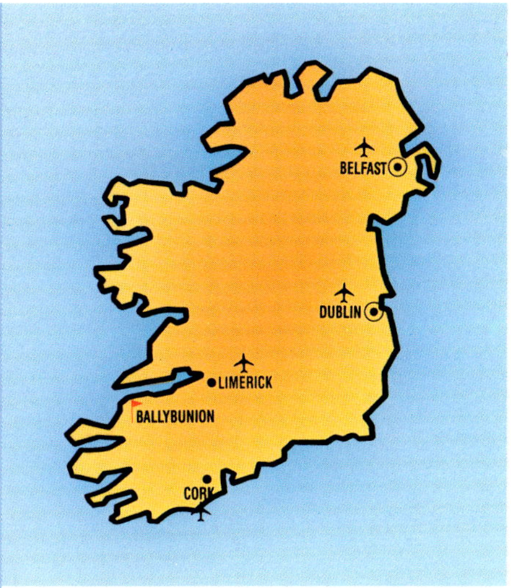


IRLAND

# Ballybunion

**Wenn sich ein Golfspieler nach Beendigung der Runde nichts sehnlicher wünscht, als genau auf diesem Golfplatz begraben zu werden, dann muß es sich um eine außergewöhnliche Anlage handeln. Die wahre Begebenheit jenes Amerikaners, der heute auf dem Friedhof neben dem 1. Tee des Ballybunion Old Course seinen ewigen Frieden gefunden hat, beweist einmal mehr: Ballybunion ist kein gewöhnlicher Golfplatz.**
**Selbst die besten Golfspieler der Welt ergehen sich in Superlativen, wenn die Rede von der 36-Löcher-Anlage an der Mündung des Shannon River ist. Der mehrfache Masters- und British Open-Sieger Tom Watson, der Ballybunion für die beste Vorbereitung auf die British Open hält, vertritt gar die These, jeder Golfplatzarchitekt solle längere Zeit in Ballybunion leben und spielen,**

bevor er daran ginge, Plätze zu planen und zu realisieren.
Mit dieser Meinung steht Tom Watson beileibe nicht allein. Viele Professionals und eine Reihe namenhafter Golf-Journalisten, unter ihnen Herbert Warren Wynd und Peter Dobereiner, halten Ballybunion für das Mekka des Golfsports in Europa schlechthin. Natürlich kann man im Hinblick auf diese Einschätzung geteilter Meinung sein, gehört doch eine Vorliebe für klassische Links dazu, eines bleibt jedoch unbestritten: In bezug auf landschaftliche Schönheit und sportliche Schwierigkeit gibt es in Europa wenige Anlagen, die an Ballybunion heranreichen. Dieses gilt in Ballybunion nicht nur für den Old Course, dessen Anlage auf das Jahr 1896 zurückgeht. Robert Trent Jones sen. schuf daneben einen zweiten Links-Course, der nach Meinung vieler Experten den Old Course in beiden Kategorien übertrifft. Trent Jones löste die ihm gestellte Aufgabe, deren Bewältigung viele für unmöglich gehalten hatten, mit der ihm eigenen Bravour: »Hier ist das schönste Stückchen Erde, das sich ein Architekt träumen kann.«

Eine der Besonderheiten des Old Course ist der neben dem 16. Grün und dem 1. Abschlag gelegene Friedhof.

Bei Gegenwind empfiehlt es sich, die Abschläge flach zu halten.

IRLAND

# Ballybunion

Nur selten steht man als Golfspieler bei einer 36-Löcher-Anlage vor einer so schwierigen Entscheidung wie in Ballybunion, wenn es darum geht, für welchen der beiden Plätze man sich zuerst entscheiden soll. Gibt man der Tradition den Vorzug, so entscheidet man sich für den Old Course, ein golftechnisches Meisterwerk, das die natürlichen Gegebenheiten der wilden Dünenlandschaft so perfekt für die Gestaltung eines Golfplatzes zu nutzen versteht.

Auf dem Old Course zu spielen, ist ein unvergeßliches Erlebnis. Diese Feststellung machten auch mehrere Franzosen, die vor einigen Jahren zum ersten Mal Irland bereisten, in Ballybunion spielten und sofort dem Club beitraten. Doch keine Angst, in Ballybunion ist man auch als Gast stets herzlich willkommen; denn Greenfee-Spieler stellen für den Club eine nicht zu unterschätzende Einnahmequelle dar. 1988 etwa verzeichnete der Club für beide Plätze Greenfee-Einnahmen in einer Höhe von insgesamt rund 1 Million-Mark. Und die Tendenz ist steigend.

Der von Lionel Hewson im Jahre 1905 entworfene 9-Löcher-Platz wurde 1926 wegen der hohen Akzeptanz auf 18 Löcher erweitert. 1936 stand der bekannte Architekt Tom Simpson vor der Aufgabe, die Anlage umzubauen. Simpson, der von der Schönheit des Platzes angetan war, empfahl, lediglich drei Änderungen vorzunehmen: Er ließ drei Grüns und einen Bunker verlegen, von dem er glaubte, daß er zu nahe am Meer läge.

Riesige Sanddünen bilden die natürliche Kulisse für einen Parcours, dessen Fairways sich wie grüne Laufbänder bergauf und bergab durch die küstennahe Hügellandschaft schlängeln. Obwohl der Old Course mit einer Länge von 6084 Metern bei Par 71 nur durchschnittliche Werte aufweist, zählt er zu den großen Härtetests im Golf. Golf als strategisches Spiel erfährt hier seine perfekte Umsetzung: Wer einen geraden Schlag zu lang oder zu kurz spielt, wird nicht so bestraft wie derjenige, der sein Ziel links oder rechts verfehlt. Dies gilt beim Old Course wie auch beim New Course vor allem für das Grünanspiel, das hohe Anforderungen an Schlägerwahl, Präzision, Konzentration und spieltechnisches Können stellt. Eingeweihte behaupten, daß der Old Course an einigen Par-4-Löchern die schwierigsten zweiten Schläge erfordert, die es im Golf gibt. Das 415 Meter lange 9. Loch wird von Tom Watson gar als »Par 4,5« eingeschätzt. Ein durchschnittlicher Handicap-Spieler kann dieses Loch getrost als Par 5 in Angriff nehmen. Grünannäherungen müssen in einigen Fällen aus Schräglagen oder auch bergab gespielt werden, was eine präzise Technik und golfreiches Können voraussetzt.

Eine weitere Schwierigkeit besteht, wie bei allen klassischen Links, in den ständig wechselnden Windverhältnissen. Erwischt man einen jener seltenen Tage, an denen ein vergleichsweise lindes Lüftchen weht, dann kann man selbst als Clubgolfer auf diesem Platz brauchbare Ergebnisse erzielen. Drückt aber der steife Seewind in den Platz hinein, so beschleicht einen bei jedem Schlag das nagende Gefühl, »bloody begin-

Das zwischen Old und New Course gelegene moderne Clubhaus ist das ganze Jahr geöffnet.

ner« zu sein! Dies gilt weniger für die ersten sechs Löcher, die rechts vom Clubhaus windgeschützt parallel der Küstenlinie folgen. Am 7. Loch aber, einem Par 4, mit dem Grünanspiel gegen den Wind, beginnt die Stunde der Wahrheit. Hier sind die 387 Meter zwischen Tee und Grün die Klippen entlang zu überwinden!

Die Abrundung erfährt der Old Course durch einige Löcher, die ihn weit über das Niveau vieler guter britischer Links-Plätze heben. Neben dem 9. Loch ist insbesondere das 411 Meter lange 11. Loch, ein Par 4, zu nennen. Zu Recht zählt man es zu den schönsten, aber zugleich schwierigsten Golflöchern der Welt. Die vom Spieler zu bewältigende Aufgabe besteht darin, von einem erhöhten, direkt neben dem Atlantik gelegenen Tee, das einen unvergleichlichen Blick auf den tieferliegenden Strand und das Spiel der Wellen erlaubt, seinen Drive auf ein schmales, terrassenartig abfallendes Fairway zu plazieren. Ist das gelungen, wird ihm ein schier unmöglicher zweiter Schlag abgefordert. Durch eine enge, schluchtartige Gasse muß der Ball den Weg auf ein durch zwei riesige Pottbunker, Sanddünen und abfallendes Rough hervorragend verteidigtes Grün finden. Das 11. Loch mit einem Par oder einem Bogey abzuschließen, gehört sicherlich zu den großen Erfolgserlebnissen in Ballybunion.

Wenn eine Anlage über zwei 18-Löcher-Plätze verfügt, liegt es nahe, den zweiten Platz am ersten zu messen, noch dazu, wenn es sich beim zweiten um den wesentlich jüngeren Platz handelt. Der New Course hält jeden Vergleich mit seinem älteren Bruder stand. Robert Trent Jones sen. schuf südlich des auf einem imposanten Hügel gebauten Clubhauses einen zweiten Links-Course, von dem viele Experten behaupten, Trent Jones habe mit diesem Platz das Prinzip des Links-Course zur nicht zu überbietenden Perfektion gebracht. Der Architekt legte größten Wert darauf, den ursprünglichen Charakter des an zwei Seiten von Wasser umgebenen Areals zu bewahren. Obwohl sich die natürliche Dünenlandschaft nur unwesentlich von der des Old Course unterscheidet, gelang es ihm, dem New Course ein gänzlich eigenständiges Erscheinungsbild zu verleihen. Vieles spricht dafür, daß er sich hier eine Art Lebenstraum erfüllte, denn bereits nach der ersten Geländebegehung sagte er sofort zu, den Platz zu bauen. »Als ich das erstemal das Gelände sah, fehlten mir die Worte. Es waren die feinsten Links, die ich je gesehen hatte, vielleicht sogar die feinsten, die man auf der ganzen Welt finden kann.«

Trent Jones versuchte, jene Merkmale, die den Old Course in aller Welt berühmt gemacht hatten, zu perfektionieren und dessen vermeintliche Schwachstellen zu vermeiden. So verfügt der New Course größtenteils über extrem schmale Fairways, die, von gigantischen Dünenwällen abgeschirmt, der Küstenlinie folgen. Einheimische, mit den Platzverhältnissen bestens vertraute Scratchspieler schlagen an vielen Löchern ein Eisen 1 oder 2 vom Tee, was beweisen mag, daß der Platz höchste Präzision erfordert. Ein Blick auf die Scorekarte, die 6055 Meter bei Par 72 vom Championtee zeigt, läßt den Spieler über die ihn erwartenden wahren Schwierigkeiten im Unklaren. Kleine, hängende und stets stark verteidigte Grüns machen das Grünanspiel zur Tortur. Da viele Kritiker die fehlende Länge der Par-5-Löcher für die einzige Schwäche des Old Course hielten und halten, schuf Trent Jones Par-5-Löcher, die allen golfsportlichen Anforderungen standhalten. Mehr noch: einige von ihnen, so etwa das 571 Meter lange 17. Loch, sind bei Wind selbst mit drei Schlägen nicht zu erreichen.

Blick vom 15. Tee des Old Course in Richtung Grün.

An allen Löchern des New Course steht eine Auffassung im Vordergrund, die Trent Jones ein Leben lang vertreten hat: Par und Können des Golfers sollen sich beweisen. Dieses setzt jedoch voraus, daß der Spieler, will er die an ihn gestellte Herausforderung annehmen und bewältigen, ein gründliches Maß an golferischem Know-how mitbringen muß. Andernfalls läßt man besser den Schläger im Bag und genießt die grandiose Aussicht, die sich vom Clubhaus aus auf die 18. Spielbahn des Old Course und das Gezeitenspiel des Atlantik bietet.

Wie der Old Course präsentiert sich der New in einem tadellosen Platzzustand. Die Grüns lassen keine Wünsche offen, sind treu und exzellent gepflegt. Sie sind schneller als auf dem Old Course. Bermudagras, das sonst nur in heißem Klima gedeiht, wächst in Ballybunion prächtig und trägt zum vorbildlichen Pflegezustand bei. Als einzige Golfanlage in Irland beschäftigt Ballybunion einheimische Greenkeeper. Auf allen anderen irischen Plätzen leisten Schotten »Entwicklungshilfe« in Sachen Platzpflege.

## Platz-Charakteristik

Die Anlage gehört zu den besten Küstengolfplätzen der Welt. Beide 18-Löcher-Meisterschaftsplätze bestechen durch ihren Schwierigkeitsgrad. Sowohl der Old Course, der bei Par 71 und SSS 72 5983 Meter mißt, als auch der New Course (Par/SSS 72, 5922 Meter) sind klassische Links-Courses.

## Fairways

Auf dem Old sind die Fairways auf den ersten neun Löchern größtenteils breit und offen, die an die See grenzenden Spielbahnen etwas versandet. Die zweiten neun Löcher sind gelegentlich hügelig und erfordern ein Spiel aus Schräglagen. Die Spielbahnen des New Course sind wesentlich schmaler, zahlreiche Doglegs sorgen für Abwechslung. Der Old weist neun Par-4-, vier Par-5- und fünf Par-3-Löcher auf, während der New mit zehn Par 4, vier Par 5 und vier Par 3 einem klassischen Layout folgt.

## Rough

Auf dem Old Course ist das Rough dicht und niedrig. Wild und hoch präsentiert es sich dagegen auf dem New Course.

## Bunker

Auf beiden Plätzen dienen die tiefen bis sehr tiefen, mit hohen Kanten versehenen Bunker hauptsächlich zur Grünverteidigung.

## Wasser

Ein Bach fließt durch Loch 2 und 13 des Old Course. Das größte »Wasserhindernis« ist jedoch der Atlantik. Auf dem New Course gibt es keine Wasserhindernisse.

## Sonstige Hindernisse

Auf beiden Plätzen sind keine weiteren Hindernisse vorhanden.

## Greens

Beide Kurse verfügen über exzellente Greens. Vor allem der Old Course ist für den hohen Standard seiner Greens bekannt. Diese sind größtenteils flach und weisen nur zum Teil leichte Neigungen auf. Sie sind durchschnittlich schnell und halten die Linie optimal. Pflegetechnisch lassen sie trotz der starken Frequentierung keine Wünsche offen. Die Greens des New Course sind insgesamt kleiner und schwieriger anzuspielen.

## Club

Ballybunion zählt zu den am stärksten frequentierten Golfanlagen auf den britischen Inseln. Das Clubhaus ist wie bei den meisten irischen Clubs funktionell. Es liegt oberhalb des 18. Greens des Old und bietet einen phantastischen Ausblick auf beide Kurse und den Atlantik.

## Pro-Shop

Neben zahlreichen Souvenirs hält man in dem kleinen Pro-Shop die gängigen Marken bereit.

## Caddie-Service

Für beide Kurse stehen Caddies in ausreichender Zahl zur Verfügung, die vor allem durch ihre Sachkenntnis und Freundlichkeit bestechen. Darüber hinaus können Handwagen gemietet werden.

## Driving Range

Die Übungsmöglichkeiten entsprechen nicht dem hohen Standard der Plätze. Neben einem kleinen Übungsplatz stehen ein Übungsbunker und ein kleines Putting-Green in der Nähe des 1. Loches zur Verfügung.

# Ballybunion

Ballybunion Golf Club
Sandhill Rd.
Ballybunion, Co. Kerry
Irland
Tel. (068)27146/27611

## Veranstaltungen

Außer einigen Turnieren für Gäste werden in Ballybunion keine Großveranstaltungen ausgetragen.

## Saison

Außer im Januar ist die Anlage ganzjährig geöffnet. Die besten Spielbedingungen findet man von Mai bis Oktober vor.

## Tip

Die Reservierung von Startzeiten ist dringend notwendig.

Old Course – Championship Course

| Loch | Länge | Par | Loch | Länge | Par |
|---|---|---|---|---|---|
| 1 | 358 | 4 | 10 | 328 | 4 |
| 2 | 407 | 4 | 11 | 411 | 4 |
| 3 | 201 | 3 | 12 | 176 | 3 |
| 4 | 455 | 5 | 13 | 443 | 5 |
| 5 | 465 | 5 | 14 | 120 | 3 |
| 6 | 333 | 4 | 15 | 197 | 3 |
| 7 | 387 | 4 | 16 | 448 | 5 |
| 8 | 140 | 3 | 17 | 327 | 4 |
| 9 | 415 | 4 | 18 | 347 | 4 |
| Total | 3161 | 36 | Total | 2797 | 35 |
| | | | Insgesamt | 5958 | 71 |

Die Schlußlöcher des Killeen und Mahony's Point Course liegen auf einer schmalen Landzunge unmittelbar nebeneinander.

IRLAND

# Killarney

Es gibt schöne Plätze, um Golf zu spielen; es gibt atemberaubende Plätze, um Golf zu spielen – und es gibt Killarney. Dieses geflügelte Wort, das Einheimische und Clubmitglieder voller Stolz so gerne zitieren, kommt nicht von ungefähr. Eingerahmt von den mächtigen Macgillycuddy's Reeks, einer bewaldeten Bergkette, liegt der Killarney Golf & Fishing Club an einem der landschaftlich schönsten Binnenseen Europas, der Anglern aus aller Welt Gelegenheit zum Forellen- und Lachsfang bietet. Der gute Ruf, den die 36-Löcher-Anlage Killarneys bei Golfern rund um den Globus genießt, ist weniger auf den Schwierigkeitsgrad als auf die landschaftlich einmalige Lage zurückzuführen.
Killarney gilt als echte Alternative zu den irischen Küstengolfplätzen und nimmt im Golfangebot der Insel eine Sonderstellung

Killarney wird oft als das »Gleneagles von Irland« bezeichnet.

ein. Mit den breiten, von Mischwald gesäumten Spielbahnen, den tintenblauen Wassern des Lough Leane, die der Golfer an vielen Stellen der Anlage kreuzt, vermutet man Killarney eher in Kontinentaleuropa als in Irland. Oft wird Killarney als das »Gleneagles von Irland« bezeichnet. Der Vergleich ist nicht gänzlich aus der Luft gegriffen: Beide Anlagen nennen die schönsten Inlandsplätze der Welt ihr eigen.
Es wird oft gesagt, daß der »rote« Mahoney's Point-Kurs wegen seines spektakulären Schlußloches der beliebtere der beiden Plätze sei. In der Tat zählt dieses Loch zu den Höhepunkten eines Besuches in Killarney: Das Grün wird rechter Hand vom Lough Lane, linker Hand von einem Kettenbunker begrenzt; die farbenprächtige Bergkette bildet die atemberaubende Kulisse. Dennoch bleibt die Wahl subjektiv; denn der »gelbe« Killeen-Kurs gilt als der technisch anspruchsvollere der beiden Parcours.

Blick vom 18. Grün des Mahony's Point Course auf das Clubhaus.

Wer mehrere Golfplätze im Südwesten Irlands besuchen will, sollte eine Visite Killarneys nicht auslassen. Denn das im Herzen der Grafschaft Kerry gelegene Städtchen eignet sich zum einen für Golfspieler als idealer Ausgangspunkt, will man die bekannten Plätze wie Ballybunion, Lahinch, Waterville oder Tralee aufsuchen. Von hier aus lassen sich all

IRLAND

# Killarney

diese Anlagen bequem in weniger als zwei Autostunden erreichen. Zum anderen ist Killarney des Bleibens mehr als wert, haben doch seine beiden 18-Löcher-Anlagen, Killeen und Mahony's Point, den weltweiten Ruf Killarneys als Golfhochburg begründet. Bing Crosby, der zu den größten Killarney-Fans zählte, beschrieb den Ort in einem seiner Lieder gar als »Spiegel des Paradieses«. Nachdem Crosby sich einige Tage in Killarney aufgehalten hatte, erklärte der begeisterte Golfer: »Killarney ist für einen Golfer und Fischer nicht nur eine große Herausforderung, sondern auch der schönste Platz, den ich jemals gesehen habe.«

Sich der landschaftlichen Faszination zu entziehen, um dem Golfspiel die volle Aufmerksamkeit zu widmen, fällt in Killarney in der Tat schwer. Rhododendren, Fuchsien und Ginster in üppiger Farbenpracht verleihen der parkähnlichen Landschaft, in der die Golfplätze eingebettet sind, den Charakter eines prächtig blühenden Gartens. Die mächtigen, je nach Tageszeit in unterschiedlichen Farben leuchtenden Macgillycuddy's Reeks bilden die atemberaubende Kulisse, die von der dunkelblau schimmernden Seenplatte des Lough Lane abgerundet wird.

Mit klassischen irischen Golfplätzen hat Killarney allerdings nichts gemein. Wer die Anlage besucht, um die Herausforderung von Wind und Wetter anzunehmen, wird in Killarney enttäuscht. Breite, offene Spielbahnen, die zumeist über ebenes Gelände führen, an den Rändern gesäumt von Mischwald, verleihen der Anlage Eigenschaften, wie man sie von Mitteleuropa her gut kennt.

Die Golfgeschichte Killarneys geht bis ins Jahr 1891 zurück und ist eng mit der Entwicklung des Tourismus im Südwesten Irlands verbunden. Damals wurde auf einem 9-Löcher-Kurs in Deer Park, der zum riesigen Landbesitz des Earl of Kenmare gehörte, gespielt. Im Zuge der wachsenden Bedeutung des Tourismus beschloß man 1930, eine größere Golfanlage zu bauen. Wieder war die Familie des Earl of Kenmare behilflich, dessen Sohn, Lord Castlerosse, den Vorsitz der neu gegründeten Killarney Golf Club Ltd. übernahm. Lord Castlerosse hatte sich bereits während seines Studiums einen Namen als Scratchspieler gemacht, und da er zudem über ein beträchtliches Vermögen verfügte, sah er die einmalige Möglichkeit, sich mit dem Bau der Golfanlage einen Lebenstraum zu erfüllen. Castlerosse war es auch, der das reizvolle, unberührte Fleckchen Erde an den Ufern des Lough Lane entdeckte. Für das Layout des ersten 18-Löcher-Kurses zeichnete Sir Guy Campbell verantwortlich. Nachdem Lord Castlerosse das Design von acht Löchern geändert hatte, konnte der Platz am 3. Oktober 1939 für den Spielbetrieb freigegeben werden. Somit feierte Killarney 1989 sein 50jähriges Bestehen.

1971 wurde der Killeen Course seiner Bestimmung übergeben. Seither ist die Anlage kaum noch Veränderungen unterworfen. Sie präsentiert sich so, wie es Lord Castlerosse gewünscht hatte: als blühender Garten.

Spieltechnisch weisen sowohl der 6475 Meter lange Killeen Course als auch der 6152 Meter lange Mahony's Point nur durchschnittliche Schwierigkeit auf. Die mehrheitlich großzügigen Spielbahnen lassen Raum für gelegentliche Patzer, auch wenn manche Teeshots durch den nahen Waldrand ein gehöriges Maß an Präzision erfordern. Meistens aber genügt ein solider Abschlag, um mit dem zweiten Stroke die riesigen, gut gepflegten Grüns zu attackieren. Längere, genau plazierte Schläge werden dem Spieler vor allem an den Doglegs abverlangt, will man die günstige Chance zum Grünangriff wahren. Knifflig wird es eigentlich auf beiden Kursen immer dann, wenn Wasser, insbesondere aber die Seenplatte des Lough Lane, ins Spiel kommt. Dies trifft weniger auf Mahony's Point zu, dessen Spielbahnen sich mit Ausnahme der beiden Schlußlöcher im Inneren der Parklandschaft befinden. Dafür aber gilt das 18. Loch als eines

Longhitter können das direkt an der Seenplatte gelegene 1. Loch des Killeen Course, ein Par 4 von 334 Metern Länge, mit einem Schlag erreichen.

der berühmtesten Schlußlöcher der Welt. Masters-Sieger Gene Sarazen hält es für »eines der denkwürdigsten Löcher, die ich kenne«. Bei »Campbell's Kingdom«, so die Bezeichnung des 18. Loches, soll ein 185 Meter langer, über das Wasser des Lough Lane geführter Abschlag auf einem in Längslinie parallel zum See liegenden Grün landen.

Ähnlich spektakulär startet der Killeen Course für denjenigen, der das Grün des nach rechts abknickenden Auftakt-Doglegs, das dem Seenverlauf folgt, mit dem Abschlag zu erreichen versucht. Mut allein genügt an diesem 1. Loch jedoch nicht; denn vom Championtee sind mehr als 250 Meter carry über das Wasser zu überwinden. Mit dem 3. und 4. Loch folgen zwei großartige Lakeside-Löcher, an denen der Golfer die für Killarney so typische Kombination aus landschaftlicher Schönheit und spieltechnischer Anforderung erleben kann. Parallel zur Wasserlinie müssen diese 176 Meter bzw. 381 Meter langen Fairways präzise zu den Grüns hin überwunden werden. Im folgenden gilt das Hauptaugenmerk dem Grünanspiel, das durch die Spielbahnen kreuzende kleine Bäche und strategisch gut plazierte Grünbunker erschwert wird. Besondere Vorsicht ist unter anderem am 5. Loch (Par 5, 436 Meter, Wassergraben auf der rechten Fairwayseite), am 7. Loch (Par 4, 441 Meter, Bach rechts und links des Grüns) und am 13. Loch (Par 4, 404 Meter, Bach 20 Meter vor dem Grün) geboten. Das 17. Loch, ein 354 Meter langes Par 4, hat es schließlich noch einmal in sich: Sein nach allen Seiten abfallendes Grün macht einen genau plazierten zweiten Schlag erforderlich.

Alles in allem sind die Plätze von Killarney zwei landschaftlich herausragende Kurse mit vielen kleinen, unscheinbaren Hindernissen, die jedoch dann das Score verderben, wenn der Spieler seine Aufmerksamkeit der Parklandschaft schenkt.

Im Laufe seiner Geschichte wurden in Killarney einige international bedeutende Turniere ausgetragen, so unter anderem die Europameisterschaft der Amateure 1975, anläßlich derer die Britische Postverwaltung zwei Sondermarken herausgab. Diese Ehre wurde nur wenigen Golfclubs zuteil. Die beiden Briefmarken sind heute begehrte Sammlerstücke unter Philatelisten, und bei Golfern willkommene Souvenirs.

## Platz-Charakteristik

Die Anlage besteht aus den beiden 18-Löcher-Inlandskursen Mahony's Point (6152 Meter, Par 72) und Killeen (6475 Meter, Par 72). Der Killeen Course gilt als der anspruchsvollere von beiden.

## Fairways

Die Fairways sind wie die Tees traumhaft. Die Spielbahnen sind auf beiden Plätzen breit, offen, größtenteils eben und griffig. Mit zehn Par-4-, vier Par-5- und vier Par-3-Löchern folgt der Mahony's Point den klassischen Layouts.

## Rough

Meistens besteht das Rough aus höherem, ungepflegtem Gras.

## Bunker

Die 42, meist zur Grünverteidigung eingesetzten Bunker sind gut gepflegt und weich.

## Wasser

Der Lough Lane, Wassergräben, Bäche und Rinnsale, die die Fairways kreuzen, machen die eigentliche Schwierigkeit beider Plätze aus.

## Sonstige Hindernisse

Auf beiden Plätzen säumt dichter, alter Baumbestand den Großteil der Spielbahnen. An einigen Stellen treten Solitäre als Hindernisse bei Annäherungen ins Spiel.

## Greens

Die Grüns bestehen aus Bentgras. Sie sind zum Teil überdurchschnittlich groß, treu und dicht. Oftmals als Stufengrüns ausgebildet, weisen sie zahlreiche Breaks auf, sind schnell, stets aber gut gepflegt.

## Club

Killarney ist ein Mitgliederclub mit Mitgliedern aus aller Welt. Die internationale Atmosphäre des Clubs wird verstärkt durch Greenfee-Spieler aus vielen Ländern. Gastfreundlichkeit wird in Killarney groß geschrieben. Das Clubhaus ist geräumig und funktional eingerichtet, die Preise sind akzeptabel. Erwähnenswert ist die vorbildliche Organisation, mit der der Besucheransturm bewältigt wird.

## Pro-Shop

Angeboten wird ein überdurchschnittliches Warensortiment zu verhältnismäßig günstigen Preisen. Empfehlenswert sind vor allem die preisgünstigen, qualitativ hochwertigen Kaschmir-Pullover mit dem Emblem des Clubs.

PRO SHOP PRO SHOP PRO SHOP

## Caddie-Service

50 Caddies stehen zur Verfügung. Eine Caddie-Betreuung ist jedoch auch für »Rabbits« nicht unbedingt erforderlich. Carts und Leihschläger können gemietet werden.

## Driving Range

Ein riesiger, gut gepflegter Übungsplatz mit allen notwendigen Einrichtungen wie Übungsbunker, Pitching-Grün und Putting-Grün mit 18 Löchern ist Mitgliedern und Greenfee-Spielern zugänglich.

# Killarney

Killarney Golf & Fishing Club
O'Mahony's Point
Killarney, Co. Kerry
Irland
Tel. (064) 3 10 34

## Veranstaltungen

1990 und 1991 fanden in Killarney die Carrolls Irish Open statt.

## Saison

Die Plätze sind ganzjährig bespielbar; starke Spielerfrequenz besteht in den Sommermonaten.

## Tip

Die Reservierung von Startzeiten ist speziell im Sommer erforderlich. Bemerkenswert ist die vorbildliche Organisation des Spielbetriebes.

Kileen Course – Championship Course

| Loch | Länge | Par | Loch | Länge | Par |
|---|---|---|---|---|---|
| 1 | 347 | 4 | 10 | 155 | 3 |
| 2 | 347 | 4 | 11 | 465 | 5 |
| 3 | 179 | 3 | 12 | 434 | 4 |
| 4 | 378 | 4 | 13 | 404 | 4 |
| 5 | 436 | 5 | 14 | 353 | 4 |
| 6 | 184 | 3 | 15 | 385 | 4 |
| 7 | 441 | 4 | 16 | 475 | 5 |
| 8 | 378 | 4 | 17 | 354 | 4 |
| 9 | 349 | 4 | 18 | 411 | 4 |
| Total | 3039 | 35 | Total | 3436 | 37 |
| | | | Insgesamt | 6475 | 72 |

Oben und unten links: Das direkt am Meer gelegene 16. Loch, »Liam's Ace«, ein über 300 Meter langes Par 4, bekam seinen Namen durch Watervilles Clubprofessional Liam Higgins, der dort vor einigen Jahren ein »Hole-in-one« erzielte.

Unten rechts: Das moderne Clubhaus von Waterville bietet einen phantastischen Ausblick auf die nahe See und den »Broadway«, das 18. Loch des Meisterschaftsplatzes.

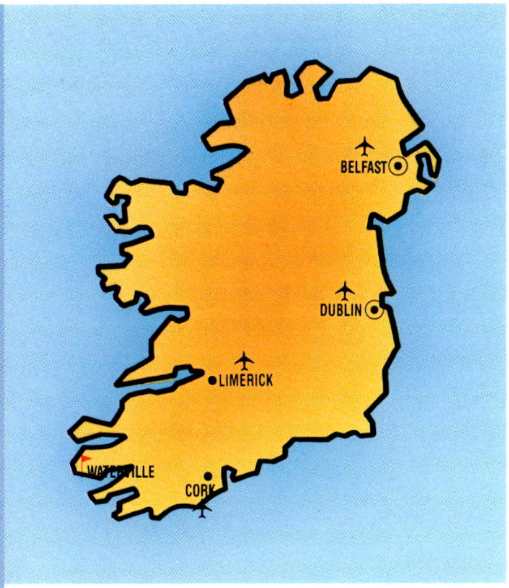


IRLAND

# Waterville

**Im Gegensatz zu den weitgehend naturbelassenen Links von Ballybunion und Lahinch kann Waterville den Einsatz von Menschenhand beim Bau des Platzes nicht leugnen. Dennoch zählt der mit ungeheurem Aufwand und mit amerikanischem Know-how geschaffene Seaside Course zu den populärsten Golfanlagen Irlands. Zum einen ist das auf die einzigartige Lage des Platzes, der sich am berühmten Ring of Kerry, dem »Amalfi-Drive Irlands«, 40 Kilometer nordwestlich von Killarney am Atlantik erstreckt, zurückzuführen. Landwärts von den mächtigen Kerry Mountains und an drei Seiten vom palmengesäumten Atlantik begrenzt, präsentiert sich Waterville als unvergleichliches Golfparadies, das mediterrane Sehnsüchte im Nordwesten Europas stillt. Zum anderen hat Waterville sportlich nur Superlative zu bieten.**

Oben: Charakteristisch für Waterville sind die von Hügelketten gesäumten Spielbahnen. Im Vordergrund das 11. Grün, dahinter das 15. Fairway.

Links: Eine Gedenktafel am 17. Loch erinnert an John A. Mulcahy, den Mentor des Waterville Golf Club.

Rechts: Den unvergeßlichen Abschluß bildet das fast 500 Meter lange 18. Loch, ein Par 5, das parallel zur See verläuft.

Mit knapp über 6600 Metern bei Par 72 vom Championtee ist Waterville der längste Golfplatz Europas. Ob die großen Distanzen, die dem Spieler abverlangt werden, in kausalem Zusammenhang zur Weltbestleistung von Liam Higgins, dem Clubprofessional von Waterville stehen, der 1984 auf einer Flughafen-Landebahn in Dublin im Rahmen eines Wett-Drivings seinen Abschlag 580 Meter weit beförderte, läßt sich nur vermuten. Noch nie wurde im Rahmen eines über vier Tage gehenden Turniers der Platzstandard unterboten; ein eindrucksvoller Beweis, daß die Links von Waterville selbst für Pros eine schwierige Aufgabe darstellen. Obwohl die Golfanlage erst Mitte der siebziger Jahre entstand, hat sich Waterville innerhalb weniger Jahre unter den Spitzenplätzen Europas etabliert. Der große Sam Snead hat Waterville als »schönes Monster« bezeichnet, und Raymond Floyd zählt den Seaside Course gar zu den fünf schönsten Plätzen der Welt.

IRLAND

# Waterville

Die schönsten Golfplätze der Welt, so heißt es, findet man nie in stark besiedelten Gebieten. Dies trifft voll auf den im äußersten Südwesten Irlands gelegenen Küstengolfplatz zu. Waterville wäre wohl immer im Schatten seiner großen Brüder Lahinch und Ballybunion geblieben, wenn nicht sein einzigartiges Erscheinungsbild ihn von der Vielzahl hochklassiger irischer Golfplätze abgehoben hätte.

Der Golfsport hat in Waterville Tradition. Bereits Mitte des 19. Jahrhunderts zählte er zum festen Bestandteil des Gemeindelebens. Der 1889 gegründete Waterville Athletic Club trat als einer der ersten Vereine der Golfing Union of Ireland, dem ältesten nationalen Golfverband der Welt, bei. Die Entstehung des Golfplatzes in der Form, wie er sich heute Greenfee-Spielern aus aller Welt präsentiert, ist dem Golffanatiker John A. Mulcahy zu verdanken, der Waterville Anfang der siebziger Jahre unseres Jahrhunderts entdeckte und daraus eine Anlage von Weltniveau entstehen ließ. Heute erinnert das 17. Loch, das den Namen »Mulcahy's Peak« trägt, an den Mann, der seinen Traum Wirklichkeit werden ließ. Gemeinsam mit dem bekannten irischen Golfplatzarchitekten Eddie Hackett arbeitete Mulcahy den reizvoll gelegenen Platz in eine gigantische sportliche Herausforderung um, wobei weder Kosten noch Mühen gescheut wurden.

Um die zweiten neun Löcher, die sich ursprünglich über relativ flaches Gelände hinzogen, in eine klassische irische Dünenlandschaft umzugestalten, waren gewaltige Erdarbeiten notwendig. Paradebeispiel für den Einsatz von Baggern ist das 11. Loch, ein Par 5, das den Namen »Tranquility« trägt. Sein langes, schmales Fairway, das von langgezogenen Hügeln gesäumt wird, spinnt den Spieler wie in einen Kokon, in dem man Raum und Zeit vergessen könnte. Gary Player hält dieses Par 5 für das schönste und anspruchsvollste Golfloch außerhalb der USA. »Wer Waterville in den Griff bekommt«, so behauptet Player, »kann überall und gegen jeden spielen.«

Das relativ langweilige 1. Loch mit dem vielversprechenden Namen »Last Easy«, ein vergleichsweise kurzes Par 4 mit einem breiten Fairway ohne besondere Spielhindernisse, täuscht über den wahren Schwierigkeitsgrad der 18-Löcher-Anlage hinweg. Bereits am 2. Loch erfährt der Spieler, welch gewaltige Aufgabe er sich gestellt hat, will er Waterville besiegen. »Christie's Choice« – in Anlehnung an den irischen Tour-Professional Christie O'Connor, der dieses Par 4 zu seinen Lieblingslöchern zählt – verlangt mit 428 Metern Länge neben einem langen Drive ein ebenso langes Eisen, will man das kleine, von vier Bunkern verteidigte Green mit zwei Schlägen erreichen. Zusätzlichen Druck schafft eine Ausgrenze, die das Loch auf voller Länge rechter Hand begleitet.

Die Hauptschwierigkeit des knapp über 6600 Meter langen Platzes liegt in den zurückzulegenden Distanzen. Präzision allein genügt in Waterville, im Gegensatz zu vielen berühmten Golfplätzen, nicht. Dieses zeigt sich unter anderem an dem beeindruckenden Quartett von Par-3-Löchern, die allesamt weit jenseits der 150-Meter-Marke liegen.

British Open- und Masters-Sieger Tom Watson, von dem man weiß, daß er sehr mit Ballybunion verbunden ist, hält dieses Quartett »für die beste Kombination von Par-3-Löchern in Europa, wenn nicht auf der ganzen Welt«. Primus inter pares ist dabei das gigantische 17. Loch, das als »Mulcahy's Peak« den Namen des Mentors von Waterville trägt. Ein erhöhtes, in unmittelbarer Nähe des angrenzenden Atlantik liegendes Tee gibt den Blick auf die gesamte Anlage, die Kerry Mountains und den palmengesäumten Strand frei, an dem sich die vier Schlußlöcher von Waterville entlangschlängeln. Die Einmaligkeit des Landschaftspanoramas tritt jedoch hinter der noch zu bewältigenden sportlichen Aufgabe zurück. Ein fast 190 Meter langer Teeshot muß dabei den Weg auf ein Green finden, das von einem wahren Dschungel aus naturbelassenem Rough umgeben ist. Kaum weniger furchterregend gestaltet sich das »Mass Hole«. Von der Länge her dem 17. Loch ebenbürtig, verlangt das 12. Loch die Überwindung eines kraterartigen Loches. Der Name »Mass Hole« erinnert dabei an jene Zeiten, als irische Christen aus Angst vor Verfolgung ihre Messen in verborgenen Höhlen im Windschatten der Dünen zelebrierten.

Viele der Fairways, die an beiden Seiten von hohen Graswällen gesäumt werden, gleichen Korridoren. Die erhöhten Tees der Anlage vermitteln dem Betrachter immer ein Gefühl von Übersicht und Beherrschbarkeit. Bei gutem Wetter täuscht dieser Eindruck sicherlich nicht, denn dann ist Waterville trotz seiner Länge spielerisch in den Griff zu bekommen. Bei Wind und Regen aber zwingt das »Magnificent Monster« selbst die besten Golfer in die Knie.

Wie für viele andere Links gilt auch für Waterville, daß sich die Schlägerwahl zunehmend kompliziert, je widriger die Witterungsverhältnisse sind. In Waterville trifft dieses insbesondere auf die Par-4-Löcher zu. So kann am 14. Loch mit dem sinnvollen Namen »The Judge« der zweite Schlag auf dem 419 Meter langen Fairway je nach Witterung mit dem Eisen 2 oder Eisen 6 ausgeführt werden. Auch das 16. Loch hat es in sich. Es wird »Liam's Ace« genannt, weil Clubprofessional Liam Higgins auf seiner Platzrekord-Runde mit 65 Schlägen an diesem 335 Meter langen Par 4 ein »Hole in one« erzielte. Weht aber der böige, steife Küstenwind über die Dingle-Halbinsel, dann kann man gewiß mehr als zufrieden sein, das Grün von »Liam's Ace« mit einem mittleren Eisen nach dem Abschlag zu erreichen.

Trotz der starken Frequentierung der populären Anlage, die vor allem in den Sommermonaten von amerikanischen Golfspielern heimgesucht wird, weisen Fairways und Greens kaum sicht- und merkbare Spuren des Greenfee-Ansturms auf. Im Gegenteil, der Pflegezustand der Anlage zählt mit zum Besten, was man im Südwesten Irlands finden kann. Die Greens bereiten dem Spieler, der sie richtig anzuspielen versteht, viel Vergnügen. Sie sind treu, halten auch Annäherungen, die nicht mit viel Backspin auf das Green geschlagen werden, und überlassen insgesamt das Putten ganz allein dem Können des Spielers.

Ein landschaftlich sehr reizvoller Aspekt der Anlage sind die beiden künstlichen Seen, mit denen der Architekt vom Stil klassischer Links, die in der Regel über keine Wasserhindernisse verfügen, abweicht.

Wer je seinen Ball das gigantische 549 Meter lange 18. Loch parallel zum Atlantik hinuntergeschlagen hat, das keinen gelungeneren Namen als »Broadway« tragen könnte, der wird verstehen, wieso Spieler wie Ray Floyd, Tom Watson oder ehemalige Golfgrößen wie Sam Snead, Art Wall, Julius Boros oder Claude Harmon diese Anlage zu ihren Favoriten in Europa zählen. Trotz der vergleichsweise langen Anfahrt aus dem Zentrum des Südwestens wurde hier ein Golfparadies geschaffen, das den Weg in jedem Falle lohnt. Und wer sich nebenbei noch erholen will, dem sei das zur Anlage gehörende Waterville Lake Hotel empfohlen, das gehobenen Standard aufweist. Will man in den Speiseplan mehr Abwechslung bringen, als ihn Hotel und Clubhaus bieten, dann sollte man einen Abstecher in das nahe dem Platzeingang gelegene Smuggler's Inn wagen.

Selbst für Pros sind die Links von Waterville eine ungemein schwierige Aufgabe.

## Waterville

Waterville Golf Links
Waterville, Co. Kerry
Irland
Tel. (067) 41 02

## Platz-Charakteristik

Der 18-Löcher-Links-Course, der an drei Seiten vom Atlantik begrenzt wird, zählt zu den schönsten Plätzen Irlands. Bei Par 72 besticht er durch seine enorme Länge von 6623 Metern. Die langen Par-3-Löcher weisen überdurchschnittlichen Schwierigkeitsgrad auf. Der oft vorherrschende Wind ist eine zusätzliche Spielerschwernis.

## Fairways

Schmale, teils flache, teils hügelige Fairways verlangen Genauigkeit beim Abschlag. Einige der schwierigen Löcher sind als Dogleg angelegt. Der Platz hat zehn Par-4-, vier Par-3- und vier Par-5-Löcher.

## Rough

Eine der Schwierigkeiten des Platzes liegt in dem wilden, teils kniehohen Rough abseits der Spielbahnen, das an einigen Stellen von Gestrüpp und Ginsterbüschen durchsetzt ist.

## Bunker

Zahlreiche Pottbunker in klassischer Links-Course-Manier mit hohen Kanten verteidigen die meisten der Greens. An einigen Löchern erzwingen Fairwaybunker, die in der Mitte der Spielbahn plaziert sind, präzise Abschläge.

## Wasser

An den Löchern 7,8 und 18 kommen künstliche Seen ins Spiel. Der See am 8. Loch gefährdet überdies Hooker am 9. Tee.

## Sonstige Hindernisse

Die Anlage weist keine weiteren Hindernisse auf.

## Greens

Die Greens präsentieren sich in hervorragendem Pflegezustand. Fetuque, Bentgras und Poa Annua sind die verwendeten Grasarten. Die Grüns sind meist eben, treu und von durchschnittlicher Schnelligkeit. Die Löcher 2, 6, 13, 15 und 18 sind als Stufengrüns angelegt. Von Oktober bis März wird auf Wintergreens gespielt.

## Club

Waterville ist ein Mitgliederclub mit allen Einrichtungen eines schönen, modernen Clubs. Das geräumige, helle Clubhaus bietet von seiner Terrasse eine traumhafte Ansicht über die Halbinsel und den Golfplatz. Das Restaurant verfügt über eine ausgezeichnete Küche.

## Pro-Shop

Der Pro-Shop ist von durchschnittlicher Größe, führt jedoch ein breites Angebot. Hier können Schläger ausgeliehen werden.

## Caddie-Service

Vor allem im Juli und August stehen täglich erfahrene, ortskundige Caddies zur Verfügung; in den übrigen Monaten von Mai bis Oktober sind sie nur an Wochenenden abrufbar. Darüber hinaus stehen sechs Elektrocarts bereit.

## Driving Range

Die Driving Range liegt etwa 20 Meter vom Clubhaus entfernt. Außerdem ist ein Putting-Green vorhanden. Der Bau eines Übungsbunkers ist geplant.

## Veranstaltungen

In Waterville werden eine Vielzahl von Turnieren für die Clubmitglieder organisiert. Der Platz ist Austragungsort einer Reihe von bedeutenden Meisterschaften wie etwa der Jack Mulcahy Classic für Pros und Amateure oder der Irish Seniors Open Championship. Vormals war Waterville Austragungsort der Kerry Gold Classic, eines PGA-Turniers.

## Saison

Waterville ist ganzjährig zu bespielen. Die beste Reisezeit ist von April bis Oktober.

## Tip

Die Reservierung von Startzeiten ist empfehlenswert. Gäste des Waterville Lake Hotel erhalten eine Greenfee-Ermäßigung.

Championship Course

| Loch | Länge | Par | Loch | Länge | Par |
|---|---|---|---|---|---|
| 1 | 384 | 4 | 10 | 430 | 4 |
| 2 | 428 | 4 | 11 | 457 | 5 |
| 3 | 388 | 4 | 12 | 188 | 3 |
| 4 | 165 | 3 | 13 | 474 | 5 |
| 5 | 537 | 5 | 14 | 419 | 4 |
| 6 | 343 | 4 | 15 | 362 | 4 |
| 7 | 165 | 3 | 16 | 335 | 4 |
| 8 | 400 | 4 | 17 | 188 | 3 |
| 9 | 411 | 4 | 18 | 549 | 5 |
| Total | 3221 | 35 | Total | 3402 | 37 |
| | | | Insgesamt | 6623 | 72 |

Das 8. Grün des Nicklaus Course trägt unverwechselbar die Handschrift des großen Meisters.

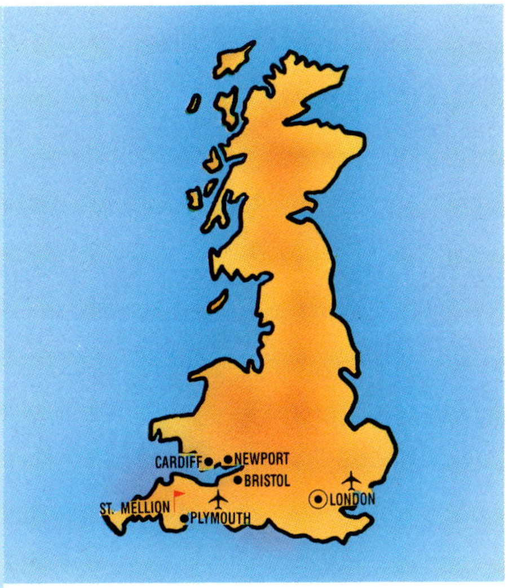


ENGLAND

# St. Mellion

**Innerhalb von nur fünfzehn Jahren hat sich St. Mellion, im Südwesten Englands gelegen, unter den bedeutenden Golfplätzen der britischen Inseln etabliert. Eigentlich sollte in der strukturschwachen Region Industrie angesiedelt werden, doch dann beschlossen die Gebrüder Herman und Martin Bond stattdessen, in Cornwall, etwa 120 Kilometer von Lands End, den Tourismus zu fördern. Durch einen namhaften Golfplatz, so die Überlegung der Bond-Brüder, erhalte die Region eine neue Attraktion. 1976 entstand der St. Mellion Old Course, der lange Jahre großes Ansehen genoß. Mittlerweile wurde er jedoch ein wenig durch einen zweiten Parcours in den Hintergrund gedrängt. 1983 nämlich erwarben die Gebrüder Bond 200 Morgen Land und engagierten Jack Nicklaus als Architekten.**

Blick vom 4. Grün des Nicklaus Course zurück zum Abschlag.

St. Mellion war der erste Golfplatz, den Nicklaus in Europa baute. Und Nicklaus' Arbeit setzte selbst für die golfverwöhnten Briten neue Maßstäbe. Er kombinierte amerikanische Vorstellungen von Golfplatz-Design mit den idealen natürlichen Voraussetzungen, die er in der englischen Parklandschaft vorfand. Das Ergebnis ist ein grünes Paradies, das einzigartig in die hügelige und urwüchsige Landschaft Cornwalls eingebettet worden ist.
Der Old Course von St. Mellion war mehrmals Austragungsort bedeutender Turniere für Professionals wie etwa die Tournament Players Championship oder die PGA-Meisterschaft. 1987 gewann hier Alison Nicholas die Ladies British Open. Die offizielle Einweihung des Nicklaus Course erfolgte anläßlich der St. Mellion Trophy im Juli 1988. Mit Jack Nicklaus, Tom Watson, Sandy Lyle und Nick Faldo standen sich dabei herausragende Persönlichkeiten aus drei Golfer-Generationen gegenüber.
St. Mellion ist ein Freizeitkomplex im Stil amerikanischer Country-Clubs, in dem Service groß geschrieben wird. Neben Golf wird dem Besucher eine Vielzahl sportlicher Aktivitäten, von Badminton über Tennis und Squash bis zu Billard und Bogenschießen, angeboten.

ENGLAND

# St. Mellion

In der modernen Golfplatz-Architektur waren es vor allem Amerikaner, die völlig neue Maßstäbe setzten. Namen wie Trent Jones, Tom Fazio und Pete Dye stehen für die amerikanische Schule der Golfplatz-Architektur, zu der sich vor einigen Jahren auch Jack Nicklaus, der erfolgreichste Golfer des Jahrhunderts, gesellt hat. 1983 unterzeichnete Nicklaus für seine Golden Bear Corporation einen Vertrag, im Südwesten Englands nahe Plymouth einen Golfplatz nach amerikanischem Vorbild zu bauen. Nicklaus setzte mit seinem ersten in Europa gebauten Platz nicht nur architektonisch und spieltechnisch neue Maßstäbe, auch finanziell drang er in für europäische Verhältnisse neue Dimensionen vor. Allein für den Entwurf und die Überwachung der Arbeiten soll Nicklaus mehr als 800 000 D-Mark erhalten haben, zuzüglich 300 000 D-Mark für die Realisierung einer Spielbahn.

Doch die beiden golfverrückten Initiatoren, die Gebrüder Herman und Martin Bond, waren sich einig, daß außergewöhnliche Arbeit auch außergewöhnlich zu honorieren sei. Obwohl der 1976 eröffnete St. Mellion Old Course namhaften Golfern bereits zu einem festen Begriff und Schauplatz bedeutender Profi-Turniere geworden war, sprach die Golfwelt nach der Eröffnung des Nicklaus Course nur noch von letzterem. Der Eröffnung des Platzes gingen dreijährige Arbeiten voraus. Mehr als 1,5 Millionen Kubikmeter Erde mußten bewegt werden, um die Entwürfe von Nicklaus in die Tat umzusetzen. Dabei konnten einige der hochgesteckten Ziele nicht realisiert werden, da der Parcours sonst unbespielbar geworden wäre. Der Journalist Colin Callander schrieb in einem Artikel: »Nicklaus erzählte mir, daß sich dieses Stück Land nur sehr schwer in einen Golfplatz verwandeln ließ. Er verglich die Situation in St. Mellion mit Japan, wo aufgrund der fehlenden Flächen Golfplätze in die Ausläufer der Berge hinein gebaut werden.«

In Anlehnung an amerikanische Stadium Courses gelang es Nicklaus durch entlang der Fairways verlaufende und um die Grüns plazierte Hügel, Zuschauern einen optimalen Einblick in das Spielgeschehen zu verschaffen. Die Flächen um die Grüns gleichen von der Konstruktion her kleinen Amphitheatern, die eine beträchtliche Anzahl von Zuschauern aufnehmen können.

Der Nicklaus Course weist bei 6059 Metern Länge Par 72 sowie die klassische Aufteilung in zehn Par-4-, vier Par-5- und vier Par-3-Löcher auf. Wie bei allen von Jack Nicklaus entworfenen Plätzen fallen das unterschiedliche Profil der 18 Spielbahnen und der üppige Umgang mit Wasserhindernissen auf, die den Schwierigkeitsgrad des Meisterschaftsplatzes nachdrücklich bestimmen. So wurden Bäche auf die Anlage umgeleitet, die als künstliche Wasserhindernisse die Abschlaggenauigkeit des Spielers an vielen Stellen des Platzes auf eine harte Probe stellen.

Die Grüns entsprechen amerikanischem Standard und bestehen aus

Unmittelbar neben dem 18. Grün des Nicklaus Course liegen das St. Mellion Hotel und das Clubhaus der Anlage.

Von Wasser und Grasbunkern gut verteidigt ist das 18. Grün des Nicklaus Course. Im Hintergrund: das Dörfchen St. Mellion.

einem Sand-Torf-Gemisch, das mit einer besonderen, aus Amerika eingeführten Grassorte bepflanzt wurde. Diese ermöglicht eine optimale Oberflächenbeschaffenheit, die sich in Linientreue und Schnelligkeit niederschlägt.

Die Runde beginnt mit einem moderaten, 366 Meter langen Par-4-Loch, das auf die Spielstrategie des »Goldenen Bären« einstimmen soll. Nicht der kraftvolle Longhitter soll Erfolg haben, sondern der Stratege, der Präzision mit Spielintelligenz zu verbinden weiß. So führt an den meisten Par-4- und Par-5-Löchern ein sicher plazierter Abschlag auf das schmale, von Bunkern, Ausgrenzen und Wasser verteidigte Fairway genauso, wenn nicht besser zum Ziel als ein langer, aber unkontrollierter Drive. Dieses bedeutet jedoch nicht, daß Angriffsgolf nicht belohnt wird. An den meisten Par-5-Löchern haben Longhitter die Möglichkeit, das Grün in zwei Schlägen zu erreichen, wie etwa am 439 Meter langen 7. Loch. Damit ist aber immer das Risiko verbunden, Strafschläge für im Wasser oder »out of bounds« landende Bälle hinnehmen zu müssen. Auch das Grünanspiel erweist sich als Härtetest. Selbst ein Pitch wird zum Abenteuer, wenn Bunker und Wasser ein hängendes Grün verteidigen.

Mit den Löchern 10, 11 und 12 gelangt der Golfer auf der Rückrunde an ein Löcher-Terzett, das in bezug auf Design und Vegetation an die berühmte »Amen Corner« in Augusta National erinnert. Wie in Augusta säumen auch in St. Mellion Rhododendren und Azaleen die Fairways und Greens und machen den Parcours zum blühenden Garten. Mit zwei Par-4-Löchern von 390 bzw. 421 Metern, deren Spielbahnen gut verbunkert sind und sogar ein Eisen vom Tee sinnvoll erscheinen lassen, klingt eine Runde auf dem Nicklaus Course aus.

Läßt man die einzelnen Löcher noch einmal Revue passieren, so wird eine Äußerung von Jack Nicklaus verständlich, die dieser kurz nach Fertigstellung der Anlage 1987 tat: »Ich wußte, er würde gut werden. Aber ich hatte nicht gedacht, daß er so gut werden würde.«

Noch kurz vor der Eröffnung des Platzes zog sich rechter Hand vom Green des 18. Loches ein längliches Wasserhindernis hin. Doch irgendwie sagte diese Positionierung Nicklaus nicht mehr zu, und so ließ er das Gewässer kurzerhand nach links genau vor das Green verlegen.

Noch ein Vergleich mit Amerika drängt sich bei einem Besuch in St. Mellion auf: Hervorragend wurde die Integration der Gehwege in die Parklandschaft gelöst, die nicht störend ins Auge fallen. Golfplatzarchitektur verbindet sich hier bestens mit natürlichen Gegebenheiten. Dies ist besonders bemerkenswert, da der Nicklaus Course doch als echtes Golf-Stadion gebaut wurde, das große Zuschauermassen aufnehmen kann.

Neben dem Besuch des Nicklaus Course, der Golftouristen aus aller Welt anzieht, lohnt sich jedoch auch das Spiel auf dem St. Mellion Old Course. Es ist reizvoll, europäische und amerikanische Vorstellungen von Golfplatz-Architektur auf der Grundlage einer ähnlichen Geländestruktur vergleichen zu können.

St. Mellion hat jedoch nicht nur Golf zu bieten. Das riesige Freizeitzentrum mit dem angeschlossenen Drei-Sterne-Hotel macht Gästen ein großes, attraktives Freizeitangebot mit Tennis, Badminton, Squash und Bogenschießen. Ein Hallenbad mit Sauna, Whirlpool und Solarium bietet Entspannung. Sogar eine eigene Turnhalle ist vorhanden.

## Platz-Charakteristik

Die Anlage umfaßt zwei Plätze mit je 18 Löchern: den Old Course und den Nicklaus Course (Par 72, 6059 Meter). Beides sind Meisterschaftsplätze; der bekanntere ist der Nicklaus Course, obwohl er der jüngere von beiden ist.

## Fairways

Nach amerikanischem Vorbild sind die Spielbahnen des Nicklaus Course flach, modelliert und an den spielstrategischen Punkten schmal. Die Löcher 1, 2, 3, 5, 7, 9, 10, 15, 16, 17 und 18 sind als Doglegs angelegt, die Par-Verteilung ist mit zehn Par-4-, vier Par-5- und vier Par-3-Löchern klassisch. Für die Spielbahnen wurde Bentgras verwendet.

## Rough

Das Rough an den Seiten der Spielbahnen ist nicht sehr hoch, so daß der Spielfluß kaum beeinträchtigt wird.

## Bunker

Insgesamt verfügt der Platz über relativ wenige Bunker. Die meisten Bunker des Nicklaus Course sind flach und dienen vor allem der Grünverteidigung. Einige wenige sind in den Drivelandezonen plaziert. Ungewöhnlich für einen britischen Platz ist das Fehlen eines Bunkers am 18. Loch.

## Wasser

Zahlreiche Wassergräben entlang der Spielbahnen sowie kleine Seen erfordern ungeheure Präzision. Die schwierigsten Wasserhindernisse liegen an den Löchern 5 und 11. Beim 5. Loch muß der Drive 150 Meter carry auf die Spielbahn geschlagen werden, am 11. Loch grenzt ein großer See an das Grün.

## Sonstige Hindernisse

Der Golfer stößt auf keine weiteren Hindernisse.

## Greens

Die Grüns des Nicklaus Course sind in vorbildlichem Zustand. Sie sind schnell, treu und bringen gute Annäherungen zum Halten. Die verwendete Grasart ist Pencross. Es gibt keine Wintergrüns.

## Club

St. Mellion ist ein Freizeitkomplex im Stil amerikanischer Country-Clubs. Service wird groß geschrieben. Zur Anlage gehören 2 Tennisplätze, Squash- und Badminton-Plätze, eine Turnhalle, Sauna mit Solarium, Whirlpool, ein beheiztes Freibad sowie ein Snooker Raum. Die Anlage verfügt über ein Restaurant, ein Café, einen Grillroom und einen Kinderhort.

## Pro-Shop

Die Ausstattung erfüllt aufgrund eines großen Sortiments ziemlich jeden Wunsch. Natürlich kann man auch Sets leihen.

## Caddie-Service

Das vollständige Service-Angebot umfaßt auf Anfrage Caddies, Trolleys und Elektrocarts.

## Driving Range

In der Nähe des 1. Tees des Nicklaus Course gelegen, ist sie mit 300 Metern Länge und 140 Metern Breite sehr großzügig ausgelegt. Es gibt ein großes Putting-Grün und einen Übungsbunker. Im Winter 1988 wurden Unterstände errichtet. Das Übungsgelände ist frei zugänglich.

## St. Mellion

St. Mellion Golf & Country Club
St. Mellion
Saltash
Cornwall PL12 6SD
England
Tel. (05 79) 50 01

## Veranstaltungen

Auf dem Old Course fanden einige bedeutende Profi-Veranstaltungen statt, so unter anderem 1979 die Benson & Hedges Trophy und 1983 und 1984 das TPC. Auf dem Nicklaus Course wurde 1987 die Ladies British Open und 1988 die St. Mellion Trophy ausgetragen.

## Saison

Ganzjährig. Die besten Bedingungen findet man zwischen März und Oktober vor.

## Tip

Der St. Mellion Golf & Country Club eignet sich hervorragend für einen Familienurlaub. Vorgesehen ist der Bau eines 100-Zimmer-Hotels und luxuriös ausgestatteter Appartements.

Nicklaus Course

| Loch | Länge | Par | Loch | Länge | Par |
|---|---|---|---|---|---|
| 1 | 366 | 4 | 10 | 375 | 4 |
| 2 | 474 | 5 | 11 | 165 | 3 |
| 3 | 326 | 4 | 12 | 480 | 5 |
| 4 | 160 | 3 | 13 | 330 | 4 |
| 5 | 288 | 4 | 14 | 144 | 3 |
| 6 | 384 | 4 | 15 | 376 | 4 |
| 7 | 439 | 5 | 16 | 475 | 5 |
| 8 | 123 | 3 | 17 | 390 | 4 |
| 9 | 343 | 4 | 18 | 421 | 4 |
| Total | 2903 | 36 | Total | 3156 | 36 |
| | | | Insgesamt | 6059 | 72 |

Oben: Das 17. Grün des Colt Course. Im Hintergrund: das stilvolle Clubhaus.

Unten links: Das reetgedeckte, prächtige Clubhaus von Kennemer, dem renommiertesten Club der Niederlande.

Unten rechts: Die in die Dünen gebaute 36-Löcher-Anlage von Kennemer ist einer der wenigen typischen Links Courses auf dem europäischen Festland.

NIEDERLANDE

# Kennemer

Kennemer ist Hollands ältester Golfplatz, vielleicht sogar der älteste Golfplatz der Welt. Denn Schriftstücke und Gemälde aus dem 13. Jahrhundert, die ein Spiel namens »Colf« darstellen, lassen vermuten, daß die Wiege des Golfsports in Holland gestanden hat. Aber auch die Schotten erheben Anspruch, das Golfspiel erfunden zu haben – eine Auseinandersetzung, die sich weder historisch noch wissenschaftlich klären läßt. Dabei hat der Vorzeigeplatz der Niederlande viel mit schottischen Golfplätzen gemein. Kennemer liegt – wie der Name besagt – unmittelbar an der holländischen Küste. Er ist der einzige Dünengolfplatz auf dem europäischen Festland, der in bezug auf Platzprofil und Spielbedingungen an das Niveau klassischer Links-Courses auf den britischen Inseln heranreicht.
Die Spielbahnen folgen auf so

natürliche Weise dem Verlauf der gewaltigen Sanddünen, daß man fast glauben möchte, im schottischen Troon oder Turnberry zu spielen. Um die drei Dünenplätze von Kennemer, Noordwijk und Den Haag werden die Niederlande in ganz Europa beneidet. Das Renommierstück aber ist Kennemer. Die gigantische Golfanlage unweit des Badeortes Zandvoort, der alljährlich wegen seiner Formel-1-Rennstrecke Tausende von Besucher aus aller Welt anlockt, ist bereits von weitem zu sehen. Das zweiflügelige Clubhaus mit seinem attraktiven Reetdach überragt den gesamten Parcours. Mit dem Pennink Course, dem Colt Course und dem Van Hengel Course bietet Kennemer dem Besucher drei 9-Löcher-Anlagen, die dieser in allen Varianten bespielen kann. »Pennink« und »Colt« ergeben dabei jene Kombination, die vormals als Orange Course Spitzenspieler aus ganz Europa das Fürchten lehrte. Mehrmals bereits wurden in Kennemer die Dutch Open, die offenen Golfmeisterschaften der Niederlande, ausgetragen.

Mit seiner wilden, von hohem Dünengras durchzogenen Hügellandschaft erinnert der Colt Course an berühmte britische Links-Courses. Im Vordergrund: das 15. Grün.

NIEDERLANDE

# Kennemer

Über einen holländischen Golfplatz zu sprechen, bedeutet, bis an die Wurzeln des Golfsports zurückzugehen. Stammt der Golfsport nun aus Holland oder nicht? Steven van Hengel ist einer jener Chronisten, die sich intensiv mit der Frage nach dem Ursprung des Golfspiels befaßt haben. Seine Recherchen ergaben, daß im Holland des 13. Jahrhunderts ein Spiel namens »Colf« weit verbreitet war. Gemälde des Malers Adriaen van de Velde zeigen »Colfspieler« in Bratenröcken und breitkrempigen Hüten, die eine dem heutigen Golfspiel sehr ähnliche Körperhaltung einnehmen. Letztlich aber muß auch van Hengel die entscheidende Frage offen lassen, ob holländische Kaufleute diesen Sport im Zuge ihrer Geschäfte nach Schottland gebracht oder aber ihn von dort »importiert« haben. Fest steht aber, daß der Golfsport in den Niederlanden über eine lange Tradition verfügt, um die Wende vom 17. zum 18. Jahrhundert jedoch aus der Mode kam, ohne daß die Gründe dafür bekannt sind. Mit knapp 15 000 Golfspielern verfügen die Niederlande heute über weniger Spieler, als aufstrebende Golfnationen wie Schweden oder Frankreich jährlich neu hinzugewinnen. Kenner der Szene beobachten, daß es in weiten Kreisen der Bevölkerung an Interesse für Golf fehlt.

Mit Kennemer, Noordwijk und Den Haag besitzen die Niederlande allerdings ein Terzett hochklassiger Golfanlagen, wie man es auf dem europäischen Festland nur sehr selten findet. Das Aushängeschild ist zweifelsohne Kennemer, das eine halbe Autostunde von Amsterdam und 15 Minuten von Harlem entfernt gelegen ist. Nachdem sich die Mitglieder des 1910 gegründeten Kennemer Golf and Country Club anderthalb Jahrzehnte mit einem flachen 9-Löcher-Kurs im Landesinneren begnügt hatten, wurde 1927 der renommierte englische Architekt H. S. Colt mit dem Bau von 18 Löchern und einem Clubhaus beauftragt. Colt, der auch das Layout der bekannten Plätze von Royal Portrush und des Eden Course von St. Andrews entworfen hatte, war begeistert, als er das unmittelbar am Meer gelegene Gelände in Augenschein nahm. Gewaltige Sanddünen wechselten sich mit breiten Flächen blühender Wildpflanzen ab. Es existierte eine von der Natur geschaffene Bahnführung, der sich der Architekt nur zu gerne unterordnete. Erhöhte Tees bieten nun einen grandiosen Ausblick über die wilde Küstenlandschaft, die im Sommer in allen Pastellfarben zu leuchten scheint.

1938 wurde die 18-Löcher-Anlage um neun Kurzlöcher erweitert, die 1985 von Frank Pennink, der den unweit von Kennemer gelegenen Küstenplatz von Noordwijk entworfen hatte, auf zeitgemäßen Standard gebracht wurden.

Wie so viele Golfplätze wurde auch Kennemer durch den Zweiten Weltkrieg stark in Mitleidenschaft gezogen. Die deutschen Truppen ließen auf dem Küstenlandstrich Verteidigungsanlagen errichten. Durch Panzer und schweres Gerät wurde der Golfplatz weitgehend zerstört. Nach Kriegsende gingen die Clubmitglieder jedoch sofort daran, den ursprünglichen Zustand wiederherzustellen. Die Initiative ging von einem kanadischen Leutnant aus; er ließ einen deutschen Panzerwall niederreißen, der auf dem Platz gebaut worden war. 1948 konnte der Spielbetrieb in Kennemer wieder aufgenommen werden.

1985 wurde die 18 + 9-Löcher-Anlage modifiziert. Nun stehen dem

Besucher mit dem Van Hengel Course (A-Parcours), dem Pennink Course (B-Parcours) und dem Colt Course (C-Parcours) drei eigenständige 9-Löcher-Parcours zur Verfügung, die sich je nach Wunsch und Können kombinieren lassen. Die Kombination von »Pennink« und »Colt« entspricht dabei, sieht man von kleinen Korrekturen ab, dem alten Orange Course, auf dem viele bedeutende Meisterschaften wie etwa die Dutch Open stattgefunden haben. Auf dem alten Meisterschaftsplatz trugen sich so bedeutende Golfer wie Gerry de Wit, einer der bekanntesten holländischen Golfprofessionals, Floy von Donck, Bobby Locke und Sid Brews ein, der anläßlich der Dutch Open 1935 mit 65 Schlägen einen grandiosen Platzrekord aufstellte, der nicht unterboten werden sollte. Lediglich David Thomas, Wayne Grady, Severiano Ballesteros, Glenn Ralph, José-Maria Canizares und Gordon Brand gelang es, diese Marke zu egalisieren.

Obwohl Kennemer im Vergleich zu schottischen oder irischen Links breitere Spielbahnen und ein offeneres Grünanspiel hat – zwei Eigenschaften, die im Zuge der Ausrichtung großer Meisterschaften immer wieder kritisiert werden –, verlangen A-, B- und C-Course Präzision und überlegtes Spiel. Dieses gilt insbesondere für die Kombination aus »Pennink« und »Colt«, die aufgrund der Auslegung als Championship-Course die beliebteste ist, als auch für die Kombination aus »Van Hengel« und »Pennink«, der am meisten der Charakter klassischer Links-Courses innewohnt.

Die breite Spielbahn des 18. Loches täuscht über den wahren Schwierigkeitsgrad des Meisterschaftsplatzes hinweg, der vor allem bei Wind dem Spieler alles abverlangt.

Wer in Reminiszenz an alte Zeiten »Pennink« und »Colt« in Angriff nimmt, beginnt mit drei Löchern, die bei überlegtem Spiel gute Birdiechancen bieten. Einem Drive auf ein weites Fairway am 413 Meter langen 1. Loch, der nur bei einem wilden Schlag im Rough landen kann, folgt ein 151 Meter langer Teeshot über ein kleines Tal auf ein plateauartig erhöhtes Green am 2. Loch. Auch die nächste Aufgabe bleibt lösbar: Von einem erhöhten Tee, das einen herrlichen Ausblick über die Küstenlandschaft gewährt, muß der Ball auf eine großzügige Spielbahn, die als Dogleg links an einem Wäldchen vorbei der Küstenlinie folgt, plaziert werden. Dieses ehemals als Par 4 ausgelegte Loch wurde im Zuge der Änderungen auf 479 Meter verlängert und steht nun als Par 5 in der Scorekarte. Nach zwei soliden Hölzern hat man hier gute Chancen, mit einem Pitch erfolgreich die Fahne zu attackieren. Lediglich ein kleiner Bunker verteidigt linker Hand das Grün. Die Spielsituation, die sich an diesem Loch ergibt, erweist sich für die gesamte Anlage als typisch. Ein langer Abschlag, den man aufgrund der breiten Spielbahnen an sehr vielen Löchern mit dem Driver in Angriff nehmen kann, eröffnet beste Chancen, mit dem zweiten oder dritten Schlag die Fahne zu attackieren. Die sehr großen, zum Teil ondulierten Grüns sind in den meisten Fällen beim Putten leicht auszurechnen, treu und in gutem Zustand.

Wer seine Schläge kontrollieren kann, kommt zudem nur selten mit dem Rough, das sich als äußerst widerspenstig erweist, in Berührung. In allen Farben blühende Blumen und Sträucher, zwischen denen sich Wildkaninchen tummeln, erschweren zwar die Ballsuche, entschädigen aber für die schwierige Aufgabe, den Ball halbwegs anständig wieder ins Spiel zu bringen.

Die Löcher 4 bis 9 des Pennink Course ziehen sich unmittelbar am Meer entlang, während die »Home-Nine« des Colt Course weiter landeinwärts verlaufen und eher mit einem Inlandskurs vergleichbar sind. Sicherlich liegt eine der ganz großen Stärken der Kennemer-Anlage neben dem gewaltigen Panorama der Dünenlandschaft in den Variationsmöglichkeiten und den daraus resultierenden unterschiedlichen Spielsituationen.

## Platz-Charakteristik

Kennemer hat mit dem Van Hengel-Kurs (Par 36, 3136 Meter), dem Pennink-Kurs (Par 36, 2996 Meter) und dem Colt-Kurs (Par 36, 3049 Meter) drei 9-Löcher-Plätze, die man in verschiedenen Kombinationen bespielen kann. Die Kombination aus Pennink und Colt entspricht in etwa dem alten Orange Course. Alle Kurse haben Par 36.

## Fairways

Die größtenteils welligen Fairways sind enorm breit und offen, ein Umstand, der bei Meisterschaften immer wieder kritisiert wird. Sie sind gut gepflegt. Doglegs sind die Ausnahme, die meisten Spielbahnen verlaufen geradeaus. Die Par-Verteilung ist in allen Kombinationen klassisch, also vier Par-3-, vier Par-5- und zehn Par-4-Löcher.

## Rough

Das Rough besteht meist aus stacheligen Büschen und hohem Dünengras und begrenzt die Spielbahnen an den Seiten. Obwohl der Ball durch die extrem breiten Spielbahnen ziemlich selten im Rough landet, ist es als selektiv einzustufen.

## Bunker

Die großen Bunker dienen auf allen drei Kursen hauptsächlich der Grünverteidigung, Fairwaybunker weisen nur einige wenige Löcher auf. Die wenigsten Bunker findet man auf dem Van Hengel (9), am meisten auf dem Pennink (27). Insgesamt gibt es 48 Bunker.

## Wasser

Wasserhindernisse sind in Kennemer nicht vorhanden.

## Sonstige Hindernisse

Im Gegensatz zu klassischen Links-Courses auf den britischen Inseln gibt es in Kennemer an einigen Löchern Gebüsch und Bäume, die die Spielbahnen säumen.

## Greens

Die meisten Grüns sind sehr groß, leicht onduliert und treu. Sie sind durchschnittlich schnell und gut gepflegt.

## Club

Kennemer ist ein Mitgliederclub, in dem Gäste mit gültigem Handicap (Maximum 28) spielen können. Am Wochenende ist es schwierig, als Greenfee-Spieler eine Startzeit zu bekommen. Der Club ist der größte der Niederlande. Das reetgedeckte Clubhaus ist geräumig und gut ausgestattet. Das Restaurant ist montags geschlossen.

## Pro-Shop

Hier werden alle gängigen Marken geführt. Leihschläger können nicht gemietet werden.

PRO SHOP PRO SHOP

## Caddie-Service

Insgesamt ist das Angebot schwach. Es gibt wenige feste Caddies und nur zwei Elektrocarts.

## Kennemer

Kennemer Golf & Country Club
Kennemerweg 78
Postbus 85
NL-2040 AB Zandvoort
Tel. (02507) 12836

## Driving Range

Neben einem Übungsbunker, einem kleinen Putting- und einem Pitching-Grün gibt es fünfzehn Abschläge (sechs überdacht).

## Veranstaltungen

1989 und 1990 wurde in Kennemer die Offene Golfmeisterschaft der Niederlande ausgetragen.

## Saison

Die Anlage ist ganzjährig geöffnet.

## Tip

Besucher sind zwar willkommen, es sollte jedoch die Einladung eines Clubmitglieds vorliegen. Vorherige Reservierung ist in jedem Falle notwendig.

| Van Hengel Course | | | Pennink Course | | | Colt Course | | |
|---|---|---|---|---|---|---|---|---|
| Loch | Länge | Par | Loch | Länge | Par | Loch | Länge | Par |
| 1 | 368 | 4 | 1 | 392 | 4 | 1 | 314 | 4 |
| 2 | 479 | 5 | 2 | 133 | 3 | 2 | 404 | 4 |
| 3 | 134 | 3 | 3 | 478 | 5 | 3 | 467 | 5 |
| 4 | 316 | 4 | 4 | 291 | 4 | 4 | 341 | 4 |
| 5 | 348 | 4 | 5 | 317 | 4 | 5 | 352 | 4 |
| 6 | 325 | 4 | 6 | 435 | 5 | 6 | 139 | 3 |
| 7 | 475 | 5 | 7 | 339 | 4 | 7 | 435 | 5 |
| 8 | 158 | 3 | 8 | 150 | 3 | 8 | 140 | 3 |
| 9 | 348 | 4 | 9 | 381 | 4 | 9 | 350 | 4 |
| Total | 2951 | 36 | Total | 2916 | 36 | Total | 2469 | 36 |

Eine Bunkerkette versperrt den Weg zum Grün des 3. Loches von La Marache, einem der drei Plätze der 45-Löcher-Anlage.

BELGIEN

# Waterloo

Der Royal Waterloo Golf Club ist das Aushängeschild des belgischen Golfsports. Er ist Sitz des Königlich Belgischen Golfverbands und mit 1400 Mitgliedern größter Club des Landes. Die Wartezeit auf eine Mitgliedschaft beträgt derzeit im Durchschnitt mindestens fünf Jahre. Wer diese Hürde gemeistert hat, befindet sich nicht nur in illustrer Gesellschaft, zu der auch gekrönte Häupter zählen, sondern kann auf 45 Löchern seiner neuen Leidenschaft nachgehen. Denn der Club verfügt heute über zwei 18-Löcher-Plätze und einen Kurs mit neun Löchern, die auf einem Areal von über 135 Hektar im »Forêt de Soignes«, dem größten geschlossenen Buchenwald Europas, angelegt sind. Der 1923 gegründete Golfclub bezog das Gelände erst Anfang der sechziger Jahre. Die letzten Löcher wurden 1985 ihrer Bestimmung

**übergeben. Architekt des älteren La Marache-Kurses ist der Engländer Fred Hawtree, der sich durch seine Vorliebe für sanfte Hänge, große Flächen und breite Greens einen Namen gemacht hat. La Marache ist ein Inlandskurs, wie man ihn häufig auf dem europäischen Festland findet. Dichter, die Spielbahnen säumender Baumbestand wechselt mit einer offenen Hügellandschaft, in der die Spielbahnen eingebettet sind. 25 Jahre später entwarf der belgische Golfplatz-Architekt Baron Rolin auf der Grundlage eines bereits vorhandenen 9-Löcher-Platzes mit Le Lion einen zweiten Parcours, von dem behauptet wird, daß er La Marache den Rang als Meisterschaftsplatz ablaufen wird. Der Kurs lehnt sich an amerikanische Vorbilder an, man scheute sich aber, die Bunker so großzügig anzulegen, wie es jenseits des Atlantiks der Fall ist.**

Dichter Baumbestand säumt viele Löcher der Golfanlage von Waterloo. Im Bild das 15. Loch von La Marache, dem 6267 Meter langen Meisterschaftsparcours.

Weder in bezug auf sportliche Erfolge noch auf die Anzahl der Golfspieler zählt Belgien zu den großen Golfnationen Europas. Dennoch genießen Royal Belgique und Royal Waterloo, die beiden bedeutendsten Golfanlagen des Landes, in ganz Europa einen hervorragenden Ruf. Allen voran der Royal Waterloo Golf Club, dessen Clubannalen nicht mit großen Namen geizen. So war der dreimalige British-Open-Sieger Henry Cotton auf dem Höhepunkt seiner Laufbahn Headpro in diesem Club. Auf der Liste der berühmten Mitglieder stehen Flory van Donck und Jules Swaelens, dessen Vater Donald Swaelens mit van Donck zu den besten belgischen Golfern der sechziger Jahre gehörte. Waterloo war häufig Austragungsort bedeutender Turniere, so zum Beispiel der Europäischen Amateurmeisterschaften.

Als der Club 1923 auf dem Pachtland Blaret in Rhode-Saint-Genèse

BELGIEN

# Waterloo

gegründet wurde, nahmen sich die Örtlichkeiten noch vergleichsweise bescheiden aus. Der Club pachtete 45 Hektar Grund, auf dem 18 Löcher angelegt wurden, die wenig später um einen kleinen Parcours mit neun Löchern erweitert wurden. Die Mitgliederzahl wuchs kontinuierlich, so daß man sich 1928 für den Bau eines Clubhauses im englischen Landhausstil entschied. 1939 zählte der Club 400 begeisterte Mitglieder.

Der Ausbruch des Zweiten Weltkrieges brachte das Clubleben zum Erliegen. Allerdings wurde die Golfanlage nicht – wie andernorts – zu einem Flugplatz umfunktioniert, sondern diente den deutschen Truppen als Weideplatz für die Pferde. So konnten bald nach Kriegsende die sportlichen Aktivitäten wieder aufgenommen werden. Als Clubpräsident fungierte der bekannte Golfspieler Aubry Bommer, dem der nicht weniger berühmte Flory van Donck folgte.

Einschneidende Veränderungen brachte das Jahr 1957. Da Belgiens Hauptstadt Brüssel nach Süden expandierte und das Clubgelände für den Bau von Wohnsiedlungen benötigte, mußte sich der Club nach einem neuen Gelände umsehen. Nach langer Suche, zähen Verhandlungen und einigen Streitigkeiten wurde den Clubverantwortlichen das Gelände in der Nähe von Ohain, wo die berühmte Schlacht von Waterloo geschlagen wurde, zugewiesen. Vom Parcours Le Lion aus blickt man heute auf die Statue des Löwen von Waterloo, der an das historische Ereignis erinnert.

Am 1. Januar 1960 öffnete der Royal Waterloo Golf Club in Ohain seine Pforten. Den Mitgliedern standen zwei Plätze mit je 18 Löchern zur Verfügung (Par 72, 6259 Meter; Par 66, 4327 Meter). Wenig später wurde auch das Clubhaus seiner Bestimmung übergeben. Es thront über der Anlage. Seine Terrasse bietet einen wundervollen Blick über das Golfgelände und das angrenzende Tal.

So erstklassig das Clubhaus ist, so abenteuerlich sind die Straßen, die dorthin führen. Stellenweise sind sie in einem so schlechtem Zustand, daß man sich die Frage stellt, ob man sich auf dem richtigen Weg zum königlichen Club befindet. – In Belgien gibt es übrigens mehrere Golfclubs, die das Attribut »königlich« im Clubnamen führen. Der vor den Toren Brüssels in Ravenstein gelegene Royal Club de Belgique zählt gar ein höchst prominentes Mitglied in seinen Reihen: Belgiens König Baudouin, der sein Land bereits bei internationalen Wettkämpfen repräsentierte.

La Marache ist ein klassischer Inlandskurs, wie man ihn häufig in Mitteleuropa vorfindet. Die Spielbahnen ziehen sich durch eine sanft hügelige Landschaft, wobei die ersten neun Bahnen weit und offen sind, während die zweiten neun durch sehr waldreiches Gebiet führen. Die Fairways sind extrem breit und selbst von Hobby-Golfern kaum zu verfehlen. Auch die Grüns sind überdurchschnittlich groß, erlauben aber durch eine Vielzahl von Fahnenpositionen das Grünanspiel zu variieren. Vielen Golfern mag La Marache dennoch zu monoton sein, da die sanften Hügel wenig Abwechslung bieten, es zudem kaum Bunker und keine Wasserhindernisse gibt. Das Prädikat »sportlich« verdient er

Das funktionelle, von Pierre Gullissen entworfene Clubhaus bietet von seiner großen Terrasse aus einen Überblick über weite Teile des La Marache-Kurses.

Erstklassiger Service erwartet den Golfer nach der Runde im modernen Clubhaus.

Der Pro-Shop führt ein breitgefächertes Angebot.

sich lediglich durch seine Länge von 6267 Metern. Der Parcours war mehrmals Schauplatz internationaler Wettkämpfe, für Amateure und Professionals. Stolz verweist man in Waterloo auf eine lange Liste großer Namen, die bei Europameisterschaften, bei der Laurent Perrier Trophy oder beim Donald Swaelens Challenge Cup als Sieger hervorgingen.

Le Lion, Waterloos zweiter Platz, wurde von Baron Rolin konzipiert, einem Belgier, der sich bei Robert Trent Jones in den USA erste Sporen verdient hatte. Dadurch wird auch das »amerikanische« Layout des Platzes verständlich, das sich vor allem bei Art, Anlage und Plazierung von Grüns und Bunkern zeigt. Allerdings verzichtete Rolin, im Gegensatz zu seinem amerikanischen Lehrmeister, auf Wasserhindernisse. Wenn auch dieser Kurs als Meisterschaftsplatz noch keine ernsthafte Bewährungsprobe hat bestehen müssen, so vertreten Clubmitglieder die Auffassung, daß Le Lion sehr bald dem älteren La Marache bei der Ausrichtung größerer Turniere den Rang ablaufen wird. Denn letztendlich bietet er mehr spieltechnische Raffinesse, stellt durch die schmaleren Fairways und die strategisch geschickt plazierten Bunker deutlich höhere Anforderungen an die Präzision der Spieler.

Die schwierigsten Spielbahnen des La Marache sind das 6. Loch, ein 381 Meter langes, ansteigendes Par 4, das einen guten Abschlag erfordert, und das 13. Loch, ein Par 4 von 373 Metern Länge. Mit fünf Par-5-, vier Par-3- und neun Par-4-Löchern sowie dem daraus resultierenden Par 73 weicht der Platz von der klassischen Konzeption ab. Die Par-5-Löcher sind jedoch, vielleicht mit Ausnahme des 5. Loches, so gehalten, daß Longhitter das Grün mit dem zweiten Schlag erreichen können. Zu beachten ist die Fahnenposition auf den riesigen Greens, die beim Grünanspiel gelegentlich ein Eisen mehr erfordert. Die Grüns präsentieren sich durchschnittlich schnell und halten meist die Linie.

Die herausragendsten Löcher auf dem Lion sind das 2. und 15. Loch; am leichtesten zu bespielen sind die Löcher 3 und 4. Ein Doppelgreen für die Löcher 9 und 18 sorgt jeweils zum Schluß der Hin- und Rückrunde für Spannung. Wer hier den Schlag auf das Grün nicht in die Nähe der richtigen (!) Fahne plazieren kann, muß mit drei, wenn nicht gar vier Putts rechnen.

Vergleicht man Waterloo mit anderen modernen europäischen Golfplätzen, so muß man feststellen, daß in Waterloo der letzte »Biß« fehlt. Viele Löcher gleichen sich und schließen Variantenreichtum aus. Die breiten Spielbahnen verzeihen Fehler großzügig. Allerdings sei hinzugefügt, daß nicht jeder Golfplatz den Anspruch erfüllen muß, Pros und Scratchspielern gleichermaßen Herausforderung zu bieten.

## Platz-Charakteristik

Zur Anlage gehören die zwei 18-Löcher-Plätze La Marache (6267 Meter, Par 73) und Le Lion (6383 Meter, Par 72) sowie ein kleinerer Parcours mit neun Löchern (Bois Heros, 4286 Meter, Par 66). Alle Kurse weisen durchschnittlichen Schwierigkeitsgrad auf. Le Lion gilt als der schwierigste.

## Fairways

Die Fairways sind hervorragend gepflegt, die Grassorte ist Fetuque Agrostis. Die Spielbahnen von La Marache sind bewegt, die des Lion eben. Generell sind die Spielbahnen auf allen drei Kursen sehr breit. Le Lion weist 13 Doglegs, La Marache sieben, Bois Heros lediglich ein Dogleg auf. Die Par-Verteilung ist bei Le Lion klassisch (zehn Par-4-, vier Par-5- und vier Par-3-Löcher). La Marache verfügt über neun Par-4-, fünf Par-5- und vier Par-3-Löcher.

## Rough

Das Rough aller drei Plätze ist ähnlich: Es liegt an den Fairwayrändern, ist dicht, aber verhältnismäßig kurz geschnitten.

## Bunker

Insgesamt verfügt die Anlage über 70 Bunker. Die meisten von ihnen finden sich auf Le Lion. Auf allen drei Kursen sind die Fairwaybunker flach, die Grünbunker tiefer und mit höheren Kanten angelegt.

## Wasser

Wasserhindernisse sind nicht vorhanden.

## Sonstige Hindernisse

Die Anlage liegt im größten geschlossenen Buchenwald Europas. Mehrere Spielbahnen auf allen Kursen sind daher von dichtem Baumbestand begrenzt.

## Greens

Die Grüns von La Marache und Bois Heros sind sehr groß und durchschnittlich schnell. Die Grüns von Le Lion sind erst drei Jahre alt, kleiner, schneller und von Pencross-Qualität.

## Club

Royal Waterloo ist ein Mitgliederclub. Gäste können die Anlage nur in Begleitung eines Mitglieds bespielen. Das Clubhaus ist sehr modern, geräumig und funktional. Der Service ist hervorragend.

## Pro-Shop

Der Pro-Shop ist gut sortiert und führt alle bekannten Marken. Leihsets sind ebenfalls vorhanden.

PRO SHOP PRO SHOP

## Caddie-Service

Einige wenige Caddies stehen zur Verfügung. Außerdem kann man Trolleys und Elektrocarts leihen.

## Driving Range

Der Übungsplatz liegt ca. 30 Meter vom Clubhaus entfernt. 16 überdachte Abschläge, mehrere Bunker, drei Pitching-Grüns und zwei Putting-Grüns werden angeboten. Es unterrichten drei Golflehrer, Headpro ist George Will.

## Veranstaltungen

In Waterloo wurden die bedeutendsten Meisterschaften Belgiens für Amateure und Profis ausgetragen. In regelmäßigen Abständen finden wichtige Turniere statt.

### Waterloo

Royal Waterloo Golf Club
Vieux Chemin de Wavre 50
B-1328 Ohain
Tel. (02) 633 18 50

## Saison

Wegen der kalten Winterzeit dauert die Saison von Frühjahr bis Herbst. Es empfiehlt sich, im Sommer zu spielen.

## Tip

Schuhe mit Spikes sind empfehlenswert.

La Marache – Championship Course

| Loch | Länge | Par | Loch | Länge | Par |
|---|---|---|---|---|---|
| 1 | 378 | 4 | 10 | 368 | 4 |
| 2 | 330 | 4 | 11 | 388 | 4 |
| 3 | 489 | 5 | 12 | 176 | 3 |
| 4 | 173 | 3 | 13 | 373 | 4 |
| 5 | 470 | 5 | 14 | 358 | 4 |
| 6 | 381 | 4 | 15 | 147 | 3 |
| 7 | 147 | 3 | 16 | 439 | 5 |
| 8 | 328 | 4 | 17 | 482 | 5 |
| 9 | 396 | 4 | 18 | 444 | 5 |
| Total | 3092 | 36 | Total | 3175 | 37 |
| | | | Insgesamt | 6267 | 73 |

Gut verteidigt von Bunkern und hohen Bäumen ist das Grün des 18. Loches, ein Par 5 von 435 Metern Länge.

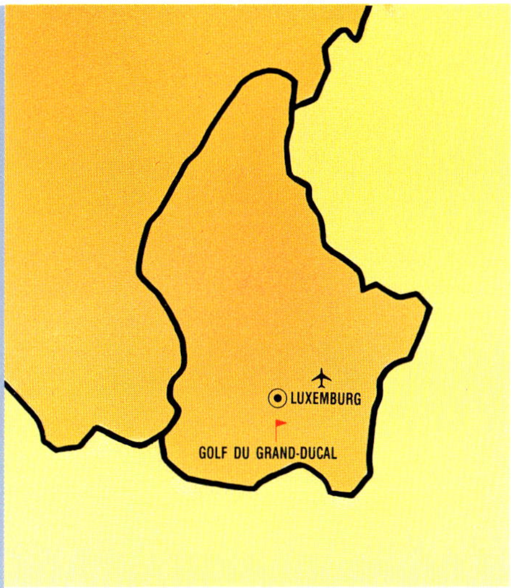


LUXEMBURG

# Grand-Ducal

Die bekannteste Persönlichkeit, die auf dem Platz des Golf Club Grand-Ducal de Luxembourg bis dato die Schläger geschwungen hat, ist zweifelsohne Dwight D. Eisenhower. Der amerikanische Präsident, ein leidenschaftlicher Golfspieler, bezeichnete Grand-Ducal als seinen Lieblingsplatz. Dieses ist kein Zufall: Es gibt in Europa nur wenige bedeutende Golfclubs, deren Entwicklung so stark von Amerikanern beeinflußt wurde, wie es bei Grand-Ducal der Fall war. Denn die Luxemburger haben es den Amerikanern bis heute nicht vergessen, daß sie im Winter 1944/45 mit ihren Armeen die deutschen Truppen vertrieben haben. Besonders verehrt wird General Patton, der die dritte amerikanische Armee befehligte. Sein Grab findet sich nur wenige Kilometer vom Zentrum Luxemburgs entfernt auf einem Soldatenfriedhof.

Eines der bedeutendsten sportlichen Ereignisse ist das alljährlich Mitte September ausgetragene Luxembourg Invitational, bei dem sich Amerikaner, Deutsche, Schotten, Engländer und Holländer messen. Der Golfplatz wurde von einem Major Simon entworfen. Wenn auch weder Vorname noch Herkunft bekannt sind, so kann sich die Arbeit von Simon trotzdem sehen lassen. Er schuf einen inmitten eines Pinienwaldes gelegenen, 5765 Meter langen 18-Löcher-Platz. Die Spielbahnen ziehen sich größtenteils über ebenes Gelände hin. Nur gelegentlich sorgt leichtes Gefälle für Schräglagen.
Obwohl der Platz vom spieltechnischen Anspruch her nur Durchschnittliches zu bieten hat, war Grand-Ducal mehrmals Austragungsort von Amateurturnieren mit internationaler Beteiligung. Der Clubgolfer jedoch sollte ihn auf keinen Fall unterschätzen; denn der Platz verlangt trotz teilweise kurzer Bahnen präzises Golf. Mehr als 50 000 Bäume, hauptsächlich Pinien, die man auf dem Parcours geschickt verteilt hat, bilden bedrohliche Spielhindernisse.

Die Grüns sind mehrheitlich flach. Im Bild: das Kurzgeschorene des 7. Loches, eines Par 3 von 181 Metern Länge.

Ockerfarbener Sand ist typisch für die Bunker von Grand-Ducal. Im Bild das Grün des 4. Loches, ein Par 3 von 183 Metern Länge.

LUXEMBURG

# Grand-Ducal

Die Mitglieder des 1936 gegründeten Golf Club Grand-Ducal de Luxembourg konnten sich nur kurz an ihrem wenig später angelegten Golfplatz freuen. Denn die deutsche Wehrmacht, die Anfang der vierziger Jahre in das Großherzogtum einmarschiert war, funktionierte die Golfanlage kurzerhand zum Parkplatz um. Die Anlage wurde weitgehend zerstört. Nach dem Ende des Krieges erforderte die Wiederherstellung des Geländes große Anstrengungen. Mehr als fünf Jahre dauerte es, bis alle Schäden beseitigt waren und die Anlage wieder ein ansehnliches Bild bot. Der rege Zustrom von Gastspielern, amerikanische Militärs und Zivilpersonal, die in der Bundesrepublik stationiert waren, setzte rasch ein. Noch heute bespielen zahlreiche Amerikaner aus den Luftwaffenstützpunkten von Ramstein und Bitburg, ebenso wie Geschäftsleute und Diplomaten gerne den Platz.

Alljährlich im September ist Grand-Ducal Schauplatz eines internationalen Golfturniers, wenn beim Luxembourg Invitational Golfspieler aus den USA, Deutschland, Großbritannien und Holland an den Start gehen. Die Organisation dieser internationalen Veranstaltung liegt bereits seit vielen Jahren in den bewährten Händen von Robert J. Wickers, der an allen bisherigen Wettbewerben teilgenommen hat. 1986 drohte das Turnier auszufallen, als ein Feuer große Teile des Clubhauses, vor allem die Umkleide- und Duschräume, zerstörte. Lediglich das Restaurant und das Sekretariat blieben unversehrt. Es gelang den Mitgliedern unter der Leitung von Clubpräsident Marco Lambert, das Turnier termingerecht abzuhalten.

Der von Major Simon erbaute Golfplatz erstreckt sich bei Par 71 über 5765 Meter. Damit zählt er eher zu den kürzeren Anlagen, und auch sonst kann man nicht gerade behaupten, daß er schwer zu bespielen ist. Der Platz liegt inmitten eines sorgfältig gepflegten Pinienwaldes. Jedes Jahr werden ca. 300 neue Bäume gepflanzt, um den herrlichen Baumbestand zu sichern. Die Bäume verleihen dem in weitgehend flachem Gelände gelegenen Platz die »Würze« und greifen immer wieder erschwerend ins Spiel ein. Trent Jones hat Bäume einmal als senkrechte Spielhindernisse bezeichnet. Diese Charakterisierung trifft auf Grand-Ducal uneingeschränkt zu. Neben den Fairways findet man kaum Rough, dafür aber jede Menge Bunker, die auf Drivehöhe die Spielbahn säumen. Es ist ratsam, an einigen Löchern besser das Holz 1 im Bag zu lassen und einem kürzeren, aber präzisen Abschlag den Vorrang zu geben. »Seit dem Wiederaufbau hat sich Grand-Ducal nicht mehr verändert«, berichtet Monsieur Bleser, der Greenkeeper, Platzwart und Caddiemaster in einer Person ist. »Langsam ist es an der Zeit, einige Grüns umzugestalten. Die Bunker liegen viel zu weit außen und verteidigen die Grüns nur mangelhaft. Durch einige Änderungen

In neuem Glanz erstrahlt das Clubhaus von Grand-Ducal, das 1986 durch ein Feuer weitgehend zerstört worden war.

Nach der Runde kann sich der Golfer in der gemütlichen Bar erholen.

könnte der Platz wesentlich interessanter werden.«

Als Beispiel nennt Monsieur Bleser das 4. Loch, ein 183 Meter langes Par 3, dessen Grün von zwei Bunkern verteidigt wird. Der erste Bunker liegt viel zu weit vor dem Grün, der zweite zu weit links, so daß ein Anspielen des Grüns ohne Gefahren erfolgen kann. Das Gegenstück ist das 3. Loch, ein Par 4 von nur 293 Metern Länge. Ein großer Bunker versperrt hier so geschickt den Weg auf das Stufengrün, daß selbst nach einem langen Abschlag nur ein wohl dosierter, präziser Pitch Chancen auf Birdie oder Par eröffnet. An diesen Löchern wird die Konzeption von Major Simon, dem »Vater« von Grand-Ducal, evident: Unkontrollierte, lange Schläge führen nicht zum Erfolg, sondern ausschließlich Präzision und überlegtes Spiel. Besondere Aufmerksamkeit verdienen einmal mehr die wenigen, seitlich hängenden Fairways. Sie bergen die Gefahr in sich, daß der Ball in die Nähe der die Spielbahn säumenden Bäume abrollt.

Trotz der weitgehend flachen Beschaffenheit des Geländes verfügt der Parcours über einige Steigungen, die Pfeffer ins Spiel bringen. Insgesamt jedoch ist er für gute Spieler eher eine leicht zu nehmende Hürde. Für den Durchschnittsgolfer aber wäre es fatal, würde er Grand-Ducal unterschätzen.

Es gelingt den Clubverantwortlichen immer wieder, bedeutende Amateurmeisterschaften nach Luxemburg zu holen. So haben die Internationalen Luxemburgischen Amateurmeisterschaften in Grand-Ducal ihren festen Platz. 1977 fanden zudem die europäischen Juniorinnen-Meisterschaft und 1985 die Amateur-EM der Herren in Grand-Ducal statt.

Von den insgesamt 850 Clubmitgliedern sind rund 40 Prozent passiv. So herrscht selbst an Wochenenden nur selten Gedränge auf dem Platz. Wochentags kann man gar eine ruhige und störungsfreie Golfrunde genießen. Daß die Clubkassen gut gefüllt sind, beweist die Tatsache, daß es dem Club 1986 gelang, sein dem Stahlunternehmen ARBED gehörendes Gelände zu kaufen. ARBED ist jedoch weiterhin stiller Teilhaber am 56 Hektar großen Areal.

Durch gemeinsame Anstrengungen und tüchtige Finanzspritzen seitens der Mitglieder erstrahlt das durch den Brand schwer beschädigte Clubhaus mittlerweile wieder in vollem Glanz. Daneben haben aktuelle technische Errungenschaften in Grand-Ducal Einzug gehalten. Vor drei Jahren ist man auf Datenverarbeitung umgestiegen, um die Verwaltung des Clubs sowie die sportliche Organisation zeitgemäß abwickeln zu können.

Grand-Ducal ist ein Mitgliederclub, der Gastspieler mit Zurückhaltung willkommen heißt. Man muß deutlich darauf hinweisen, daß der Club größten Wert darauf legt, Gäste nicht zu einem wesentlichen Faktor im Clubleben werden zu lassen. Am Nachmittag haben Clubmitglieder Vorrang. Doch stehen den Golfspielern in Luxemburg rosige Zeiten bevor. Mehrere Projekte sind in Vorbereitung, und in Kirchberg ist der Bau eines öffentlichen Kurses mit 18 Löchern geplant – als Alternative zum vornehmen Grand-Ducal.

## Grand-Ducal

Golf Club Grand-Ducal
de Luxembourg
Route de Trèves 1
L-2633 Senningerberg
Tel. (02) 34090

## Platz-Charakteristik

Der 18-Löcher-Platz ist bei Par 71 vom Championship-Tee 5765 Meter lang. Er ist durchschnittlich schwer.

## Fairways

Die Fairways sind in vorbildlichem Zustand und bestehen aus Ray-Gras und Fetuque. Die Spielbahnen sind größtenteils eben, nur auf den ersten neun Löchern weisen drei Spielbahnen Steigungen auf. Die Löcher 2, 3, 6, 7, 8, 10, 13 sind als Doglegs angelegt. Die Par-Verteilung ist ungewöhnlich; neun Par-4-Löchern stehen vier Par-5-, davon drei auf den zweiten Neun, und fünf Par-3-Löcher gegenüber.

## Rough

Abseits der Spielbahnen verläuft das Rough, das aus höherem Gras und kurz geschnittenen Bäumen besteht. Es stellt keine große Spielerschwernis dar.

## Bunker

Auf dem Platz gibt es 52 Bunker, die sehr groß und mit feinem Sand gefüllt sind. Einige sind in den Landezonen der Drives plaziert, die meisten dienen jedoch zur Grünverteidigung. Die Mehrzahl der Bunker ist flach.

## Wasser

Es gibt keine Wasserhindernisse.

## Sonstige Hindernisse

Auf dem Parcours befinden sich annähernd 50000 Bäume, vorwiegend Pinien. Die Bäume säumen die meisten Spielbahnen, mehrere Abschläge sind schneisenartig in den Wald eingebettet.

## Greens

Die meisten Grüns sind flach. Ausnahmen bilden das 3. und 10. Grün, die beide mit Stufen versehen sind. Die Grüns sind durchschnittlich schnell, ihre Größe schwankt zwischen 150 und 500 Quadratmetern. Während des Winters wird auf Wintergrüns gespielt.

## Club

Der Mitgliederclub verfügt über alle erforderlichen Einrichtungen. Erwähnenswert sind die große Terrasse, der Bridgesalon und die gemütliche Bar.

## Pro-Shop

Der Pro-Shop ist Teil des Clubhauses. Er führt alle gängigen Marken und ist gut sortiert. Leihsets sind vorhanden.

## Caddie-Service

Es fehlen sowohl Caddies als auch Elektrocarts. Einige Trolleys stehen zur Verfügung.

## Driving Range

Sie befindet sich rechts neben dem Eingang zum Clubhaus und bietet überdachte Übungsplätze sowie Abschlagplätze im Freien. Es gibt drei Putting-Grüns. Die Driving Range ist nur Clubmitgliedern und Greenfee-Spielern zugänglich.

## Veranstaltungen

Grand-Ducal ist alljährlicher Austragungsort der Internationalen Amateurmeisterschaften von Luxemburg. Im Sommer finden nahezu an jedem Wochenende Turniere statt, die jedoch Mitgliedern vorbehalten sind.

## Tip

Man spricht hier hauptsächlich luxemburgisch – eine Mischung aus deutscher, französischer und englischer Sprache. Handicaps über 28 werden am Wochenende zwischen 13 und 16 Uhr nicht zugelassen.

## Saison

Die beste Spielzeit ist im Frühjahr und Herbst. Gästen empfiehlt es sich, am Morgen zu spielen, da nachmittags Clubmitglieder Vorrang haben.

| Loch | Länge | Par | Loch | Länge | Par |
|---|---|---|---|---|---|
| 1 | 342 | 4 | 10 | 336 | 4 |
| 2 | 464 | 5 | 11 | 484 | 5 |
| 3 | 293 | 4 | 12 | 184 | 3 |
| 4 | 183 | 3 | 13 | 334 | 4 |
| 5 | 399 | 4 | 14 | 145 | 3 |
| 6 | 422 | 4 | 15 | 455 | 5 |
| 7 | 181 | 3 | 16 | 331 | 4 |
| 8 | 280 | 4 | 17 | 143 | 3 |
| 9 | 354 | 4 | 18 | 435 | 5 |
| Total | 2918 | 35 | Total | 2847 | 36 |
| | | | Insgesamt | 5765 | 71 |

Oben: Breite Spielbahnen kennzeichnen den blauen Kurs, der weniger bekannt als der rote Meisterschaftskurs ist. Im Vordergrund das Grün des 4. Loches, ein Par 4 mit 392 Metern Länge.

Unten links: Das alte Clubhaus, das zu den schönsten Frankreichs zählt, ist nur Mitgliedern und deren Gästen zugänglich.

Unten rechts: Vom Speisesaal aus, in dem sich die Mitglieder mit ihren Gästen treffen, kann man die Spieler am 9. und 18. Loch des roten Kurses ankommen sehen.

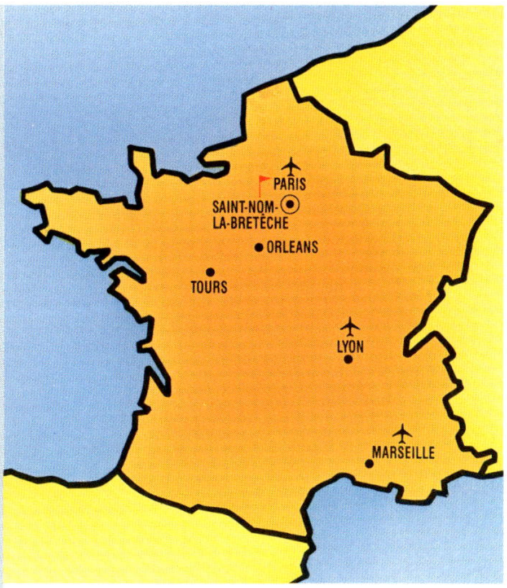


FRANKREICH

# La Bretèche

**»Golfen wie Gott in Frankreich«. Einer der Plätze, die dieses vielverheißende Versprechen auf ihre blau-weiß-roten Clubfahnen geschrieben haben, ist der Golfclub Saint-Nom-La-Bretèche am westlichen Rand der französischen Metropole Paris. Was Prestige und Spielangebot betrifft, zählt die 36-Löcher-Anlage zu den führenden Plätzen Frankreichs. Und dieses, obwohl in den vergangenen zwei Jahrzehnten in allen Teilen des Landes Golfclubs aus dem Boden schossen, die engagiert versuchen, Saint-Nom seinen Ruf streitig zu machen. Dabei ist Saint-Nom-La-Bretèche nicht, wie zu vermuten wäre, der älteste im Reigen der Nobelclubs rund um Paris. Erst im Jahre 1959 wurde der englische Golfplatz-Architekt Fred Hawtree mit der Planung der beiden Plätze Rouge und Bleu beauftragt. Hawtrees ließ sich während der**

Die unmittelbar neben dem Clubhaus gelegene Driving Range ist meist stark frequentiert.

Alljährlicher Höhepunkt im Clubleben ist die Trophée Lancôme, ein mit mehr als einer Million Mark dotiertes Profi-Turnier, das auf dem roten Kurs ausgetragen wird.

**mehrjährigen Planungsphase sehr stark von der amerikanischen Golfplatz-Architektur beeinflussen. Als 1963 dann die 36 Meisterschaftsbahnen ihrer Bestimmung übergeben werden konnten, stießen sie allerorts auf großes Lob und breite Anerkennung. Nicht umsonst erlebte der Platz, dessen Bahnführung sehr stark an die von Augusta National erinnert, nur wenige Wochen nach seiner Einweihung mit der Ausrichtung des World Cup den ersten Höhepunkt seines in der Folge alljährlich reichgefüllten Terminkalenders. Ohne hier die Arbeit des Architekten schmälern zu wollen, sollte nicht verschwiegen werden, daß das ursprüngliche Gelände für den Bau eines Golfplatzes wie geschaffen war. Leicht hügelig, ist es von großen Wiesenflächen mit farbenfroher Pflanzenvielfalt umgeben. Der Waldbestand, geschickt ins Spielgeschehen integriert, tut ein Übriges, um den Golfer von seinen spielerischen Ambitionen abzulenken. Krönung der Runde ist jedoch das Avant- und Après-Golf im herrschaftlichen Clubhaus. Der einstige Wochenendpalast des französischen Königs wurde im Zug der Clubgründung mit einem Millionenaufwand renoviert, ohne daß man den Prachtbau dabei seines ursprünglichen Aussehens beraubte.**

FRANKREICH

# La Bretèche

Daß es keiner langen Tradition bedarf, um zu einem Begriff im weltweiten Golfgeschehen zu werden, hat Saint-Nom-La-Bretèche eindrucksvoll unter Beweis gestellt. Heute, nur drei Jahrzehnte nach seiner Gründung, gehört er zu den wenigen französischen Golfclubs, die weit über die Landesgrenzen hinaus einen hohen Bekanntheitsgrad vorweisen können. Hierzu beigetragen haben natürlich die zahlreichen großen Turniere, die im Laufe der Jahre auf Saint-Noms Meisterschaftsbahnen abgehalten wurden. Nachdem der Club mit der Ausrichtung des World Cup 1963 seine Feuertaufe mit Bravour bestanden hatte, folgten bis Anfang der siebziger Jahre zwei French Open sowie viele internationale und nationale Amateurmeisterschaften. Seit 1970 sind es alljährlich die internationalen französischen Jugendmeisterschaften und die Trophée Lancôme, die alle Golfinteressierten von weither an die Seine ziehen.

Zu Recht können die Mitglieder des exklusiven Clubs heute behaupten, daß es kaum einen internationalen Spitzenspieler gibt, der sein Können noch nicht auf ihrer Meisterschaftsanlage unter Beweis gestellt hat. Ob Jack Nicklaus oder Gary Player, Arnold Palmer oder Tony Jacklin, sie alle mußten sich den – zumeist versteckten – Schwierigkeiten des Platzes ebenso beugen wie Severiano Ballesteros, der heute noch keinen Hehl daraus macht, daß Saint-Nom-La-Bretèche einer seiner Lieblingsplätze ist. Ausschlaggebend für diese Liebeserklärung ist jedoch sicherlich auch, daß der damals 19jährige bei der Trophée Lancôme 1976 mit seinem ersten internationalen Sieg den Grundstein für seine spätere Traumkarriere und Plazierung in der Weltrangliste der Golfer legte.

Im Mittelpunkt des Interesses steht bei allen in Saint-Nom-La-Bretèche ausgetragenen Meisterschaften der rote Parcours, während der blaue ein Dasein abseits der internationalen Popularität genießt. Obwohl auch er in den Reigen der Meisterschaftsplätze einzuordnen ist, gelang es ihm noch nie, sich gegen die Dominanz seines roten Bruders durchzusetzen, wenn es um die Vergabe von Meisterschaften ging.

Ende der sechziger Jahre versuchte man, den allgemein gestiegenen Anforderungen an Meisterschaftsplätze Rechnung zu tragen, und beauftragte den Italiener Piero Mancinelli, Veränderungen am roten Platz vorzunehmen. Dennoch gilt der Platz auch heute noch als nicht allzu schwer, was ein Blick auf die Platzrekord-Ehrentafel bestätigt: Runden weit unter dem Platzpar gehören bei der Trophée Lancôme – zur großen Freude der Zuschauer – zum Alltag. Der offizielle Rekord wird dabei mit 63 Schlägen von Barry Lane und Bernhard Langer (Trophée Lancôme 1987) gehalten. Noch einen Schlag weniger benötigte der Onkel von Severiano Ballesteros, Ramon Sota, anläßlich der French Open 1965 auf dem damals allerdings noch nicht umgebauten Platz.

Wer angesichts solch traumhafter Ergebnisse nun meint, Saint-Nom-La-Bretèche könne in spielerischer Hinsicht nicht mit anderen Meisterschaftsplätzen konkurrieren, der erliegt einem Irrtum. Denn gerade für Amateure, deren Bälle erfahrungsgemäß nicht so weit wie die der Weltklassespieler fliegen, halten die insgesamt 6165 Meter langen Fairways einige Überraschungen bereit, denen erst einmal aus dem Weg gegangen werden muß, soll ein gutes Score ins Clubhaus gebracht werden. Diese Aussage hat für beide Plätze Gültigkeit.

Zunächst wird den Spielern an nahezu allen Löchern ein präzise gespielter Drive abverlangt, der Voraussetzung dafür ist, mit dem zweiten Schlag die von Bunkern oder Teichen sehr wirkungsvoll verteidigten Grüns angreifen zu können. Doch nicht nur Präzision wird gefordert, sondern auch eine »gesunde« Länge. Vor allem die Par-4-Löcher ziehen sich teilweise bis 400 Meter weit an Baumgruppen und Wäldchen vorbei, die das Spiel entscheidend beeinflussen. Das interessanteste Loch des roten Platzes ist dabei das 6., das von der Scorekarte zudem als schwierigstes Loch des Platzes ausgewiesen wird. Dieses

Dogleg, ein Par 4 von 400 Metern, geht beim zweiten Schlag über ein stark ansteigendes Gelände. Oftmals tritt der Wind, der das Grünanspiel noch delikater werden läßt, ins Spiel. Ein langgezogener Grünbunker erwartet jeden etwas nach rechts verzogenen Schlag, während der Wald links vom Grün nur selten einen »verirrten« Ball wieder freigibt.

Gespräche an der gemütlichen Bar des Clubhauses bestätigten es ebenso wie die anläßlich großer Meisterschaften erstellte Lochstatistik: An keinem anderen Loch passieren in Saint-Nom-La-Bretèche so viele »Katastrophen« wie eben am 6. Loch. Dicht darauf folgt allerdings die 9. Spielbahn. Die Scorekarte verheißt mit – zugegebenermaßen beachtlichen – 187 Metern für das Par-3-Loch noch nichts Böses. Doch spätestens wenn der Blick des Spielers vom hoch gelegenen Abschlag auf das von Wasser umgebene Inselgrün fällt, wird klar, warum sich hier selbst Ballesteros in die Reihe der Triple-Bogey-Spieler einordnen mußte. Jeder verzogene Ball verschwindet hier in dem feuchten Element – und selbst der Chip gestaltet sich angesichts des hängenden Grüns als schwierig zu bewältigende Aufgabe.

Dieser Teich mit seinem vegetationsreichen Ufer tritt übrigens am 336 Meter langen 18. Loch, einem Par 4, erneut – manchmal scoreentscheidend – ins Spiel. Denn auch das letzte Grün des Platzes wird von dem Wasserhindernis umgeben, und auch hier begrüßen Enten und Schwäne laut schnatternd jeden verzogenen oder zu kurzen Schlag. Nur der Ausblick auf das gigantische Clubhaus mit seinen zahllosen Räumen und dem großen Swimming Pool vermag den Pechvogel zu trösten, der nach 17 Löchern erfolgreichen Kampfes gegen enge Fairways, breakreiche Grüns und tiefe Bunker am 18. Loch alle Chancen schwinden sieht, ein respektables Ergebnis nach Hause zu bringen.

Saint-Nom-La-Bretèche gilt unter Fachleuten als die angebotsreichste Anlage des ganzen Landes. Hierzu tragen nicht nur die 36 Löcher bei, die jedes für sich allein schon einen Besuch wert sind, sondern auch die großzügig angelegte Driving Range und das Schwimmbad, das im Erdgeschoß des Clubhauses Erfrischung und Abkühlung nach einer schweißtreibenden Runde bietet. Darüber hinaus stoßen die treuen und sehr schnellen Grüns immer wieder auf viel Lob, ebenso wie Greenkeeper Pierre Dekeyser, der Mitgliedern und Gästen seit der Clubgründung einen nahezu ganzjährigen herausragenden Pflegezustand des Platzes garantiert. Leider büßen auch die kurzgeschnittenen Roughs, an allen strategisch wichtigen Stellen des Platzes angelegt, zu keiner Zeit des Jahres etwas von ihrer Dichte ein.

Gästen ist es jedoch nur selten vergönnt, eine Runde in La Bretèche zu spielen. Erst die Empfehlung eines Mitgliedes öffnet den Zugang zum ersten Abschlag, und auch das nur unter der Woche. Wem es jedoch gelingt, sich eine Spielerlaubnis zu sichern, der sollte es nach der Runde auf keinen Fall versäumen, für einige Minuten auf dem Putting-Grün im ehemaligen Vorhof des Schlosses zu verweilen. Die Gemäuer erinnern an längst vergangene Zeiten – und entschädigen sowohl für ein schlechtes Score als auch für das relativ hohe Greenfee!

Severiano Ballesteros und Mark James am 8. Abschlag des roten Parcours.

## Platz-Charakteristik

Saint-Nom-La-Bretèche verfügt mit seinen Parcours rouge und Parcours bleu über 36 Löcher, wobei beide 18-Löcher-Anlagen das Attribut »Meisterschaftsplatz« verdient haben. Der Parcours rouge mißt 6165 Meter bei Par 72. Der Parcours bleu hat bei Par 72 eine Länge von 6128 Metern.

## Fairways

Generell sind die Spielbahnen sehr breit angelegt, verengen sich aber vor allem auf Drivehöhe stark. Am Rande der Fairways erwarten den Spieler das dichte Rough und die über den ganzen Platz verteilten Baumgruppen. Als ausgeprägte Doglegs sind die Löcher 4, 6, 10, 14, 15 und 17 des Parcours bleu gestaltet. Beide Parcours sind mit je vier Par-5-, zehn Par-4- und vier Par-3-Löchern durch ein klassisches Layout gekennzeichnet.

## Rough

Die Roughs sind sehr kurz geschnitten und überraschen durch ihre Dichte. Sie stellen aber keine große Schwierigkeit dar.

## Bunker

Die Palette der zahlreichen Sandhindernisse variiert zwischen flachen und sehr tiefen Bunkern.

## Wasser

An den Löchern 5, 6 und 7 liegen künstliche Wasserhindernisse rund um die Grüns. Der größte Teich liegt zwischen dem 9. und 18. Loch, wobei er diese beiden Grüns ganz umschließt.

## Sonstige Hindernisse

In erster Linie erschweren die Bäume – teilweise frisch angepflanzt, teilweise schon sehr alt – den Weg zu einem guten Score.

## Greens

Die Grüns sind flach und nicht sehr groß. Sie bestechen durch ihre Treue und Schnelligkeit.

## Club

Saint-Nom-la-Bretèche ist ein sehr exklusiver Mitgliederclub. Das prachtvolle Clubhaus, luxuriös eingerichtet, besitzt ein Schwimmbecken und mehrere Empfangssäle. Seine große Terrasse und sein A-la-carte-Restaurant gewähren einen herrlichen Ausblick auf die Parcours.

## Pro-Shop

Im sehr gut sortierten Pro-Shop erhält der Golfer alles, was er für die Runde braucht.

## Caddie-Service

Es gibt zwar Caddies, die es sich allerdings ziemlich teuer bezahlen lassen, wenn sie jemand über die Runde begleiten. Trolleys können gemietet werden, Elektrocarts stehen jedoch nicht zur Verfügung.

## Driving Range

Die großzügig angelegte Driving Range bietet 27 Übungsplätze, 5 sind überdacht. Außerdem stehen, zugänglich für Mitglieder und Greenfee-Spieler, ein Pitching- und ein Putting-Grün zur Verfügung.

## La Bretèche

Golf de Saint-Nom-la-Bretèche
Hameau de La Tuilerie-Bignon
F-78860 Saint-Nom-la-Bretèche
Tel. 34625400

## Veranstaltungen

An nahezu jedem Wochenende finden clubinterne Turniere für die Mitglieder statt. Überdies werden hier alljährlich die internationalen französischen Jugend-Meisterschaften und die Trophée Lancôme ausgetragen.

## Saison

Die für Paris typischen sehr milden Winter erlauben eine ganzjährige Bespielbarkeit des Platzes.

## Tip

Als Gast, der nur unter der Woche spielen darf, braucht man die Empfehlung eines Clubmitgliedes.

Parcours rouge

| Loch | Länge | Par | Loch | Länge | Par |
|---|---|---|---|---|---|
| 1 | 333 | 4 | 10 | 382 | 4 |
| 2 | 381 | 4 | 11 | 341 | 4 |
| 3 | 173 | 3 | 12 | 498 | 5 |
| 4 | 363 | 4 | 13 | 187 | 3 |
| 5 | 444 | 5 | 14 | 325 | 4 |
| 6 | 400 | 4 | 15 | 362 | 4 |
| 7 | 465 | 5 | 16 | 157 | 3 |
| 8 | 386 | 4 | 17 | 465 | 5 |
| 9 | 191 | 3 | 18 | 332 | 4 |
| Total | 3136 | 36 | Total | 3049 | 36 |
| | | | Insgesamt | 6165 | 72 |

Typisch für den schwierigen Parcours ist das 14. Loch, ein 158 Meter langes Par 3, dessen kleines Grün von sechs Bunkern verteidigt wird.

FRANKREICH

# Fontaine-bleau

»An alle Reisenden des Zuges Paris – Lyon! Warum verbringen Sie nicht ein Wochenende in Fontainebleau? Dort erwarten Sie sowohl eine Runde Golf als auch eine Schloßbesichtigung!« – Dieser Aufruf am Gare de Lyon in Paris datiert zwar schon auf das Jahr 1910, zeugt aber dennoch vom ausgeprägten kommerziellen Denken, das sich die Verantwortlichen des knapp eine Autostunde von der Seine-Metropole entfernt liegenden Meisterschaftsplatzes bis heute bewahrt haben. So wurden bei den Bestrebungen, den Mitgliedern eines der exklusivsten Golfclubs rund um Paris neben Golf ein reichhaltiges Sportangebot zu bieten, in den vergangenen 80 Jahren weder Mühen noch Kosten gescheut. Heute erwartet nicht nur ein gepflegter 18-Löcher-Golfplatz Mitglieder und Gäste, sondern es stehen auch Reit- und

Tennisplätze sowie großzügig angelegte Schwimmbäder bereit. Auch auf dem Golfplatz blieb die Zeit nicht stehen. Ursprünglich wiesen die insgesamt nur 5211 Meter langen Spielbahnen einen Platzstandard von 74 Schlägen auf. Nach diversen Umbau- und Verbesserungsmaßnahmen erstrecken sich die 18 Löcher heute über eine Länge von 6074 Metern. Sie sollten in 72 Schlägen bewältigt werden. Diese Diskrepanz zwischen den sportlichen Anforderungen zu Beginn und gegen Ende unseres Jahrhunderts ist wohl auch als Beweis dafür zu werten, wie sehr sich das Spielniveau aller Golfer verbessert hat – und wie sehr seitens des Golfclubs Fontainebleau dieser Entwicklung Rechnung getragen wurde. Die traditionsgeladene Atmosphäre, die die gesamte Anlage umgibt, spürt der Gast besonders beim Anblick des Clubhauses. Das »Chalet du Golf« bietet alles, um den Wünschen der Mitglieder nach Komfort gerecht zu werden. Das besondere Schmuckstück ist dabei das Restaurant, dessen umfangreiche Karte Gourmets von weit her in das Clubhaus lockt. Die Wartezeit auf die jeweils frisch zubereiteten Speisen wird durch die Betrachtung der wertvollen Fresken, die die Wände des gemütlichen Speiseraums zieren, verkürzt. Die 1910 vom Maler Tavernier geschaffenen Kunstwerke tragen maßgeblich zur anheimelnden Atmosphäre des Raums bei.

Einen relativ einfachen Auftakt stellt das 1. Loch, ein 308 Meter langes Par 4, dar. Die unmittelbar hinter dem Tee gelegene Bunkerkette greift nur bei mißglückten Abschlägen ins Spiel ein.

Das 9. Grün, im Hintergrund das harmonisch in die Landschaft integrierte Clubhaus.

FRANKREICH

# Fontainebleau

Obwohl sich der Golfplatz von Fontainebleau seit einigen Jahren aus dem internationalen Wettbewerbsgeschehen etwas zurückgezogen hat, wurde er vom französischen Golfmagazin »France Golf« im Jahre 1987 einmal mehr zur schönsten Anlage des Landes gewählt. Die Jury zollte dabei nicht nur der landschaftlichen Schönheit des von einem Waldgürtel umschlossenen Platzes Anerkennung, sondern auch der herausragenden Rolle, die der Golfclub Fontainebleau seit seiner Gründung im Jahre 1907 im französischen Golfsport spielt. Die Attraktivität der Anlage zeigt sich schon daran, daß sich die in Paris lebenden Mitglieder auch von der etwa einstündigen Anfahrt nicht abhalten lassen, um in der idyllischen Anlage dem hektischen Großstadtgeschehen zu entgehen. Die Anfahrt wird reich belohnt: Die Natur treibt auf dem Gelände ein buntes Spiel, läßt die zahllosen Kiefern, Heidesträucher, Fliederbüsche, Farne und Ginsterbüsche grünen, blühen – und duften. Wer könnte sich diesem farbenprächtigen Bild schon entziehen?

Nicht nur der Golfplatz selbst, sondern auch das Gelände, auf dem er liegt, kann auf eine lange Geschichte zurückblicken. So war das »Parquet«, wie das relativ flache Gebiet auch heute noch im Volksmund heißt, einst beliebtes Ziel königlicher Jagden. Stummer Zeuge dieser vergangenen, hochherrschaftlichen Zeiten ist das Schloß Fontainebleau, das unweit des Golfplatzes am Rande des 20000 Hektar großen Waldes liegt und ein beliebtes Ausflugsziel ist.

Anfang dieses Jahrhunderts wurde erstmals der Ruf nach einem Golfplatz auf dem »Parquet« laut. Der in der Folge angelegte Platz wurde allerdings seither mehrmals umgebaut. Erst im Jahr 1964 reifte unter der Federführung der englischen Architekten Hawtree die Anlage zu ihrer heutigen Größe heran. Der Platz erstreckt sich nun relativ eben über 6104 Meter. Nur an wenigen Stellen gilt es, kleinere Anhöhen zu überwinden, so daß die Anlage keine allzu großen Anforderungen an die Kondition stellt. Daß dafür aber das spielerische Können um so mehr auf die Probe gestellt wird, dafür sorgen nicht zuletzt die insgesamt 103 Bunker, die an allen strategisch wichtigen Stellen angelegt wurden. Mit ihrem sehr feinen, hellen Quarzsand, der aus den umliegenden Wäldern stammt, bilden die teilweise sehr großzügig angelegten Sandhindernisse einen reizvollen Farbkontrast zu den sattgrünen Spielbahnen. Allerdings empfiehlt es sich, diesen Hindernissen möglichst aus dem Weg zu gehen, denn Bunkerschläge sind bekanntlich nicht jedermanns Lieblingsaufgabe . . .

Nicht fehlen dürfen in einer Platzvorstellung von Fontainebleau natürlich die Beschreibungen jener beiden Löcher, die zu den außergewöhnlichsten Spielbahnen Frankreichs zählen. Auf diese beiden Prachtstücke stößt der Golfer gleich zu Beginn seiner Runde. Das 1. Loch, ein 307 Meter langes Par 4, erscheint auf den ersten Blick nicht allzu schwierig. Doch aufgepaßt: Nur Präzision führt hier zum Ziel, sowohl beim Abschlag als auch beim Anspielen des gut verteidigten Grüns. Dieses Loch war in der Vergangenheit oftmals Schauplatz heißer Zweikämpfe. So wird es ein platzkundiger Mitspieler mit Sicher-

Trophäen und Jagdszenen aus dem Wald von Fontainebleau schmücken das stilvolle Restaurant des Clubs.

heit nicht versäumen, hier an das spannende Play-Off zu erinnern, das sich anläßlich der Internationalen Meisterschaften 1975 zwischen dem französischen Lokalmatador Alexis Godillot und seinem südafrikanischen Kontrahenten abspielte und das erst an diesem Loch sein Ende fand.

Nicht minder schwierig, doch dafür mit hinreißendem Panorama präsentiert sich das 3. Loch, ein Par 5 von 483 Metern Länge. Sein Abschlag liegt auf einer kleinen Anhöhe, von der aus dem Golfer ein Ausblick über die vor ihm liegende Spielbahn geboten wird. Ein ähnlicher Ausblick auf das bevorstehende Spielgeschehen überrascht den Spieler dann noch einmal am 13. und 18. Abschlag.

Wie die Runde begonnen hat, so nimmt sie auch ihren Fortgang. Durch waldreiches Gelände ziehen sich die Spielbahnen dahin, links und rechts von dichtem Rough gesäumt. Die Bahnen enden dabei auf den größtenteils hängenden Grüns, die mit ihren schwer zu lesenden Linien den Ruf Fontainebleaus als internationalen Meisterschaftsplatz mitbegründet haben. Bedenkt man zudem, daß neun Grüns zwei Ebenen haben, dann wird auch dem optimistischen Putter bewußt, welche hohen Anforderungen Fontainebleau an das kurze Spiel stellt. Besondere Aufmerksamkeit sollte auch den vier Par-3-Löchern gewidmet werden, deren kürzestes, das 14. Loch, immer noch 148 Meter lang ist. Die anderen drei Par-3-Bahnen ziehen sich dann sogar über 170 Meter hin zu den von Bunkern eingerahmten Grüns.

Eng mit der Geschichte des Golfclubs Fontainebleau verbunden ist André Bleynie, der seit einigen Jahren die Geschicke des Clubs leitet. Besonderen Wert legt der agile Präsident dabei auf die Jugendarbeit. In seine Amtszeit fällt jedoch auch die Eröffnung der großzügigen Übungsanlage mit ihren zahlreichen Trainingsmöglichkeiten, die vor allem bei den Spitzenspielern des Clubs auf großen Zuspruch stößt. Nicht umsonst gehen Fontainebleaus Spieler immer wieder mit Spitzenplazierungen aus nationalen und internationalen Turnieren hervor. Darüber, daß Fontainebleaus Nachwuchs auch in der Zukunft von sich reden macht, wacht mit Argusaugen Clubpro Jean-Pierre Hirigoyen. Seit nunmehr zwanzig Jahren trainiert er die Jüngsten, wobei sein »Club der Sechsjährigen« regelmäßig etwa sechzig Mitglieder zählt.

Besonderen Wert legt der Club mit seinem dichtgedrängten Veranstaltungskalender auf die Erhaltung der Clubatmosphäre. Teamgeist und Kameradschaft sind zwei Attribute, die in Fontainebleau ganz groß geschrieben werden. Die Aufnahmeregelung für neue Mitglieder umfaßt daher eine sehr gewissenhafte Prüfung, ehe einem Antrag zugestimmt wird. Aus dem gleichen Grund ist auch Gästen das Spielen nur unter der Woche möglich. Am Wochenende bleibt die 350köpfige »Familie von Fontainebleau« unter sich.

Für immer vorbei sind sie wohl, die Zeiten, als ein Aushang am Bahnhof von Paris für einen Besuch des Golfgeländes warb.

## Platz-Charakteristik

Fontainebleau verfügt über 18 Löcher mit einem Par und SSS 72 bei einer Länge von 6074 Metern für Herren und 5206 Metern für Damen. Der Platz wird als mittelschwer eingestuft.

## Fairways

Der Parcours mit seinen größtenteils engen Fairways, die auf bestem Untergrund angelegt wurden, zieht sich durch ein flaches Gelände. Mit zehn Par 4, vier Par 5 und vier Par 3 folgt der Platz einem klassischen Layout. Die Löcher 4 und 16 sind als Doglegs gestaltet. Die Abschläge der Spielbahnen 3, 13 und 18 liegen auf kleinen Anhöhen.

## Rough

Sehr dichtes Rough, das sich hauptsächlich aus Heidebüscheln, Farn und Ginster zusammensetzt, tritt am Rande aller Fairways ins Spiel.

## Bunker

Insgesamt 103 spielstrategisch sehr geschickt plazierte Sandhindernisse fordern dem Golfer vor allem am 5., 7., 9., 14. und 17. Loch ein hohes Maß an Präzision ab. Der feine, helle Quarzsand stammt aus den umliegenden Wäldern.

## Wasser

Fontainebleau hat keine Wasserhindernisse.

## Sonstige Hindernisse

Alle Fairways werden von dichtem Baumbestand, hauptsächlich Kiefern und Fichten, gesäumt.

## Greens

Die meist hängenden Grüns sind bei den Löchern 4, 5, 6, 7, 10, 12, 13, 14 und 16 auf zwei Ebenen angelegt und befinden sich in sehr gutem Pflegezustand. Von Allerheiligen bis Ende März wird auf den ab September vorbereiteten Wintergrüns gespielt.

## Club

Fontainebleau ist ein Privatclub mit rund 350 Mitgliedern. Neben dem Golfplatz verfügt er über einen Kindergarten, Tennis- und Reitplätze sowie ein Schwimmbad. Das gemütliche Clubhaus beherbergt darüber hinaus einen Bridgeraum, Konferenzzimmer und einen Fernsehraum. Das Restaurant bietet jeden Mittag ein preiswertes Tagesmenü an.

## Pro-Shop

Ein kleiner Pro-Shop, in dem Schläger gemietet werden können.

## Caddie-Service

Fünf Caddies stehen im Dienste des Clubs (bei Bedarf stehen weitere Caddies zur Verfügung). Elektrocarts oder Trolleys können nicht gemietet werden.

## Driving Range

Breitangelegte Übungsmöglichkeiten erwarten den Gast. Von den zwölf Übungsmatten mit verschiedenen Schwierigkeiten sind vier überdacht. Zwei Bunker, ein Pitching- und ein sehr großes Putting-Grün vervollkommnen das Übungsparadies.

## Veranstaltungen

Zu den alljährlich wichtigsten Wettbewerben gehören die Coupe Mouchy für die nationalen Spitzenspieler und die Coupe des Amis de Fontainebleau für die Mitglieder. 1991 fanden französische Amateurmeisterschaften der Damen statt.


**Fontainebleau**

Golf de Fontainebleau
Route d'Orleans
F-77300 Fontainebleau
Tel. 64222295


## Saison

Durch das milde Klima ist der Platz ganzjährig bespielbar.

## Tip

Driving Range steht auch Nicht-Mitgliedern offen.

Championship Course

| Loch | Länge | Par | Loch | Länge | Par |
|---|---|---|---|---|---|
| 1 | 307 | 4 | 10 | 177 | 3 |
| 2 | 166 | 3 | 11 | 511 | 5 |
| 3 | 483 | 5 | 12 | 423 | 5 |
| 4 | 380 | 4 | 13 | 376 | 4 |
| 5 | 328 | 4 | 14 | 148 | 3 |
| 6 | 396 | 4 | 15 | 395 | 4 |
| 7 | 168 | 3 | 16 | 348 | 4 |
| 8 | 505 | 5 | 17 | 262 | 4 |
| 9 | 311 | 4 | 18 | 390 | 4 |
| Total | 3044 | 36 | Total | 3030 | 36 |
| | | | Insgesamt | 6074 | 72 |

Wasser, so weit das Auge reicht, wellige Fairways und zahlreiche Bunker prägen das Bild des von Trent Jones erbauten Meisterschaftskurses Les Flamants Roses in La Grande-Motte. Im Hintergrund ist der Etang d'Or und die Bergkette der Cevennen zu erkennen.

FRANKREICH

# La Grande-Motte

Am 14. November 1987 war es soweit: Der erste Golfplatz der französischen Region Languedoc-Roussillon wurde seiner Bestimmung übergeben. Der feierliche Rahmen, der dieses Ereignis umgab, hatte dabei durchaus seine Berechtigung. Denn noch wenige Jahre zuvor hatte es kaum jemand für möglich gehalten, daß auf dem Sumpfgelände 18 Abschläge, Spielbahnen und Grüns der Landschaft einen neuen Reiz verleihen könnten. Doch Robert Trent Jones sen., »Vater« von rund 450 Golfplätzen in aller Welt, brachte dieses Kunststück fertig. Dem Maestro unzähliger Fairways kam dabei natürlich zugute, daß er die Zauberformel beherrschte, aus unwegbarem, sumpfigem Gelände ein Golfparadies zu machen. Trent Jones hatte sie im fernen Florida schon mehrfach angewendet. Dennoch grenzt es

für die Bewohner des Badeortes La Grande-Motte heute an ein Wunder, daß man fortan nicht nur mit einem langen, hellen Sandstrand und einem guten Klima um die Gunst der Gäste werben kann, sondern auch mit einem hochklassigen Golfangebot. Denn einmal bei der Sache, gaben sich die Verantwortlichen nicht mit 18 Löchern zufrieden. Heute warten 42 Löcher auf Gäste. Weitere 18-Löcher-Plätze sollen folgen. Daß die gegenwärtigen Plätze Spieler aller Leistungsklassen vor eine hochgesteckte sportliche Herausforderung stellen, darüber sind sich Experten uneingeschränkt einig. Zu dieser Beurteilung tragen natürlich nicht nur die verschiedenen Abschlagspositionen bei, die es dem Spieler erlauben, den seinem Leistungsniveau adäquaten Schwierigkeitsgrad zu wählen. Einen besonderen Einfluß auf das spätere Score üben die zahlreichen Wasser- und Sandhindernisse, die vom Erbauer in bewährter Manier geschickt ins Spielgeschehen integriert wurden, aus. Das günstige Klima im Süden Frankreichs, das ganzjähriges Spiel erlaubt, tat ein Übriges, daß La Grande-Motte, insbesondere der Flamingo-Course, schon heute bei Golfern als der Urlaubs-Geheimtip gilt.

Das avantgardistische Clubhaus der 42-Löcher-Anlage von La Grande-Motte liegt in unmittelbarer Nähe des 9. Grüns von Les Flamants Roses.

Oben links: Von der Terrasse des Clubhauses aus genießt man einen herrlichen Blick über die ganze Anlage.

FRANKREICH

# La Grande-Motte

Eine gewisse Ähnlichkeit mit der Küstenregion Floridas war ihr nie abzusprechen, der mediterranen Landschaft des Languedoc-Roussillon. Seit nunmehr etwas mehr als zwei Jahren hat sich diese Ähnlichkeit noch verstärkt: Wie in Florida, so wartet man heute bei La Grande-Motte mit einem auf ehemaligem Sumpfgelände errichteten 42-Löcher-Golfparadies auf.

Dabei waren ursprünglich nur 27 Löcher geplant. Nachdem Robert Trent Jones das Gelände jedoch besichtigt hatte, disponierte man spontan um und folgte dem Rat des Fachmanns, gleich zwei 18-Löcher-Plätze anzulegen, die von einer kleinen 6-Löcher-Anlage ergänzt werden sollten. Aushängeschild ist dabei natürlich der Flamingo-Meisterschafts-Course mit seinen 6123 Metern Länge und Platzstandard 72. Der Goélands-Platz lädt mit Par 58 dazu ein, zum Abschluß eines erlebnisreichen Urlaubstages noch eine schnelle Runde Golf zu spielen. Auf keinen Fall aber sollte es der Gast versäumen, auch den sechs Löchern des Mouettes-Platzes gelegentlich einen Besuch abzustatten. Am Ende der »Runde« wird er zugeben, daß auch hier eine gehörige Portion Können erforderlich ist, will er das Par von 19 Schlägen erzielen.

Im Gegensatz zu vielen anderen Golfplätzen, die im Laufe der vergangenen Jahre entstanden, warteten die 18-Löcher-Plätze von La Grande-Motte bereits kurz nach ihrer Fertigstellung mit einer positiven Überraschung auf. Dank ihres Untergrundes haben die Fairways in Rekordfrist einen ausgezeichneten Spielzustand erreicht. Die angepflanzten Kiefern und Pappeln gediehen prächtig auf dem ehemaligen Sumpfgelände, das in einem aufwendigen Verfahren entwässert worden war. Auch die Grüns, vielerorts über Jahre hinweg Sorgenkinder der Greenkeeper, gaben ausschließlich Anlaß zur Freude. Dank des durch den vielen Sand stabilisierten Untergrundes zählten sie bereits nach wenigen Monaten in punkto Treue und Schnelligkeit zu den Besten ihres Landes.

Fachleute erkennen in La Grande-Motte sofort die Handschrift von Robert Trent Jones. Gibt es da doch zunächst einmal diese unverwechselbare Einbindung der landschaftlichen Gegebenheiten ins Spielgeschehen. Trent Jones verzichtete darauf, nach der Trockenlegung des Geländes weitere größere Eingriffe in das Landschaftsbild vorzunehmen. Einzig an den nördlichen Löchern des Flamingo-Platzes, die unterhalb des Meeresspiegels liegen, mußten größere Aufschüttungen erfolgen, um den feuchten Untergrund »aufzusaugen«. Ansonsten ziehen sich die Fairways des Flamingo-Course durch eine flache Landschaft mit relativ karger Vegetation, die nur von den hohen Palmen gegliedert wird.

Variantenreich präsentiert sich dagegen das Spielgeschehen auf dem Flamingo-Course. Die großzügig angelegten Grüns, vom Greenkeeper

Serge Cadas liebevoll gepflegt, erlauben nahezu täglich wechselnde Flaggenpositionen, die allesamt den Spieler vor Schwierigkeiten stellen. Großzügig angelegt sind auch die Abschlagsflächen, wobei der längenmäßige Unterschied zwischen dem Pro-Tee und dem Damen-Abschlag bis zu 120 Metern betragen kann. Seen und Teiche machen insgesamt ein Fünftel der Gesamtfläche des Platzes aus. Sie sind ebenso wie die typi-

Maßstäbe hat Trent Jones nicht nur beim Entwurf der Spielbahnen, sondern auch bei der Gestaltung der Übungsmöglichkeiten gesetzt, die keinerlei Wünsche offen lassen.

schen Trent Jones-Bunker mit ihrer hochgezogenen Bunkerkante spielstrategisch gut plaziert. Trotzdem, das sei hier deutlich gesagt, ist der Course auch für mittlere Handicaps nicht unbezwingbar. Mit Überlegung, etwas Routine und der notwendigen inneren Ruhe kann jeder das anvisierte Grün erreichen. Die Frage bleibt offen, wie viele Schläge der Spieler zur Überwindung der mit Schwierigkeiten gespickten Fairways benötigt . . .

Diese Frage stellt sich vor allem an den Par-5-Löchern. Am 507 Meter langen 7. Loch zum Beispiel begleitet nicht nur ein langezogener See den rechten Fairwayrand über die ganze Distanz hinweg, sondern die auf der anderen Fairwayseite geschickt plazierten Bunker erfordern ganze Aufmerksamkeit und saubere Schläge. Wer das 7. Grün in drei Schlägen erreicht und mit zwei Putts beendet, kann stolz sein! Fast genauso anspruchsvoll sind das 328 Meter lange 4. Loch, ein Par 4, mit einem durch Wasser und Bunker gut verteidigten Grün, und das 6. Loch, ein Par 4 mit 427 Metern Distanz.

Etwas weniger Druck als die Par-5-Löcher erzeugen da schon die Par-3-Bahnen. Obwohl es auch hier gilt, möglichst keine Bekanntschaft mit den vor, neben oder hinter dem Grün plazierten Wasserhindernissen zu machen, stellen die kurzen Bahnen längenmäßig eine deutlich besser zu bewältigende Aufgabe dar.

Ein ganz anderes Erscheinungsbild als der Flamingo-Platz bietet der Goélands-Course. Schattenspendende Pinien und Büsche mit ihren rosafarbenen Blüten umgeben diesen zwar nur 3500 Meter langen, für den Gast jedoch nicht minder interessanten Platz. Lavendel, Rosmarin und andere mediterrane Vegetation hüllen die verschiedenen Spielbahnen zudem in ein undefinierbares Gemisch angenehmer Düfte.

Dem Badeort La Grande-Motte scheinen rosige Zeiten bevorzustehen. Mit seinem guten Klima, dem Mittelmeer, den mehrheitlich jungen und sportlichen Gästen, dem breitgefächerten Sportangebot und nicht zuletzt dank zahlreicher geplanter Erweiterungen auf dem Gesundheitssektor empfiehlt sich La Grande-Motte seinen Gästen. Claude Douceur, Leiter der Golfanlagen, auf denen Gäste übrigens an 365 Tagen im Jahr herzlich willkommen geheißen werden, und Philippe Porquier, Headpro des Flamingo-Course, geben sich zuversichtlich, wenn es um die golferische Zukunft des Ortes geht. Zu Recht, denn La Grande-Mottes derzeitige 42 Golflöcher halten für jeden Golfer ein angemessenes Angebot bereit. Dabei darf man nicht vergessen, daß bereits weitere große Golfplatzprojekte in der näheren und weiteren Umgebung in Planung sind.

Sonnenuntergang über dem 18. Grün des Championship-Kurses.

## Platz-Charakteristik

Die Golfanlage, von Robert Trent Jones sen. erbaut und im November 1987 eingeweiht, verfügt derzeit über 42 Löcher. Der Meisterschaftsplatz, Flamingo-Course (Les Flamants roses) genannt, ist ein 18-Löcher-Platz mit Par und Standard 72 bei einer Länge von 6161 Metern. Daneben gibt es die 18 Löcher des Goélands-Course mit Par 58 bei 3500 Metern Länge. Die 6 Löcher des Mouettes-Course haben Par 19.

## Fairways

Die mehrheitlich flachen, breit angelegten Spielbahnen des Flamingo-Course werden von zahlreichen Hindernissen begleitet. Mit zehn Par 4, vier Par 5 und vier Par 3 ist das Layout klassisch. Als ausgeprägte Doglegs sind die Löcher 6, 9, 10, 14, 15, 17 und 18 des Flamingo-Course gestaltet, während Goélands nur beim 3. und 11. Loch mit einem Hundebein aufwartet.

## Rough

Bei allen drei Plätzen findet man entlang der Fairways kaum Rough vor.

## Bunker

Die Zahl von 55 Sandhindernissen auf dem Flamingo-Parcours erscheint zwar gering, doch sind die Bunker zentral angelegt, so daß man glaubt, es wären weitaus mehr. Besonders gut geschützt sind die Grüns der 3., 9., 14., 15. und 17. Spielbahn.

## Wasser

Ein Fünftel der gesamten Golfplatzfläche ist Wasser. Allein auf dem Flamingo-Course droht an elf Spielbahnen (2., 4., 5., 7., 8., 9., 11., 12., 14., 15. und 16. Loch) Gefahr von Teichen oder Seen.

## Sonstige Hindernisse

Auf dem Flamingo-Course treten an den Löchern 1, 2, 13 und 17 Gräben ins Spiel. Zahlreiche Kiefern, Pappeln und Palmen sind zusätzliche Hindernisse.

## Greens

Die zwischen 400 und 600 Quadratmeter großen Grüns (Pencross-Gras über einem Sand-Torf-Gemisch) befinden sich in hervorragendem Pflegezustand. Sie sind ebenso treu wie schnell.

## Club

Die drei Plätze von La Grande-Motte sind Golfanlagen, auf denen Gäste jederzeit herzlich willkommen sind. Schmuckstück des modernen Clubhauses ist die große Terrasse mit Ausblick auf das Golfgeschehen. Hinzu kommen Umkleideräume, Fernsehzimmer, Bar und Restaurant.

## Pro-Shop

Der im Clubhaus gelegene Pro-Shop führt ein breites Angebot. Hier kann man Schlägersätze ausleihen. Auch Schlägerreparaturen werden schnell und preiswert ausgeführt.

PRO SHOP PRO SHOP PRO SHOP

## Caddie-Service

Caddies stehen nur auf Vorbestellung zur Verfügung. Trolleys und Elektrocarts können gemietet werden.

## Driving Range

Rund 80 Meter vom Clubhaus entfernt, bietet sie Platz für 50 Spieler (teilweise überdacht). Übungsbunker, Pitching-Grün und ein bewegtes Putting-Grün stimmen auf das spätere Spiel ein. Fünf Golflehrer erteilen Unterricht.

## La Grande-Motte

Golf de la Grande-Motte
F-34280 La Grande-Motte
Tel. 67 72 87 78

## Veranstaltungen

Jedes Wochenende werden Clubturniere veranstaltet, an denen auch Gäste teilnehmen können. Auf dem Flamingo-Course fanden darüber hinaus bereits kleinere nationale Profiwettbewerbe statt.

## Saison

Das Mittelmeerklima erlaubt ganzjähriges Golfvergnügen. Die Hochsaison dauert von Ende Juni bis Anfang September.

## Tip

Als beste Spielzeit gelten die Wintertage. Im Sommer ist es empfehlenswert, entweder sehr früh oder aber spät am Tag zu spielen.

Flamingo-Parcours – Championship Course

| Loch | Länge | Par | Loch | Länge | Par |
|---|---|---|---|---|---|
| 1 | 372 | 4 | 10 | 455 | 5 |
| 2 | 376 | 4 | 11 | 383 | 4 |
| 3 | 472 | 5 | 12 | 310 | 4 |
| 4 | 322 | 4 | 13 | 166 | 3 |
| 5 | 123 | 3 | 14 | 365 | 4 |
| 6 | 425 | 4 | 15 | 375 | 4 |
| 7 | 510 | 5 | 16 | 138 | 3 |
| 8 | 159 | 3 | 17 | 452 | 5 |
| 9 | 393 | 4 | 18 | 365 | 4 |
| Total | 3152 | 36 | Total | 3009 | 36 |
| | | | Insgesamt | 6161 | 72 |

Oben: Ein letztes Mal volle Aufmerksamkeit verlangt das Grünanspiel am Schlußloch. Im Hintergrund: Wohngebäude.

Unten links: Dem berühmten Rolls Royce Silver Shadow nachempfunden sind die Golfelektrowagen.

Unten rechts: In einen offenen Dachstuhl integriert wurde die originelle Bar des Clubhauses.

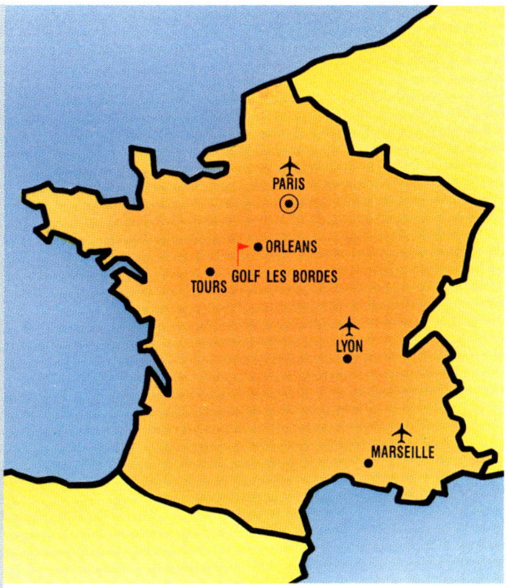


FRANKREICH

# Les Bordes

»Wir wollen einen schwierigen, wenn nicht den schwierigsten Golfplatz« forderten Baron Marcel Bich und sein japanischer Partner Yoshiaki Sakurai. Der amerikanische Golfplatz-Architekt Robert von Hagge ließ sich das nicht zweimal sagen. Vom 400 Hektar großen Privatgelände des Barons ergriffen in der Folge zunächst einmal Bagger, Planierraupen und Baumaschinen Besitz. Es wurde gerodet, gebaggert und gewalzt, wobei insgesamt 800 000 Kubikmeter bewegt wurden. Vergleicht man diesen Aufwand mit dem herkömmlicher Golfplätze, wo durchschnittlich etwa 70 000 Kubikmeter Boden bewegt werden, dann wird deutlich, welches Mammutprojekt unweit der französischen Stadt Orléans realisiert wurde. 80 Millionen Francs wechselten den Besitzer, ehe der Golf International Les Bordes nach drei Jahren

fertiggestellt war. Robert von Hagge ließ in der Planungsphase nicht nur seiner Phantasie freien Lauf, sondern er bezog auch sehr stark die Highlights international bekannter Golfplätze in seine Überlegungen mit ein. Der Einfluß eines Pete Dye ist in Les Bordes beispielsweise nicht zu verkennen, denn das Inselgrün des 14. Loches läßt unweigerlich an das 17. Loch des bekannten TPC in Sawgrass, Florida, denken. Auch Jack Nicklaus würde auf dem hügeligen Gelände von Les Bordes sicherlich einige seiner »Ideen« wiederfinden, ebenso Robert Trent Jones, der auf den 6436 Meter langen Fairways erstmals seine Rolle als »Vater der wasserreichsten Golfplätze der Welt« in Frage gestellt sehen dürfte. Doch wer nun glaubt, von Hagge habe ausschließlich Spektakuläres und gleichsam Bewährtes seiner Architekten-Kollegen zu Les Bordes zusammenkopiert, der erliegt einem Irrtum. Schließlich hat der Dick Wilson-Schüler zuvor bereits auf weit mehr als einhundert Golfplätzen, darunter PGA National in Palm Beach Gardens, sein Talent unter Beweis gestellt – und mit Les Bordes einmal mehr bestätigt. Die Tatsache, daß der 18-Löcher-Meisterschaftsplatz nur zwei Jahre nach seiner Fertigstellung zu den besten Plätzen Europas zählt, stellt dieses eindeutig unter Beweis. Dem Platz eilt zudem der Ruf voraus, einer der schwierigsten Plätze Europas zu sein, was deutlich macht, daß der Architekt den hochgesteckten Anforderungen der Investoren in jeder Beziehung gerecht geworden ist. Wenn es um die ehrgeizigen Ziele Baron Bichs geht, spielt Geld keine Rolle. Vorrang hatte jedoch stets der Grundsatz, die Natur keinen Schaden erleiden zu lassen.

Das Steinkreuz am 6. Grün, einem Par 4 von 352 Metern Länge, wurde um 1860 zum Gedenken an einen auf der Jagd tödlich verunglückten jungen Reiter errichtet.

An das berühmte Par 3 des 17. Loches des TPC Course in Sawgrass/Florida erinnert das Inselgrün des 14. Loches.

FRANKREICH

# Les Bordes

Baron Marcel Bich war schon immer ein Mann von Prinzipien, ob als über die Grenzen seines Landes hinaus bekannter Fabrikant und Industrieller, ob als begeisterter Segler oder als naturverbundener Jäger. Alles, was der agile Adlige bisher in Angriff nahm, war von Erfolg gekrönt. Doch was passiert, wenn dieser milliardenschwere Edelmann der Faszination des Golfsports erliegt? Die Antwort ist ebenso einfach wie kurz: Baron Bich beschloß, auf seinem riesigen Privatgelände inmitten ehemaliger Jagdgründe französischer Könige Voraussetzungen zu schaffen, dem neuen Faible Golf angemessen nachgehen zu können. Natürlich sollte es dabei nicht irgendein Golfplatz sein, sondern einer, dem eine Spitzenposition sicher war.

Der amerikanische Architekt Robert von Hagge aus Houston, Texas, Erbauer von rund 180 Golfplätzen, nahm den Auftrag, inmitten der Sologne den »schönsten, größten und vor allem schwierigsten« Golfplatz Europas zu bauen, mit Begeisterung und Stolz an. Von den 400 Hektar Land, die zur Verfügung standen, wurde mehr als ein Viertel zur Platzanlage verbraucht. Hügel und zahlreiche Dünen wurden in das ursprünglich flache Landschaftsbild eingefügt und zuletzt riesige Löcher ausgehoben, die, mit Wasser aus der privaten Quelle des Barons gefüllt, heute als tiefblaue Wasserhindernisse dem gesamten Gelände den nötigen Farbkontrast geben.

Nicht unerwähnt bleiben darf natürlich das größtenteils neugestaltete landschaftliche Umfeld, das heute die vier Par-5-, vier Par-3- und zehn Par-4-Löcher umgibt. Wälder, Teiche, Büsche, Kräutergewächse und Rosenbeete erwarten verzogene Bälle am Rande der Fairways. Und auch der freilebende Wildbestand an Wildschweinen, Hirschen, Rehen und Fasanen, der sich vom zwischenzeitlich gewohnten golferischen Treiben nicht aus der Ruhe bringen läßt, gehört zum einmaligen Erscheinungsbild dieses Golferparadieses.

Drei Jahre, nachdem Robert von Hagge seine Arbeit begonnen hatte, konnte sie am 5. Juli 1987 abgeschlossen werden. François Illouz und Michel Gayon, beide französische Amateurmeister, wurde die Ehre zuteil, in Anwesenheit zahlreicher Gäste den Platz zu eröffnen. Nach Abschluß der Runde waren die beiden Scratchspieler voll des Lobes. »Die Fairways sind nicht nur landschaftlich einmalig, sondern auch sehr lang und mit Hindernissen nur so gespickt. Die kleinste Abweichung beim Drive oder beim zweiten Schlag stellt den Spieler vor nahezu unlösbare Probleme. Ganz zu schweigen von dem dichten Rough, das ebenso hoch wie bei einem schottischen Links-Kurs und folglich extrem schwer zu spielen ist«, attestierten sie dem Platz.

Trotz aller Schwierigkeiten ist Les Bordes eine für jeden Golfer zu meisternde Aufgabe. Hierfür sorgen

Abendstimmung über dem Grün des 4. Loches.

Schmale Fairways und viel Wasser sind das Markenzeichen von Les Bordes, wie hier an der Abschlagtafel des 14. Loches unschwer zu erkennen ist.

vor allem die sechs verschiedenen Abschlagsmarkierungen pro Loch. Um ganze 2000 Meter variiert die Platzlänge vom Championship-Abschlag zum vordersten Tee. Besonders deutlich wird die Tatsache, daß bei der Planung auch an die schwächeren Spieler gedacht wurde, am 16. Loch. An diesem Par-3-Loch heißt es von der rückwärtigen Abschlagsmarke immerhin 201 Meter zu überbrücken, während von der vorderen Markierung nur eine 137 Meter lange, doch ebenso bunkerreiche Spielbahn vor dem Spieler liegt. Überhaupt die Bunker! An allen Stellen des Platzes trifft man auf die Sandhindernisse, deren grobkörniges Innenleben um der Ästhetik willen von den Dünen in Pilat an der Atlantikküste stammt.

Doch nicht nur die teilweise topfförmig, teilweise langgezogen angelegten Bunker bedeuten Gefahr für Bälle und Score. Als noch gefährlicher erweisen sich die insgesamt zehn künstlichen Teiche, die an zwölf Löchern entscheidend ins Spielgeschehen eingreifen können. Zum Beispiel am 513 Meter langen 14. Loch, einem Par 5. Zunächst heißt es hier, mit einem langen Abschlag einen Teich zu überqueren, ohne zu weit nach rechts zu spielen, wo von einem weiteren tiefblauen Element feuchte Gefahr droht. Drei Schläge später, im günstigsten Falle, gilt es, das von Wasser umgebene Inselgrün zu treffen. Spätestens auf dem Grün wird der Spieler sich, unabhängig seines Scores, eingestehen, daß er soeben eines der schönsten und interessantesten Golflöcher bewältigt hat. Verstehen wird er aber auch, warum die Zahl jener Spieler, welche die 18 Löcher ohne Ballverlust bewältigt haben, sehr gering ist.

Sein Selbstvertrauen findet der Golfer nach der Runde höchstwahrscheinlich in dem ehemaligen Bauernhof, der nach den Plänen und Ideen der Baronin Laurence Bich zu einem gemütlichen Clubhaus umgebaut wurde, wieder. Antikes und Modernes wurde in dem Gebäude mit seinen zahlreichen Räumen so miteinander kombiniert und verbunden, daß es heute jedem Wunsch nach Luxus, Komfort und Gemütlichkeit gerecht wird. An den von antiken Balken gehaltenen Wänden erinnern edle Gemälde mit Jagdmotiven an die ursprüngliche Funktion des Golfgeländes. Schwere, karamelfarbene Ledersessel gruppieren sich um den antiken Kamin, in dem selbstverständlich stets ein Feuer prasselt. Selbstredend ist auch für das leibliche Wohl der Gäste gesorgt. Das Vier-Sterne-Restaurant bietet jeden Tag ein exzellentes Drei-Gänge-Menü.

Entgegen anderslautender Erklärungen handelt es sich bei Golf International Les Bordes um keinen exklusiven Privatclub. Les Bordes ist ein öffentlicher Platz, auf dem jeder Golfer gegen die Entrichtung des zugegebenermaßen relativ hohen Greenfee sein sportliches Können unter Beweis stellen kann. Vor Antritt der Runde empfiehlt sich ein Besuch des Pro-Shops, um sich mit Bällen einzudecken. Es wäre doch wirklich zu schade, die Runde abbrechen zu müssen, nur weil das mitgeführte Ballkontingent frühzeitig erschöpft ist. Doch selbst wenn eine solche Situation eintritt, mag sich der Golfer damit trösten, daß er nicht der erste wäre, den eine solche Fehleinschätzung in Les Bordes zur vorzeitigen Kapitulation zwang.

## Les Bordes

Golf International Les Bordes
F-41220 St-Laurent-Nouan
Tel. 54877213

## Platz-Charakteristik

Les Bordes ist ein 18-Löcher-Meisterschaftsplatz. Die Anlage hat bei einer Länge von 6436 Metern vom Championship-Tee und 4571 Metern vom »Anfänger«-Tee Par und Standard 72.

## Fairways

Die Spielbahnen, für die hauptsächlich Fetuque-Gras verwendet wurde, sind verhältnismäßig hügelig und sind zum größten Teil von dichtem Baumbestand umgeben. Die Löcher 2, 3, 7, 9 und 17 sind als ausgeprägte Doglegs gestaltet. Mit zehn Par 4, vier Par 5 und vier Par 3 ist das Layout klassisch.

## Rough

Entlang aller Spielbahnen verläuft Rough. Es besteht aus Kentucky Blue Grass, aus dem bekanntlich nur schwer wieder herauszuspielen ist.

## Bunker

Topfbunker und flache, langgestreckte Sandhindernisse, mehr als 30, trifft man auf dem ganzen Platz an. Das 1. Grün ist völlig von einem Bunker umzogen, und angesichts der beinahe 50 Meter langen Sandbunker der Löcher 6 und 15 ist höchste Aufmerksamkeit geboten.

## Wasser

Neben dem Rough sind vor allem die Wasserhindernisse eine schwierige Aufgabe für den Spieler. Die zehn künstlich angelegten Teiche treten hauptsächlich seitlich an insgesamt zwölf Löchern ins Spiel. Am eindrucksvollsten sind die Wasserhindernisse der Löcher 7, 11, 13 und 14.

## Sonstige Hindernisse

Der Gesamteindruck des Platzes wird von zahlreichen Bäumen, vorrangig Eichen und Kastanienbäumen, geprägt, die ins Spiel treten können.

## Greens

Die Grüns, Pencross-Gras auf Sand und hellem Torf, stehen im Ruf, sehr schnell und sehr treu zu sein. Das Grün des 5. Loches weist drei Ebenen, das des 18. Loches zwei Ebenen auf.

## Club

Mit Ausnahme der beiden Initiatoren hat der Club keine Mitglieder. Gäste sind jederzeit herzlich willkommen. Das schöne Clubhaus, ein ehemaliger Gutshof, der vollständig umgebaut wurde, umfaßt Umkleideräume, Empfangssäle, einen Konferenzraum und ein ausgezeichnetes Restaurant mit zwei Speisesälen, vor denen sich eine große Terrasse mit Blick auf den Golfplatz erstreckt.

## Pro-Shop

Im gleichen Gebäude wie Sekretariat und Empfang gelegen, führt der Pro-Shop ein breites Angebot. Hier können Schlägersätze ausgeliehen werden.

## Caddie-Service

Es stehen keine Caddies zur Verfügung, dafür können Elektrocarts und Trolleys gemietet werden.

## Driving Range

Übungswilligen Besuchern wird die Möglichkeit geboten, 265 Meter vom Empfangsgebäude entfernt eine große Übungswiese, zwei Übungsbunker, ein Putting-Grün und ein Pitching-Grün zu nutzen.

Mehrere Pros erteilen den Lernbegierigen Unterricht.

## Veranstaltungen

Bisher wurden in Les Bordes keine großen Turniere ausgetragen.

## Saison

In Les Bordes herrscht das gemäßigte Klima Zentralfrankreichs. Die Golfsaison dauert von April bis November.

## Tip

Vor Antritt der Runde sollte man das Ballkontingent überprüfen.

Championship Course

| Loch | Länge | Par | Loch | Länge | Par |
|---|---|---|---|---|---|
| 1 | 401 | 4 | 10 | 469 | 5 |
| 2 | 478 | 5 | 11 | 368 | 4 |
| 3 | 350 | 4 | 12 | 379 | 4 |
| 4 | 154 | 3 | 13 | 168 | 3 |
| 5 | 400 | 4 | 14 | 513 | 5 |
| 6 | 352 | 4 | 15 | 408 | 4 |
| 7 | 477 | 5 | 16 | 201 | 3 |
| 8 | 138 | 3 | 17 | 415 | 4 |
| 9 | 356 | 4 | 18 | 409 | 4 |
| Total | 3106 | 36 | Total | 3330 | 36 |
| | | | Insgesamt | 6436 | 72 |

Typisch für den Stil des Old Course ist das von Wasser und Bunkern verteidigte 7. Grün.

SPANIEN

# Sotogrande

Der Club de Golf Sotogrande liegt als eine paradiesisch grüne Oase im Süden Andalusiens unweit jener Wasserstraße, welche die Alte Welt vom Schwarzen Kontinent trennt. Robert Trent Jones, Golfplatz-Architekt amerikanischer Provenienz und absoluter Meister seines Faches, feierte hier sein europäisches Debüt. Verständlich, daß der Amerikaner seinen ganzen Ehrgeiz daran setzte, eine einmalige Meisterschaftsanlage für Merry Old Europe entstehen zu lassen. Das Ergebnis, das er 1964 nach kurzer Bauzeit präsentierte, kann sich auch heute uneingeschränkt sehen lassen. Die 18 Meisterschaftsbahnen bringen seit nunmehr über zwei Jahrzehnten das Blut aller Golfenthusiasten in erwartungsfrohe Wallung, sind für die einen ein Traum, für die anderen ein Trauma. Trent Jones wartete hier mit all jenen golfarchitektonischen Merkmalen auf, die ihn so berühmt gemacht haben. Spielstrategisch bedeutsame Wasserhindernisse, massenhaft Fairway- und Grünbunker sowie Doglegs charakterisieren aber nur zum Teil das, was einen Trent Jones-Platz zur einmaligen, interessanten Herausforderung macht. Denn Trent Jones verbindet mit dem spielerischen stets auch den landschaftlichen Reiz. Landschaft wird so perfekt manupuliert und integriert, daß sie einen unvergeßlichen optischen Genuß bietet. Das gilt nicht zuletzt auch für Sotogrande. Es sind vor allem Korkeichen, die den Platz gliedern und ihm den Charakter einer Parklandschaft verleihen. Der südlich der Nationalstraße 340 in Meeresnähe gelegene Platz gehört laut Golfers Green Guide 1989 zu den 30 weltbesten Golfanlagen. Er hat 1400 Mitglieder, von denen etwa 900 aktiv sind. Gäste, deren Greenfees eine wichtige Einnahmequelle sind, werden jederzeit herzlich willkommen geheißen.

Runde Bunker verteidigen das Grün des 18. Loches. Im Hintergrund: das im mediterranen Stil erbaute Clubhaus.

Im Jahre 1965 wurde ein neues Golfzeitalter 20 Kilometer nördlich des berühmten Affenfelsens von Gibraltar eingeläutet. Mit der Fertigstellung des Platzes von Sotogrande verwirklichte Robert Trent Jones erstmals seine modernen Golfplatzideen auf dem europäischen Festland. Wen wundert's, daß der Platz, heute als »Soto-

SPANIEN

# Sotogrande

grandes Old Course« weit über die Grenzen Spaniens hinaus bekannt, in der Landschaft Südandalusiens nach seiner Fertigstellung ausschließlich auf Bewunderung und Lob stieß – und zahllose Gäste an die Costa del Sol lockte. Direkt am Meer gelegen, mit hohen Berggipfeln als Hintergrundpanorama und einmaligem Korkeichen-Bestand bietet Sotogrande unvergeßliche Eindrücke. Zudem fordert der Platz auch das ganze golftechnische Können seiner Gäste heraus, wobei die großzügig angelegten Abschlagflächen Garant dafür sind, daß auch ein mittelmäßiger Golfer Sotogrande genießen kann.

Der neugeschaffene Platz gewann auch seiner klimatischen Vorzüge wegen rasch an Beliebtheit. Bereits zehn Jahre später wurde Sotogrande dem Ansturm der Gäste aus allen Teilen der Welt nicht mehr Herr. Man entschloß sich zum Bau eines zweiten Platzes, für den erneut Robert Trent Jones verantwortlich zeichnete. Der Golf Club Valderrama öffnete im Frühjahr 1976 seine Pforten: Bei Valderrama blieb Trent Jones dem bereits auf dem Course des Club de Golf Sotogrande erprobten Konzept treu. Erneut ist die Landschaft in geradezu idealer Weise ins Spielgeschehen integriert worden, wobei zahlreiche künstliche Wasserhindernisse und tiefe Pottbunker den Golfer vor eine schwere Prüfung stellen.

Nur 3 Kilometer auseinander gelegen, heißt der Platz von 1965 allgemein der Old Course, der Platz von 1976 kurz und knapp Valderrama. Weltweit stehen beide als Synonym für Sotogrande.

1985 machte Valderrama Schlagzeilen: Jaime Ortiz-Patino erwarb für den stolzen Preis von 8 Millionen Dollar den jüngeren der beiden Sotogrande-Plätze. Zunächst mußte sich der Platz einigen »Schönheitsoperationen« unterziehen, die hauptsächlich zum Ziel hatten, den Anforderungen an einen modernen Meisterschaftsplatz Rechnung zu tragen und »a little polish to the diamond« zu verleihen. Valderrama steht zwar nach wie vor, trotz aller Privatisierungsbestrebungen, Gästen offen, doch ist es sehr schwierig, sich eine Startzeit zu sichern. Zudem bezahlt man hier das höchste Greenfee ganz Europas. Um seine Gäste zu entschädigen, holte Ortiz-Patino 1988 zwar das Finale der European Tour nach Valderrama. Doch auch die Lobeshymnen, die dem Platz von den besten Spielern Europas anläßlich des PGA Volvo-Masters 1988/89 zuerkannt wurden, können die Gäste nur schwer trösten.

Angesichts des großen Ansturms, dem sich Valderrama ausgesetzt sieht, erinnerten sich viele Sotogrande-Besucher wieder des Old Course. Zwar war auch dieser Platz vor Veränderungen nicht gänzlich gefeit, doch stehen dem Gast die insgesamt 6298 Meter langen Fairways heute den ganzen Tag lang offen. Ebenso wie in Valderrama erwarten den Golfer hier langezogene Abschlagflächen, zahlreiche Bunker und schön geformte, zum Teil von Wasser umgebene Grüns.

Als Schattenspender dienen vor allem Korkeichen und Palmen, welche die Spielbahnen säumen. 500 Bewässerungspunkte und ein ausgeklügeltes Bewässerungssystem tragen maßgeblich dazu bei, daß der Old Course auch im Sommer nichts von seinen landschaftlichen Reizen verliert. Neben der reichen Flora stellt das in Weiß gehaltene Clubhaus einen prächtigen Farbkontrast zu den Fairways dar.

Den Auftakt des Old Course bildet ein 360 Meter langes Par 4. Wenn auch in Drive-Distanz und vor dem Grün Bunker lauern, das Fairway auf halber Distanz rechtsseitig von einem Wasserhindernis begleitet wird, so erweist sich das Loch für den geübten Golfer als weitgehend problemlos.

Das 2. Loch, ein Par 5 mit 482 Metern, zeigt eine ähnliche Anordnung und Verteilung der Sandhindernisse, von denen es ca. 100 auf dem Course zu meiden gilt. Das Spiel wird hier jedoch durch Abknicken der Spielbahn bei halber Distanz nach links erschwert. Wer den Weg zur Fahne verkürzen will, läuft Gefahr, seinen Ball im strategisch geschickt im Knick plazierten Bunker stranden zu lassen. – Doglegs sind, so wird der Gast im Verlauf der Runde stets aufs neue erfahren, das Salz in der Suppe Sotograndes. Mal nach links, mal nach rechts gerichtet, bieten sich dem Gast zwölf mehr oder weniger ausgeprägte Hundebeine dar! –

Wenn auch das 4. Loch nur kurz ist, so fordert es doch dem Gast ein gerüttelt Maß an Präzision ab, denn es ist ein Tal zu überspielen, um das höher gelegene Grün zu erreichen.

Als schwierigstes Loch des Course erweist sich das 7. Loch. Das 386 Meter lange Par 4 wird linker Hand von einer Ausgrenze begleitet; rechter Hand lauert in Drive-Distanz ein markanter, großer Bunker. Der zweite Schlag sollte möglichst das außergewöhnlich wellige Grün erreichen, denn Hook oder Slice werden entweder mit einem Bunkerschlag oder aber Ballverlust im rechts des Grüns gelegenen Wasserhindernis bestraft. Landet die Annäherung auf dem Grün, ist das Score keineswegs sicher: Das Kurzgeschorene zeigt ein Gefälle, das den Ball unweigerlich auf das feuchte Element zurollen läßt!

Das 9. Loch, ein enges Par 4 von 332 Metern Länge, knickt leicht nach rechts ab. Hier hat man nicht nur den Wendepunkt, sondern auch den höchsten Punkt der Anlage erreicht. Während vom Herrenabschlag der mittlere Bunker hinter dem Grün angespielt werden sollte, wird den Damen empfohlen, ihr Spiel konsequent auf die Fahne auszurichten. Es gilt zu beachten, daß links eine Ausgrenze verläuft.

Wer will, kann am 10. Loch seinen (Über-)Mut beweisen: Ein beherzter Schlag über die Bäume hinweg kann viel Terrain gutmachen, vorausgesetzt, er ist gelungen. Mißlingt der Schlag, dann sind arge Schwierigkeiten unvermeidlich.

»Bunkerschläge kann man üben. Ein im Wasser gelandeter Ball ist dagegen unwiderruflich verloren. Wasserhindernisse sind daher das einzige auf einem Platz, was einem Golfer Schwierigkeiten bereiten sollte«, betonte Robert Trent Jones. Sotogrande unterstreicht seine Aussage nahezu prototypisch. Immer wieder stößt der Golfer auf bestens plazierte Wasserhindernisse. Wer Sotogrande bezwingt, ohne einen Ball den Teichen »geopfert« zu haben, der kann wirklich stolz auf sich sein.

Selbst unter der sengenden Mittagshitze findet man Golfer auf dem Übungsgelände.

Wasser bestimmt vor allem auf den zweiten neun Löchern das Spiel: Das 13. Loch, ein Par 3 bei 190 Metern Distanz, hat es in sich.Wasser begleitet die Spielbahn rechter Hand. Das Grün ist, rückwärtig von Wasser umgeben. Das präzise Anspielen der Fahne ist ein Muß.

Und mit Wasser geht es weiter. Am 14. Loch, dem schwersten Par 5 der Anlage, wird der Golfer verleitet, einen Drive carry über Wasser zu schlagen. Nur ein gewaltiger, präzise plazierter zweiter Schlag auf das an einem Hang gelegene kleine Grün eröffnet Chancen auf ein gutes Score.

Am 16., vor allem aber am 17. Loch kommt wiederum Wasser ins Spiel. Am 16. Loch engen ein Bunker in Drive-Entfernung und eine Ausgrenze zur Linken sowie ein riesiges Wasserhindernis zur Rechten die mögliche Streuung, ob Hook oder Slice, stark ein, soll in die Karte ein gutes Ergebnis eingetragen werden. Das Grün wird von Bunkern und rückwärtig von Bäumen gesichert.

Das 17. Loch, ein kurzes Par 3, endet in einem auf einer Halbinsel in einem Teich gelegenen Grün. Was liegt näher, als das Loch carry über Wasser anzuspielen? Die Vernunft! Kommt der Schlag nicht auf dem Grün zu liegen, dann bieten die Palmen nur einen dürftigen Schirm gegen das Wasser, welches das satte Grün an drei Seiten umgibt!

Am 18. Loch vermag der Golfer dem Wasser, das die Spielbahn rechtsseitig auf kurze Entfernung begleitet, problemlos zu entgehen. Die schnurgerade Spielbahn, welche leicht ansteigt, bildet den krönenden Abschluß der Runde. Das fast 400 Meter lange Par 4 sollte mit dem ersten Schlag auf die linke Seite des Clubhauses zu –, mit dem zweiten Schlag in die Mitte des Grüns bespielt werden. Wer das Grün nach zwei Putts verläßt, dem bleibt Sotogrande in bester Erinnerung.

## Platz-Charakteristik

Der Club de Golf Sotogrande liegt in einer von dunklen Korkeichen dominierten Parklandschaft. Infolge der Nähe zum Mittelmeer wird das Spiel häufig stark durch Wind beeinflußt. Der Platz hat eine Länge von 6298 Metern bei Platzstandard 72.

## Fairways

Die mit Bermudagras bewachsenen, gepflegten Fairways sind teilweise eng und zeigen bewegtes Relief. Sie sind mehrheitlich als Doglegs ausgebildet. Für Trent Jones-Plätze typisch, erfordern sie starkes spielerisches Engagement. Die Par-Verteilung ist mit vier Par-3-, zehn Par-4- und vier Par-5-Löchern klassisch.

## Rough

Roughs sind von nachgeordneter Bedeutung. Sie werden generell kurz gehalten. Von ihnen geht wenig Gefahr aus.

## Bunker

Die knapp 100 Bunker sind spielstrategisch geschickt in Drive-Distanz, im Landebereich zweiter Schläge und als Grünverteidigung plaziert. Sie sind mit gemahlenem Marmor aus den Brüchen Andalusiens gefüllt.

## Wasser

Die drei Teiche der Anlage sind das spielbestimmende Element Sotograndes. Sie bilden entweder einen feuchten Flankenschutz, oder sie verteidigen das Grün. Wasser kommt am 12., 13. und 14. Loch bzw. am 1., 16., 17. und 18. Loch ins Spiel. Wer den Platz ohne Ballverlust meistert, der darf sich glücklich schätzen!

## Sonstige Hindernisse

Subtropisch-mediterrane, aus Korkeichen und Palmen bestehende Baumvegetation säumt mehrheitlich die Spielbahnen und verteidigt einige der Grüns.

## Greens

Die vor allem von Bunkern, aber auch von Wasser und Bäumen gut verteidigten Grüns sind zumeist groß und generell schnell. Pencross-Gras garantiert eine dichte Oberfläche, eine engagierte Pflege ein hohes Maß an Treue. Besondere Aufmerksamkeit verdienen die Stufengrüns.

## Club

Das moderne, klimatisierte Clubhaus liegt nur 200 Meter vom Meer entfernt. Neben einem Restaurant, Wasch-, Umkleide- und Aufenthaltsräumen beherbergt es das Clubsekretariat. Ein Schwimmbad sorgt für Erfrischung.

## Pro-Shop

Das Angebot des Pro-Shop ist begrenzt. Es können Schläger gemietet werden.

PRO SHOP PRO SHOP

## Caddie-Service

Wie in guten Clubs üblich, stehen Caddies, Trolleys und Elektrocarts bereit.

## Driving Range

Die unmittelbar neben dem Clubhaus und dem 1. Tee gelegene Übungswiese ist mit 30 Plätzen ungewöhnlich groß. Vier Übungsbunker, ein Pitching- und ein Putting-Grün sowie das Angebot von Trainerstunden runden das Übungsangebot gut ab. Die Nutzung der Driving Range ist nur in Verbindung mit dem Greenfee möglich.

# Sotogrande

Club de Golf Sotogrande
P. O. Box 1
Sotogrande (Cadiz)
Tel. (0 56) 79 20 50

## Veranstaltungen

Der Club war und ist Austragungsort vieler nationaler und internationaler Turniere.

## Saison

Dank des mediterranen Klimas kann der Platz ganzjährig bespielt werden. Über Weihnachten und Ostern ist die Anlage für Gäste gesperrt.

## Tip

Wer in Sotogrande als Gast spielen will, sollte bedenken, daß der Platz täglich bis 11.15 Uhr nur Mitgliedern offen steht. Gästen wird empfohlen, im Sommer um 18.30 Uhr, im Winter um 14.30 Uhr abzuschlagen. Wer sich eine Startzeit sichern will, sollte frühzeitig buchen.

Old Course – Championship Course

| Loch | Länge | Par | Loch | Länge | Par |
|---|---|---|---|---|---|
| 1 | 360 | 4 | 10 | 414 | 4 |
| 2 | 482 | 5 | 11 | 332 | 4 |
| 3 | 310 | 4 | 12 | 538 | 5 |
| 4 | 209 | 3 | 13 | 190 | 3 |
| 5 | 330 | 4 | 14 | 460 | 5 |
| 6 | 473 | 5 | 15 | 390 | 4 |
| 7 | 386 | 4 | 16 | 355 | 4 |
| 8 | 185 | 3 | 17 | 154 | 3 |
| 9 | 332 | 4 | 18 | 398 | 4 |
| Total | 3067 | 36 | Total | 3231 | 36 |
| | | | Insgesamt | 6298 | 72 |

Palmen und die im Bildhintergrund zu erkennende Bergkette der Sierra Blanca prägen den Meisterschaftsplatz Las Brisas, der vom amerikanischen Stararchitekten Robert Trent Jones entworfen wurde. Im Bild: das 10. Grün.

SPANIEN

# Nueva Andalucia

Ursprünglich sollte die Golfanlage Nueva Andalucia hinter der Stierkampfarena von Marbella an der spanischen Costa del Sol lediglich dazu dienen, Ferienhäuser und -wohnungen eines riesigen Erholungskomplexes besser an den Mann zu bringen und dem Hotel Las Brisas betuchte Gäste zuzuführen. Doch die Clubverantwortlichen hatten die Rechnung ohne Robert Trent Jones sen. gemacht. Jones schuf, ähnlich wie weiter südlich in Sotogrande, zwei Meisterschaftsplätze, die neue Maßstäbe in der Golfplatz-Architektur auf dem europäischen Kontinent setzten. Die Anlage fand unter Golfspielern aus ganz Europa und Übersee derart großen Anklang, daß Nueva Andalucia vor allem im Winterhalbjahr von Greenfee-Spielern überrollt wurde. Um einerseits weiterhin Gastspieler zuzulassen, andererseits aber den Hotelgästen und Clubmitgliedern einigermaßen ungestörten Golfgenuß zu garantieren, griffen die Clubmanager zu einer Methode, die derzeit an der gesamten Costa del Sol praktiziert wird: Die Greenfees werden erhöht und die Abschlagzeiten limitiert. Dennoch sollte jeder Golfspieler einmal in den sauren Apfel beißen und sich eine Runde auf einem der beiden herrlichen Plätze gönnen. Las Brisas, der ältere von beiden, entstand 1968 und erhielt in der Vergangenheit immer den Vorzug, wenn es um die Ausrichtung bedeutender Golfveranstaltungen ging. So war Las Brisas zum Beispiel 1970, 1983 und 1987 Austragungsort der Spanish Open, 1988 der European Senior's Team Championship und 1989 des World Cup. Dennoch braucht sich Los Naranjos, der 1977 freigegebene zweite 18-Löcher-Platz, nicht hinter seinem älteren Bruder zu verstecken. Im Gegenteil: Mit 6484 Metern von den Championtees ist er der längste Golfplatz an der Costa del Sol.

In unmittelbarer Nähe des Hotelgebäudes liegt das von Bunkern stark verteidigte 9. Grün.

SPANIEN

# Nueva Andalucia

Las Brisas, der 6198 Meter lange Meisterschaftsplatz von Nueva Andalucia, zählt zusammen mit den beiden Plätzen von Sotogrande zum Besten, was der amerikanische Architekt Robert Trent Jones sen. in Spanien geplant und realisiert hat. Er entwarf ihn, als er auf dem Höhepunkt seiner Karriere stand. Las Brisas dokumentiert auf meisterhafte Weise jene Platzarchitektur, die Trent Jones berühmt gemacht hat: riesige, an strategischen Stellen eingepaßte Sandbunker, gigantische Wasserhindernisse im Bereich der Landezonen von Drives und ondulierte Grüns, die verschiedenartige, meist äußerst schwierige Fahnenpositionen aufweisen. Daß diese Platzgestaltung auch ihre Kritiker gefunden hat, soll nicht unerwähnt bleiben. Unbestritten aber ist die Fähigkeit, die natürlichen Gegebenheiten eines Geländes perfekt in die Spieldramaturgie einzubauen.

Letzteres ist vielleicht der einzige Punkt, der an Las Brisas zu kritisieren ist, nämlich, daß der Parcours, im Vergleich zu anderen Trent Jones-Plätzen, zu künstlich wirkt. Er hat nicht den natürlichen Charme der Plätze von Sotogrande. Wenn man aber eine technisch ausgesprochen anspruchsvolle und die Spielintelligenz fordernde Platzkonzeption zu schätzen weiß, dann muß man von Las Brisas einfach überwältigt sein.

In Las Brisas wurden bereits bedeutende Wettbewerbe ausgetragen, die den weltweiten Bekanntheitsgrad des Platzes gefördert haben. 1973, nur fünf Jahre nach der Eröffnung, war die Anlage Schauplatz des World Cups, einem Meisterschaftswettkampf der wichtigsten Golfnationen. Jack Nicklaus und Johnny Miller, beide damals auf dem Höhepunkt ihrer Golfkarriere, trugen den Sieg für die USA davon. Die beiden Amerikaner bezeichneten es als Vorteil, auf einem Trent Jones-Platz spielen zu können, mit dessen spieltechnischen Eigenheiten sie – im Gegensatz zu den teilnehmenden Europäern – bereits bestens vertraut waren. Miller gelang zudem ein phantastischer Platzrekord. Mit einer 65er-Runde unterbot er bei Par 72 den Platzstandard um sieben Schläge.

Las Brisas ähnelt einem gepflegten, subtropisch-mediterranen Park. Olivenbäume und Palmen säumen die Spielbahnen. Die Sierra Blanca und die Bergkette von La Concha geben einen grandiosen Hintergrund ab.

Mit zehn Par-4-, vier Par-3- und vier Par-5-Löchern ist der Meisterschaftsplatz klassisch ausgelegt, allerdings weicht die Aufteilung in Par 37 für die Hinrunde und Par 35 für die zweiten neun Löcher ein wenig von der gängigen Konzeption ab. Auf drei der vier Par-5-Löcher trifft der Golfer bereits bei den ersten Neun, was mit dazu beiträgt, daß sich die Hinrunde etwas schwieriger als die Rückrunde gestaltet.

Das Startloch, ein 365 Meter langes Par 4, stimmt hervorragend auf diesen Trent Jones-Platz ein. Der Drive zielt auf den dritten Fairwaybunker nahe einer augenfälligen Palme. Wer sicher gehen will, plaziert den zweiten Schlag kurz vor dem markanten gelben Stein, um dann das Grün anzugreifen.

Das 2. Loch, ein 385 Meter langes Par 4, ist ein nach rechts abknickendes Dogleg. In Drivehöhe liegen auf der linken Seite des Fairways zwei riesige Bunker, zur Rechten ein Wasserhindernis und die Ausgrenze, welche die gesamte Spielbahn begleitet. Ist der Drive mitten zwischen die zwei stattlichen Palmen geglückt, so kann der Versuch unternommen werden, das erhöhte Grün mit einem langen Schlag zu attackieren.

Der zweite Schlag am 6. Loch, einem 350 Meter langen Par 4, ist deshalb so schwierig, weil er auf dem Weg zur Fahne ein Wasserhindernis überwinden muß. Die Qualität des Drive entscheidet über die Schlägerwahl und den zweiten Spielzug.

Das 8. Loch, ein Par 5 mit 461 Metern Distanz, wird rechtsseitig über die gesamte Länge von Wasser begleitet. Um ein gutes Score zu sichern, sollte das Fairway unbedingt links auf die Baumgruppe zu bespielt werden. Ist der zweite Stroke nahe der Felsen plaziert, steht dem dritten Schlag zum Grün kaum etwas im Wege.

Generell ist festzustellen, daß die Par-5-Löcher auf Las Brisas so angelegt sind, daß zwei exakte Fairwayhölzer dem guten Golfer Birdiechancen eröffnen. Der Durchschnittsgolfer dürfte jedoch glücklich sein, mit dem dritten Schlag nicht in einem Bunker oder Wasserhindernis zu liegen.

Das 9. Loch, ein weiteres Par 4, fordert dem Golfer noch einmal strategisches Denken ab, bevor er sich eine »Halbzeitpause« gönnen darf. Der Drive sollte leicht rechts des am linken Fairwayrand gelegenen Hügels plaziert werden. Der zweite Schlag muß, will man das nach links abknickende Dogleg problemlos meistern, unbedingt auf die Baumgruppe zielen. Achtung, hinter dem Green verläuft die Ausgrenze!

Nach fünf Par-4-Löchern, drei Par-5-Löchern und einem Par-3-Loch der ersten halben Runde darf man sich auf das 11. Loch, ein 190 Meter langes Par 3, freuen. Es gilt als eines der schönsten Par-3-Löcher Europas. Wasser und Bunker »pflastern« den Weg zur Fahne.

Das 12. Loch, ein Par 5 mit 468 Metern, knickt extrem nach links ab. Fordert das Dogleg bereits ein gerüttelt Maß an Spielstrategie, so wird das Spiel noch durch ein Wasserhindernis, das die Spielbahn auf ganzer Länge linksseitig begleitet, erschwert. Der Durchschnittsgolfer hat durchaus die Chance, mit drei Schlägen das Green zu erreichen: Nach dem Drive linker Hand des rechtsseitig gelegenen Bunkers folgt ein zweiter Schlag auf die fünf großen Bäume zu. Der dritte Schlag ist dann relativ problemlos über die Bunker hinweg im Zentrum des Grüns zu plazieren.

Wer allerdings das Grün mit dem zweiten Schlag attackieren will, muß ein langes Eisen oder ein Fairwayholz nicht nur carry über das Wasser schlagen, sondern auch die beiden gewaltigen Greenbunker meiden, die bei der sicheren Variante – ein Pitch nach zwei soliden Schlägen – nicht ins Spiel eingreifen.

Die drei Schlußlöcher von Las Brisas fordern dem Spieler noch einmal sein ganzes Können ab: Ein 205 Meter langes Par 3, dessen Green von einem linker Hand ins Fairway eingreifenden Wasserhindernis gesichert wird, hat bei Gegenwind bereits eine Reihe wohlklingender Namen zur Verzweiflung gebracht. Das 17. Loch, ein Dogleg nach rechts, hat seine besonderen Tücken. Das mit 295 Metern vergleichsweise kurze Par 4 erfordert wegen seiner Bunker und seines das Grün vom Fairway abschnürenden Wasserhindernisses einen ungeheuer präzisen zweiten Schlag. Das Schlußloch, Par 4 mit 365 Metern Distanz, ist bergauf zu spielen. Nach einem Drive in Höhe von zwei rechtsseitig gelegenen Bunkern sollte für den zweiten Schlag unbedingt die Hütte vor dem Clubhaus angesprochen werden. Bei einem Slice läuft man Gefahr, die zur Rechten verlaufende Ausgrenze zu touchieren. Wer auf Birdiechancen hofft, der sollte unbedingt mit einem langen Drive eröffnen.

Das Golferlebnis auf Las Brisas, einem Platz der Sonderklasse, findet seinen würdigen Abschluß in der gepflegten Atmosphäre des feinen Clubhauses. Wer dann immer noch nicht voll der Freude und müde in den Beinen ist, dem sei das Spiel auf dem nahen Schwesterplatz Los Naranjos empfohlen. Trotz seiner Länge von 6484 Metern ist dieser Platz einfacher zu spielen, denn der psychische Druck, den die Präsenz der vielen Wasserlöcher von Las Brisas ausübt, wird hier stark reduziert. Wasser ist die Ausnahme auf Los Naranjos. Zudem sind die Grüns ebener, treuer und besser zu putten. Aber Länge und Bewuchs verleihen diesem Platz seinen starken Reiz. Von den mit Orangenbäumen gesäumten Fairways sind die Par-4-Löcher 1 und 15 besonders hervorzuheben. Sie messen jeweils über 400 Meter Länge!

Die ondulierten Grüns – im Bild: das Green des 3. Loches – erlauben schwierige Fahnenpositionen.

## Nueva Andalucia

Club de Golf Las Brisas
Apartado Correos 147
E-29660 Nueva Andalucia (Malaga)
Tel. (52) 81 08 75 / 81 55 18

## Platz-Charakteristik

Die gesamte Golfanlage hat zwei 18-Löcher-Plätze: Las Brisas mit 6198 Metern (Par 72) und Los Naranjos mit 6484 Metern (Par 72) Meisterschaftslänge. Von den Herrenabschlägen beträgt die Länge 5886 bzw. 6033 Meter, von den Damenabschlägen 5150 bzw. 5143 Meter.

## Fairways

Die Fairways sind gepflegt, flach, teilweise breit und voller Hindernisse. Zwölf von ihnen sind als mehr oder weniger ausgeprägte Doglegs ausgelegt. Der Platz verfügt über ein Par 37 auf den ersten neun Löchern, Par 35 auf den zweiten neun Löchern. Die verwendeten Grasarten sind Bermuda und Pencross.

## Rough

Roughs im herkömmlichen Sinne fehlen.

## Bunker

Die insgesamt 72 Bunker sind flach und mit Sand aus den Marmorsteinbrüchen der Umgebung gefüllt.

## Wasser

Auf dem Platz gibt es sieben Wasserhindernisse, die zum Teil recht groß sind. Beim 2. Loch liegt das Wasserhindernis in Drive-Distanz, bei den Löchern 6, 12, 16 und 17 vor den Greens.

## Sonstige Hindernisse

Verschiedene Baumarten, vor allem Olivenbäume und Palmen, säumen an vielen Stellen die Spielbahnen.

## Greens

Die Grüns sind größtenteils wellig, wenig treu und sehr schnell. Der Pflegezustand ist vorbildlich. Durch die Schrägneigung einiger Grüns wird das präzise Putten sehr erschwert. Es gibt kein Wintergrün.

## Club

Der Club hat zur Zeit 1250 Mitglieder, die täglich zwischen 8.00–12.30 Uhr ausschließlich für sich Spielrecht reserviert haben. Las Brisas hat ein eigenes Clubhaus. Es ist klimatisiert und bietet alle Serviceeinrichtungen. Sowohl im Clubhaus als auch auf der Runde werden Erfrischungen angeboten (keine Kreditkarten).

## Pro-Shop

Der Pro-Shop ist sehr gut sortiert. Hier kann man sich einen Schlägersatz ausleihen.

## Caddie-Service

Es gibt zehn Caddies, die den Golfer gerne begleiten. Man kann aber auch einen der 20 Elektrocarts oder einen Trolley ausleihen.

## Driving Range

Sie liegt 25 Meter vom Clubhaus entfernt und hat 55 Übungsplätze. Es gibt vier Übungsbunker, ein Pitching-und zwei Putting-Greens. Drei Lehrer erteilen auf Anfrage Unterricht. Die Range steht ausschließlich Golfern, die Greenfee bezahlt haben, und Mitgliedern zur Verfügung.

## Veranstaltungen

1973 und 1989 wurde auf Las Brisas der World-Cup ausgetragen. Zudem war die Anlage Schauplatz der Spanish Open 1970, 1983 und 1987, der Internationalen Amateurmeisterschaften und der Europameisterschaften der Senioren 1988.

## Saison

Man kann Las Brisas ganzjährig bespielen. Die beste Spielzeit, von 8.00 bis 12.30 Uhr, ist für Mitglieder reserviert. Zwischen Weihnachten und Mitte Januar ist der Platz für Gäste gesperrt.

## Tip

Auf Las Brisas beträgt das notwendige Handicap 36. Es wird ein Nachweis verlangt. Um eine Abschlagszeit zu bekommen, muß man einen Tag vorher per Telefon oder Telefax reservieren.

Las Brisas – Championship Course

| Loch | Länge | Par | Loch | Länge | Par |
|---|---|---|---|---|---|
| 1 | 365 | 4 | 10 | 368 | 4 |
| 2 | 385 | 4 | 11 | 190 | 3 |
| 3 | 451 | 5 | 12 | 468 | 5 |
| 4 | 185 | 3 | 13 | 350 | 4 |
| 5 | 530 | 5 | 14 | 360 | 4 |
| 6 | 350 | 4 | 15 | 390 | 4 |
| 7 | 155 | 3 | 16 | 205 | 3 |
| 8 | 461 | 5 | 17 | 295 | 4 |
| 9 | 325 | 4 | 18 | 365 | 4 |
| Total | 3207 | 37 | Total | 2991 | 35 |
| | | | Insgesamt | 6198 | 72 |

Oben: Riesige Sandbunker erschweren das Grünanspiel auf Los Olivos, einem der beiden 18-Löcher-Plätze von Mijas. Im Bildhintergrund: das 9. Grün von Los Lagos.

Unten links: Zu den Besonderheiten des Clubhauses zählen die Sonnenterrasse und das Schwimmbecken.

Unten rechts: Das Clubhaus war zuerst als Provisorium gedacht, wurde dann aber von Mitgliedern und Gästen liebgewonnen.

SPANIEN

# Mijas

Costa del Golf: Nirgendwo in Europa ist die Golfplatzdichte größer als an der Costa del Sol. Zwischen Malaga und Gibraltar, auf einer Strecke von 125 Kilometern, reiht sich Golfanlage an Golfanlage, sind 16 Plätze mit insgesamt 279 Löchern spielbereit, weitere 13 Plätze mit 216 Löchern im Bau. Eine Flutlicht-Golfanlage und ein erster Seve Ballesteros-Platz setzen dem einzigartigen Angebot die vorläufige Krone auf. Eines der eher beschaulichen Golfparadiese, fernab von Schikkimicki, landschaftlich und golferisch aber äußerst reizvoll ist die 36-Löcher-Anlage von Mijas. Vor den Toren des Ferienzentrums Fuengirola in den hügeligen Ausläufern der Sierra de Mijas gelegen, setzt diese Anlage seit 1976 ausschließlich auf Gäste aus aller Welt. Da ist Los Lagos mit Fairways, die an Landebahnen für Großraumflugzeuge erinnern,

mit langgestreckten, hellgelben Sandbunkern, prächtigen Libanonzedern und jenen teuflischen Wasserhindernissen, die ihm den Namen gaben.
Obwohl Los Olivos rund 500 Meter kürzer als Los Lagos ist, gilt er als der schwierigere von beiden Plätzen. Sein Bestand alter Olivenbäume gestaltet das Spiel variantenreich. Seine Spielbahnen sind enger und bewegter, die Grüns hängender, vielfach gestuft und erhöht plaziert. Was Los Lagos fehlt, hier tritt es markant ins Spiel: Rauhes mediterranes Gestrüpp über Felsgestein säumt und gliedert zum Teil die Spielbahnen.
Beide Plätze sind von Anlage und Ausstattung her verschiedenartig. Sie ergänzen sich aber zu einem perfekten Golfvergnügen, daß im ländlich-einfachen Clubhaus einen hervorragenden Abschluß findet. Die Anlage wird durch das großzügig angelegte Hotel Byblos Andaluz dominiert; malerische Gebäude, First Class-Ausstattung, prächtige Gärten und freundlicher Service bieten Entspannung und Erholung. Schnell wird man sich bewußt: Mijas ist mehr als einen Besuch wert.

Im Hintergrund des 12. Grüns von Los Lagos ist das »neue« Mijas zu sehen.

»Vorsicht Wasser« heißt die Devise am 5. Loch des zweiten Kurses, der den aussagekräftigen Namen Los Lagos trägt.

SPANIEN

# Mijas

Seit vielen Jahren eilt der Costa del Sol der Ruf voraus, das Winter-Eldorado europäischer Golfer zu sein. Während andernorts Fairways und Grüns unter einer dichten Schneedecke ihren Winterschlaf halten, wird hier Golfvergnügen in seiner feinsten Form geboten. Allerdings werden an diesem spanischen Küstenstreifen in jüngster Zeit wunderschöne Plätze verkauft und privatisiert oder aber als Mitgliederplätze angelegt. Beispielhaft dafür stehen Valderrama und der Marbella Golf and Country Club.

Anders in Mijas. Hier ist die Golfwelt noch in Ordnung, hier warten 36 interessante Löcher ausschließlich auf Gäste, sind Startzeiten die Ausnahme. Letztere werden jedoch immer dann, wenn erforderlich, im Gegensatz zu anderen Plätzen genau eingehalten.

Die von Robert Trent Jones 1975 bzw. 1984 entworfenen, äußerst gepflegten Plätze bestechen sowohl durch ihr reizvolles landschaftliches Erscheinungsbild als auch durch die ihnen innewohnende sportliche Herausforderung, die sie an ihre Gäste stellen.

Nichts wurde in Mijas dem Zufall überlassen, sieht man vom Clubhaus ab. Der eher bescheidene Gebäudekomplex in andalusischem Stil scheint auf den ersten Blick überhaupt nicht zu den großzügig angelegten Plätzen zu passen. Ursprünglich war das Hauptgebäude, eine ehemalige Finca, als Provisorium in Betrieb genommen worden. Das kleine Haus mit seiner gemütlichen Atmosphäre gefiel den Gästen jedoch so gut, daß man sich zu seinem Ausbau entschloß. Heute beherbergt der Komplex das Clubsekretariat, ein kleines Restaurant mit einer ebenso preiswerten wie ausgezeichneten Küche, Aufenthalts- und Umkleideräume, Duschen und einen gut sortierten Pro-Shop. Einziger Makel ist der von Gebäuden und Garten umgebene Pool, der bereits seit mehreren Jahren ohne Wasser ist.

Doch zurück zu den Plätzen. Trent Jones entschied sich bei der Wahl der für die Fairways zu verwendenden Grassorte für Bermudagras. Dieses Gras, das resistent ist und besondere Eignung für heiß-trockene Klimaregionen zeigt, bietet ohne großen Einsatz von Wasser ganzjährig ein grünes Golfvergnügen.

Auf die typischen Trent Jones-Bunker, jene langgestreckten, teilweise in Schlangenlinien verlaufenden Gebilde mit ihrer markanten Kante, stößt man auf beiden Plätzen ohne Unterlaß, auf Los Lagos häufiger als auf Los Olivos. Und Trent Jones blieb auch in Mijas seiner Devise »Kein Golfplatz ohne Wasser« treu. So erwarten auf Los Lagos an sechs Löchern künstliche Teiche fehlgeschlagene Bälle. Auf Los Olivos drohen von zwei großen Wasserhindernissen Ballverluste.

Wem Bunker und Wasserhindernisse nicht genügend Herausforderung sind, der darf sein spielerisches Können an Oliven- und Feigenbäumen, Agrumen und Libanonzedern, dem Markenzeichen von Los Lagos, messen. Die Bäume säumen die Spielbahnen von Los Lagos, durchsetzen und gliedern die Fairways von Los Olivos markant. Während Rough auf Los Lagos fehlt, tritt es auf Los Olivos als mit Thymian, Rosmarin, Ginster und Disteln durchsetztes mediterranes Gestrüpp ins Spiel. Rough säumt zum Teil die Spielbahnen oder löst die sich als makellose, sanft bewegte grüne Bänder dahinziehenden Fairways auf.

Wir spielen Los Lagos, den älteren der beiden Plätze mit Platzstandard 71. Um ihn wirkungsvoll in Angriff nehmen zu können, sollte man vor allem im Sommer gut ausgeruht sein. Hierfür empfiehlt es sich, Quartier im luxuriösen, wenige Meter vom 1. Abschlag entfernt gelegenen Hotel Byblos Andaluz zu nehmen. Nach einer Nacht in einer der fein eingerichteten Suiten und dem kräftigenden Golfer-Frühstück, das die reichhaltige Karte besonders ausweist, fühlt man sich in der Lage, die ganze Golfwelt aus den Angeln zu heben.

Wer sich einschlagen will, der nimmt den Weg zur Driving Range oder dem Putting Green nahe dem Starterhäuschen. Nach einem Eimer Übungsbälle geht es zum 1. Tee. Die beste Tee-off-Zeit ist vor 9.00 Uhr. Danach herrscht bis etwa 13.00 Uhr, zumindest in der Zeit von Mitte September bis in den März hinein, »Rush-Hour« auf dem Platz.

Konzentration wird vom 1. Abschlag an verlangt; denn das 524 Meter lange, nach links abknickende Dogleg, ein Par 5, erfordert einen gut plazierten Drive, soll der Ball nicht in den großen Sandbunkern landen, die in der »Kniekehle« des Hundebeins liegen. Bereits das erste der im Frühherbst 1989 aufwendig instandgesetzten Grüns macht exemplarisch deutlich, was für alle Grüns von Los Lagos gilt: Sie sind groß und schnell, teils wellig und vereinzelt gestuft, stets aber treu. Ihr sorgfältiges Lesen kann maßgeblich zu einem guten Score beitragen.

Nach dem kurzen 2. Loch, einem 158 Meter langen Par 3, macht das nachfolgende 3. Loch nur demjenigen Schwierigkeiten, der seinen hügelabwärts geführten Drive nicht den direkten Weg zur Fahne nehmen läßt; denn dann gilt es, das Grün rechts- und linksseitig verteidigende Bunker geschickt zu überspielen. Ein zu beherzt geführter Schlag kann Ballverlust im hinter dem Grün gelegenen Wasserhindernis bedeuten.

Das 4. Fairway, ein 392 Meter langes Dogleg nach rechts, ist breit. Gefahr droht jedoch all jenen Spielern, die aus der Euphorie über die sich vor ihnen ausbreitende »Landebahn« die das Grün sichernden Bunker leichtfertig übersehen. Die Hoffnung auf ein gutes Score versandet dann im Vorgrün.

Das 5. Loch, mit 571 Metern das längste Loch von Los Lagos, hat es wahrlich in sich. Der von einem erhöhten Tee geschlagene Drive muß so plaziert werden, daß er die endlos langen Kettenbunker, die das leicht hängende Fairway linksseitig säumen, ignoriert. Der zweite Schlag sollte möglichst nahe jener Engstellen der Spielbahn aufkommen, die durch eine Mauer auf der linken und ein großes Wasserhindernis auf der rechten Seite gestaltet wird.

Das 6. Loch kann von sicheren Golfern auf dem kürzesten Weg, über das rechter Hand des Abschlages sich erstreckende Wasserhindernis, angespielt werden. Anfängern sei empfohlen, zum Wohle eines vernünftigen Scores das nach rechts abknickende Hundebein überlegt auszukosten.

Das 8. Loch, ein Par 3 von 206 Metern Länge, ist nahe am Wasser gebaut. Hat man mit dem Drive den unmittelbar vor dem Abschlag gelegenen Teich überspielt und die Distanz zum Grün überwunden, so sollte der Schlag möglichst im vorderen Drittel des Kurzgeschorenen aufkommen. Anderenfalls besteht die große Gefahr, daß der Ball in das linker Hand gelegene Wasserhindernis abrollt. Rechts dagegen lauern Bunker.

Das 9. Loch, ein Par 4, verläuft parallel zu der den Platz querenden Straße. Es knickt auf Drive-Höhe nach links ab. Lassen Sie sich nicht verleiten, das durch Bäume markierte Knie zu eng anzuspielen; denn sonst laufen Sie Gefahr, Ihr Sandeisen in Aktion treten zu lassen.

Am Starterhäuschen, jenseits der Straße, werden Erfrischungsgetränke angeboten. Gerade in den Sommermonaten stiftet eine kurze Unterbrechung neue Kraft für die zweiten neun Löcher. Das 10. Loch ist 412 Meter lang. Ein hügelabwärts geschlagener, gut geführter Drive rollt, wenn flach gehalten, auf dem breiten Fairway weit aus. Er erlaubt es, mit einem zweiten Schlag das Grün anzuspielen.

Am 11. Loch hat der Abschlag ein Wasserhindernis und zur Grünverteidigung geschickt plazierte Bunker zu überwinden, soll das 180 Meter lange Par-3-Loch erfolgreich abgeschlossen werden. Trifft der Ball in Grünnähe zu weit rechts auf, so rollt er unweigerlich in den nahen Teich ab. Das 12. Loch ist weitgehend mit dem 10. Loch identisch, muß jedoch bergauf gespielt werden, was die Schlägerwahl maßgeblich beeinflußt.

Dem zweiten Schlag am bergab verlaufenden, schnurgeraden 13. Loch, einem 528 Meter langen Par 5, droht dann Gefahr, wenn er als Hook oder Slice in Nähe der beiderseits das Fairway säumenden, langgestreckten Wasserhindernisse niederkommt. Ballverlust und Strafschlag sind unweigerlich die Folge. Nach dem feuchten Trauma bieten die nachfolgenden Löcher eher Erholung. Das 14. Loch, ein Par 4 mit 334 Metern Distanz, wird mit dem zweiten Schlag zumeist aus einer Lage angespielt, die nur begrenzten Blick auf das Grün gewährt. Eine konsequente Orientierung des Schlages an der Fahnenspitze ist Garant dafür, daß die sandige Grünverteidigung erfolgreich umgangen werden kann.

Hat man die sich vor dem blauen Himmel markant abzeichnenden Libanonzedern und bunten Fahnen vor Augen, dann sind nur noch die letzten beiden Spielbahnen zu meistern. Die Aussicht auf erquickende Getränke und schmackhafte Speisen im Clubhaus sollte Sie jedoch keineswegs dazu verleiten, auf den letzten Metern leichtfertig zu spielen. Denn jede Platzrunde hat erst am 18. Loch ihr Ende – auch im Golfparadies Mijas an der Costa del Sol.

## Platz-Charakteristik

Der Campo de Golf de Mijas verfügt über zwei Plätze: Los Lagos, der ältere von beiden, hat, bei Par 71, 6348 Meter Länge, Los Olivos eine Länge von 5896 Metern bei Platzstandard 72.

## Fairways

Los Lagos verfügt über breite, offene Spielbahnen, die teils steigen, teils fallen, häufig aber auch hängen. Die Fairways 1, 4, 5, 6, 7, 9 und 14 sind mehr oder weniger stark ausgeprägte Doglegs. Der Pflegezustand aller Fairways ist hervorragend. Selbst in den heißen Sommermonaten sind sie, dank eines ausgezeichneten Bewässerungssystems, grün.

## Rough

Rough ist fast nicht vorhanden.

## Bunker

In für Trent Jones typischer Manier sind die vielen Bunker strategisch gut in Drive-Distanz und als Grünverteidigung plaziert. Generell flach, langgestreckt und fest, sind sie teilweise zu in Schlangenlinien verlaufenden Kettenbunkern angeordnet.

## Wasser

Der Platz heißt nicht von ungefähr Los Lagos. Die großen Wasserhindernisse sind so geschickt integriert worden, daß sie jeweils an mehreren Löchern ins Spiel treten.

## Sonstige Hindernisse

Von den Zedern, Apfelsinen- und Feigenbäumen sowie kleinen Ziergehölzen, welche die Fairways säumen, geht nur wenig Gefahr aus.

## Greens

Die Grüns sind generell groß, wellig und vereinzelt gestuft bei hervorragendem Pflegezustand. Sie wurden im Frühherbst 1989 zum großen Teil neu belegt.

## Club

Los Lagos ist wie sein Schwesterplatz ein reiner Gästeplatz. Vor dem ländlich-einfachen Clubhaus mit Aufenthaltsräumen, Umkleidemöglichkeiten, Clubsekretariat und Pro-Shop befindet sich ein großer Parkplatz. Im Restaurant und auf dessen sonnengeschützter Terrasse werden Speisen und Getränke serviert, deren Preis-Leistungsverhältnis stimmt. Getränke werden überdies am Starterhäuschen angeboten.

## Pro-Shop

Der 1988 vergrößerte Pro-Shop ist bestens sortiert. Er bietet ein breites Spektrum internationaler Marken. Wer Schläger leihen möchte, kann das hier tun. Der Pro-Shop nimmt auch die Vermietung von Trolleys vor.

PRO SHOP PRO SHOP PRO SHOP

## Caddie-Service

Caddies stehen für beide Plätze nicht zur Verfügung.

## Driving Range

Der Campo de Golf de Mijas weiß, was er seinen Gästen schuldig ist. Hier kann die Driving Range genutzt werden, ohne daß Greenfee entrichtet worden ist. Unweit des Clubhauses kann man sich auf einem großzügig angelegten Übungsplatz einschlagen, Pitch und Putt üben. Pro Juan Rosa und seine Mitarbeiter stehen gerne für Trainingsstunden bereit. Reservierungen sollten jedoch rechtzeitig im voraus erfolgen.

## Mijas

Mijas Golf Internacional
Ctra. Vieja de Coin
Apartado 145
Fuengirola (Malaga)
Spanien
Tel. (52) 47 68 43

## Veranstaltungen

Die Clubverantwortlichen unter Rafael Romero richten häufig und mit großem Geschick Turniere für ihre Gäste aus.

## Saison

In den Monaten Oktober bis April herrscht Hochsaison auf der Anlage, danach wird es deutlich ruhiger. Die peak Tee-off-time liegt zwischen 9.00 und 13.00 Uhr.

## Tip

Vor allem in den heißen Sommermonaten empfiehlt es sich, früh oder aber erst spät auf die Runde zu gehen. Wer spät geht, hat den Vorteil, daß er in den Genuß eines reduzierten Greenfee gelangt, beim Twilight-Golfing. Während der Spitzenzeiten ist es ratsam, Startzeiten zu buchen.

Los Lagos – Championship Course

| Loch | Länge | Par | Loch | Länge | Par |
|---|---|---|---|---|---|
| 1 | 524 | 5 | 10 | 412 | 4 |
| 2 | 158 | 3 | 11 | 180 | 3 |
| 3 | 343 | 4 | 12 | 349 | 4 |
| 4 | 392 | 4 | 13 | 528 | 5 |
| 5 | 571 | 5 | 14 | 334 | 4 |
| 6 | 391 | 4 | 15 | 167 | 3 |
| 7 | 383 | 4 | 16 | 370 | 4 |
| 8 | 206 | 3 | 17 | 346 | 4 |
| 9 | 357 | 4 | 18 | 337 | 4 |
| Total | 3325 | 36 | Total | 3023 | 35 |
| | | | Insgesamt | 6348 | 71 |

Oben: das 7. Loch des Pink Course, ein Par 4 von 363 Metern Länge, dient zugleich als 9. Loch des Green Course.

Unten links: Bar und Terrasse des modernen Clubhauses, das nach einer längeren Renovierungsphase in neuem Glanz erstrahlt.

Unten rechts: Einer der drei Swimming Pools.

SPANIEN

# El Prat

Seit einigen Jahren sind Spaniens Golfer aus der internationalen Golfelite nicht mehr wegzudenken. Namen wie José-Maria Canizares, José-Maria Olazabal, Manuel Pinero, José Rivero und natürlich Severiano Ballesteros bürgen bei allen größeren Turnieren für eine spannungsgeladene Atmosphäre. Um so mehr erstaunt es, daß im Heimatland dieser großen Spieler der Golfsport noch ein relativ mageres Dasein fristet. Nur 90 000 Golfer folgen in Spanien dem kleinen weißen Ball, in Clubs, die zum großen Teil von einem sehr elitären Flair umgeben sind. – Der Real Club de Golf El Prat ist einer der renommierten Golfclubs Spaniens und zudem einer der ältesten im Nordosten des Landes. Südlich der katalanischen Hauptstadt Barcelona im Vorort El Prat de Llobregat gelegen, bietet er 36 Löcher an, die verschiedenartig

Die gut gepflegten Grüns zeichnen sich durch ihre Schnelligkeit aus. Im Bild: das 7. Grün des Pink Course.

miteinander kombiniert werden können. Ob es sich nun um den reizvollen Pink Course, den Blue Course, Yellow Course oder Green Course handelt, der Golfer kommt stets auf seine Rechnung. Worin liegt nun aber die besondere Ausstrahlung, die der »königliche Golfclub« Barcelonas sowohl von seinen Mitgliedern als auch von seinen Gästen immer wieder attestiert bekommt? Liegt sie in den variantenreich gestalteten Löchern, die der spanische Golfplatz-Architekt Javier Arana mit genialer Hand in die Dünen gezaubert hat, oder in den samtweichen Fairways, die teilweise von großen Pinien mit ihren pilzköpfigen Kronen eingefaßt sind? Ist es das majestätische Clubhaus, das Gäste zum Verweilen und zum Wiederkommen animiert? Oder aber die reizvolle Lage am Mittelmeer? Die Antwort bleibt dem Gast überlassen. Schon die Würde, mit der die einheitlich gekleideten Angestellten des noblen Clubs ihrer Arbeit nachgehen, läßt erkennen, daß es hier als Privileg angesehen wird, dem Wohl von Mitgliedern und Gästen Sorge tragen zu dürfen. Nobel ist auch das breitgefächerte, im Greenfee enthaltene Angebot. Wer »socio por un dia«, Mitglied für einen Tag, ist, kann wählen zwischen unbegrenztem Golfvergnügen, einem Badenachmittag am clubeigenen Swimming Pool oder einem gemütlichen Après-Golf auf der großen Sonnenterrasse.

SPANIEN

# El Prat

Unsicherheit befällt den Gast, der erstmals auf dem Weg zum Club ist, folgt er der schlecht ausgebauten Straße entlang dem Flughafen. Selbst wenn er dann den im Süden Barcelonas gelegenen, wenig reizvollen Vorort El Prat de Llobregat erreicht, kann er noch immer nicht glauben, auf dem richtigen Weg zum »Königlichen Golfplatz« zu sein. Wenn dann linker Hand der Campingplatz passiert ist, ändert sich jedoch mit einem Mal das Landschaftsbild. Zahllose Pinien und Palmen tun sich dem Blick des Gastes auf – und inmitten der Baumgruppen liegt der Golfplatz.

Die Eröffnung der Anlage, in der heute die wohlhabenden Barcelonesen Mitglieder sind, geht auf das Jahr 1954 zurück. Auf den ersten Blick mag der vom spanischen Golfplatz-Architekten Javier Arana angelegte Platz sehr flach erscheinen, doch kann bekanntlich auch ein erster Eindruck trügen, wie der Golfer rasch feststellen wird. Seit kurzem liegen 36 Löcher auf dem clubeigenen Areal. Sie lassen sich zum Pink Course (5804 Meter), Green Course (5947 Meter), Yellow Course (5873 Meter) oder Blue Course (5935 Meter) kombinieren. Der Green Course weist Par 73 auf, für die übrigen drei Plätze gibt die Scorekarte Par 72 vor.

Obwohl er mit Abstand der kürzeste der vier Parcours ist, gilt der Pink Course als besonders reizvoll. Dichter Baumbestand schirmt ihn wirkungsvoll von den anderen Kursen ab. Die Pink-Runde beginnt zwar mit zwei relativ leichten »Aufwärmlöchern«, doch spätestens am 3. Abschlag wird es dann ernst. Mehrere Löcher verlaufen entlang der Küste, wodurch natürlich der Wind einen großen Einfluß auf das Spielgeschehen ausüben kann. Ein kleiner Hinweis zur oftmals nicht leichten Schlägerwahl: Normalerweise kommen die erfrischenden Meeresbrisen aus Südosten, so daß sie die Spielbahnen parallel zur Küste queren.

Am 3. Loch des Pink Course, einem Par 3 von 156 Metern Länge, ist wie an den folgenden Löchern auf den Meereswind zu achten, der gewöhnlich aus Südosten weht.

Die Front-Nine des Pink Course sind um rund 400 Meter kürzer als die Back-Nine. Kurz vor Ende der Runde stößt der Golfer auch auf die beiden herausragenden Löcher dieses Kurses. Das 14. Loch, ein 391 Meter langes Par 4, erfordert einen langen zweiten Schlag, soll er das Grün erreichen. Das längste Loch liegt am 15. Abschlag vor dem Spieler: 490 Meter heißt es hier bis zum Grün zu überwinden, allerdings wartet das Par-5-Loch mit keinem Wasser- oder Sandhindernis auf.

Sein architektonisches Können stellte der Architekt, der zum Beispiel auch El Saler in der Nähe von Valencia aus der Taufe hob, besonders bei der Plazierung der Sandhindernisse unter Beweis. Zwar erscheint die Zahl von 57 Bunkern für den Pink, Yellow und Green Course auf den ersten Blick relativ gering, doch verstand es Arana, die teilweise überdimensionalen Sandhindernisse genau an die richtigen Stellen zu legen. Auch die Wasserhindernisse, die an den Par-3- und Par-4-Löchern 3, 6, 8 und 11 ins Spiel treten, sind meisterlich plaziert. Wenn sie die Bälle des mittelmäßigen Spielers auch weniger gefährden, so verlangen sie doch den Champions ein gehöriges Maß an Präzision ab, wollen sie ihren Ball nicht im feuchten Element verlieren. Diese Gefahr droht vor allem, wenn der Greenkeeper die Fahnen weit hinten auf den großen, welligen Grüns plaziert hat.

Daß El Prat ein wahrer Meisterschaftsplatz ist, stellte über viele Jahre hinweg Roman Taya unter Beweis. Das Aushängeschild spanischen Amateur-Golfsports der siebziger Jahre erlernte auf El Prat die hohe Kunst des Golfschwungs. Seit seiner Heirat mit der Französin Marie-Laure de Lorenzi-Taya gibt sich das Golf-Ehepaar immer wieder gern ein Stelldichein in El Prat. Unter den aufmerksamen Augen ihres Ehemanns absolviert die Siegerin der Europäischen Ladies-Tour 1988 dann ihr Trainingsprogramm auf der großzügig angelegten Driving Range. Erfolgreich, wie die Plazierungen der europäischen Top-Spielerin immer wieder belegen.

Die Vorrangstellung El Prats im spanischen Golf wird stets dann evident, wenn es seitens des Verbandes an die Vergabe hochrangiger Turniere der European Tour geht. Bereits zwei Jahre nach seiner Fertigstellung war El Prat 1956 erstmals Ausrichter der Spanish Open, denen in den Jahren 1959, 1963, 1971, 1978 und 1981 fünf weitere folgten. Darüber hinaus war El Prat von 1983 bis 1986 Ausrichter der Sanyo Open Championships, die 1988 von der Barcelona Open abgelöst wurden. Alle europäischen Spitzenspieler gaben sich in El Prat ein Stelldichein, wie die Turnier-Siegerlisten verraten. Besonders stolz ist man seitens der 2300 Mitglieder natürlich auf die Siege »ihres« Severiano Ballesteros anläßlich der Spanish Open 1981 und der Sanyo Open 1985, die der Weltranglisten-Erste mit 273 beziehungsweise 272 Schlägen gewann. Diese Rekorde konnten bisher von keinem anderen Spieler unterboten werden. Nur José-Maria Olazabal kam seinem großen Landsmann 1986 bei der Sanyo Open mit 273 Schlägen am nächsten.

Seit 1990 kann der Golfer zwischen vier verschiedenen Parcours wählen.

Ein einziger Wermutstropfen hängt über dem Golfvergnügen. Der nahegelegene Flughafen garantiert zwar eine nur kurze Anfahrtzeit, dafür trägt er aber auch über den ganzen Tag hinweg den Lärm landender und startender Flugzeuge herüber. Gäste sind in El Prat unter der Woche willkommen, wenngleich es ratsam ist, sich rechtzeitig im voraus anzumelden. An den Wochenenden möchten die Mitglieder lieber unter sich bleiben. Sie dulden daher keine Gastspieler. Die ideale Kombination für Gäste: Unter der Woche auf dem schönsten der spanischen Großstadtplätze spielen und am Wochenende auf einem der Touristenplätze in der näheren Umgebung sein golferisches Können unter Beweis stellen!

Ein großer, nach amerikanischem Vorbild angelegter Bunker verteidigt wirkungsvoll das 13. Grün des Pink Course.

## Platz-Charakteristik

El Prat verfügt über 36 Löcher, die unterschiedlich miteinander kombiniert werden können. Der Pink Course ist von den Championship-Tees aus 5804 Meter lang, der Blue Course 5935 Meter und der Yellow Course 5873 Meter, alle drei haben Par 72. Der Green Course, ein Par-73-Parcours, ist von den Meisterschaftsabschlägen 5947 Meter lang.

## Fairways

El Prats Spielbahnen sind sehr großzügig angelegt. Die Schwierigkeit besteht daher hauptsächlich darin, den zahlreichen Bunkern aus dem Weg zu gehen. Die Löcher 5, 7, 14 und 18 des Pink Course sind als Doglegs gestaltet. Mit vier Par-5-, zehn Par-4- und vier Par-3-Löchern folgt dieser Parcours dem klassischen Layout.

## Rough

Entlang der Spielbahnen findet man so gut wie gar kein Rough vor.

## Bunker

Große, nach amerikanischem Vorbild angelegte Bunker befinden sich an allen strategisch wichtigen Stellen des Platzes.

## Wasser

Auf Wasserhindernisse stößt man am 3., 6., 8. und 11. Loch des Pink Course, an den meisten Löchern des Blue Course, am 3., 5. bis 9., 12., 14., 15. und 16. Loch des Yellow Course und am 3., 5., 8. und 13. Loch des Green Course.

## Sonstige Hindernisse

Vereinzelt findet man auf und neben den Fairways breitfächrige Pinien und Palmen, denen aus dem Weg gegangen werden sollte.

## Greens

Die Grüns befinden sich in gutem Pflegezustand. Sie sind relativ groß und zeichnen sich durch hohe Schnelligkeit aus.

## Club

El Prat ist ein nobler Privatclub mit 2300 Mitgliedern. Das moderne Clubhaus, das erst kürzlich nach einer längeren Renovierungsphase wieder eröffnet wurde, bietet neben Bar, Karten- und Fernsehzimmer, Kindergarten und einem großen Innenhof auch drei Pools zum Abkühlen nach der Runde. Gäste sind willkommen.

## Pro-Shop

Im gut sortierten Pro-Shop ist alles erhältlich, was für die Golfrunde benötigt wird. Hier können auch Schlägersätze gemietet werden.

PRO SHOP PRO SHOP

## Caddie-Service

Rund 20 Caddies stehen nach Vorbestellung bereit. Elektrocarts und Trolleys können gemietet werden.

## Driving Range

Die Übungswiese befindet sich 100 Meter vom Clubhaus entfernt. Neben zahlreichen Übungsplätzen findet man ein Putting- und ein Pitching-Grün sowie einen Übungsbunker. Fünfzehn Pros erteilen Unterricht.

## Veranstaltungen

Regelmäßig finden hochrangige Turniere der European Tour statt, wie beispielsweise die Spanish oder die Barcelona Open.

## El Prat

Real Club de Golf El Prat
Prat de Llobregat
Apartado 10
E-08820 El Prat de Llobregat
(Barcelona)
Tel. (3) 3 79 02 78

## Saison

Die beste Jahreszeit für einen Besuch in El Prat ist in den Monaten Februar bis April beziehungsweise Oktober und November. Im Sommer empfiehlt es sich aufgrund der heißen Temperaturen, früh morgens an den Start zu gehen.

## Tip

Abschlagzeiten können am gleichen Tag im Club reserviert werden. Am besten ist es, in der Mittagszeit zu spielen, wenn fast alle Spanier beim Essen sind.

Pink Course – Championship Course

| Loch | Länge | Par | Loch | Länge | Par |
|---|---|---|---|---|---|
| 1 | 349 | 4 | 10 | 449 | 5 |
| 2 | 249 | 4 | 11 | 146 | 3 |
| 3 | 146 | 3 | 12 | 444 | 5 |
| 4 | 281 | 4 | 13 | 316 | 4 |
| 5 | 358 | 4 | 14 | 391 | 4 |
| 6 | 188 | 3 | 15 | 490 | 5 |
| 7 | 350 | 4 | 16 | 378 | 4 |
| 8 | 329 | 4 | 17 | 155 | 3 |
| 9 | 438 | 5 | 18 | 347 | 4 |
| Total | 2688 | 35 | Total | 3116 | 37 |
| | | | Insgesamt | 5804 | 72 |

Die 36-Löcher-Anlage von La Manga – im Bild: das großartige Panorama des Südkurses – war bis 1989 Austragungsort der PGA-Qualifikationsschule.

SPANIEN

# La Manga

Der La Manga Club liegt knapp eine Autostunde südlich von Alicante nahe der Stadt Cartagena. Sein 6 Millionen Quadratmeter großes Areal erstreckt sich an der Fußzone einer Landzunge, die das Mar Menor, eine 164 Quadratkilometer große Lagune, vom Mittelmeer trennt. Der Küstenabschnitt trägt den Namen Costa Calida (warme Küste) zu Recht: Mehr als 3000 Sonnenstunden jährlich verleihen diesem Fleckchen Erde beste Voraussetzungen für eine ganzjährige Urlaubssaison. Das Paradies namens La Manga hat 36 Löcher. Das amerikanische Magazin Golf Monthly zählt es zu den 25 weltbesten Golfurlaubszielen. Die Anlage ist nach dem Vorbild amerikanischer Holiday Resorts konzipiert und entwickelt. Golf ist hier zwar die Hauptsache, aber bei weitem nicht alles. So fordern auch Tennis, Pelota, Schwimmen, Tauchen,

Segeln, Surfen und Reiten den sportlichen Aktivurlauber heraus. Wer aber nur die phantastische Anlage mit ihrer subtropischen Vegetation, den Agrumen- und Pinienhainen, den mehr als 3000 Palmen, der Blütenpracht von Oleander, Bougainvilleas, den exotischen Blumen und Gärten genießen will, wer nur an den mehr als 2 Kilometer langen Clubstränden sonnenbaden, sich den Gaumenfreuden, die Küche und Keller der zahlreichen hervorragenden Clubrestaurants bieten, ergeben will, der fühlt sich im La Manga Club sehr schnell zuhause! Die Clubidee wird in La Manga konsequent eingelöst. Der ganze Komplex ist streng bewacht, ein Betreten des Geländes nur mit Clubausweis möglich. Clubbedienstete tragen für die Sicherheit und für ungestörte Urlaubsfreuden der Clubgäste Sorge. Das mutet nicht von ungefähr britisch an; es war der renommierte englische Architekt Eric Blakemore, der diesen Luxusclub geschaffen hat. Auf den Gast wartet indessen ein Leckerbissen besonderer Art. Der La Manga Golf Club vereint in sich zwei landschaftlich äußerst reizvolle, spieltechnisch jedoch unterschiedlich anspruchsvolle 18-Loch-Plätze, die je nach Handicap und Tagesform bespielt werden können.

Am 18. Loch des Südkurses, einem Par 5 von 464 Metern Länge, erinnert sich jeder Golfer gerne an den spektakulären Sieg, den Arnold Palmer hier 1975 anläßlich der Spanish Open gewann.

Die mit Stroh gedeckten kleinen Hütten, wie hier am 10. Loch des Südkurses, sind ein beliebter Treffpunkt.

SPANIEN

# La Manga

Mit einer Größe von 6 Millionen Quadratmetern ist der La Manga Club nicht nur das größte geschlossene Ferienparadies Spaniens, sondern auch des gesamten Mittelmeerraumes.

Bereits das große Clubhaus mit seinem modernen, gediegenen Interieur läßt den Gast rasch den Berufsalltag vergessen. Ein Blick von der Terrasse über die gesamte Anlage bis hinüber zum Mar Menar rundet den überwältigenden ersten Eindruck ab und bestätigt ihn: Alles ist supergepflegt, von hohem Standard und mit viel konzeptioneller Überlegung realisiert worden.

Angesichts der sattgrünen Fairways und der Blütenpracht fällt es dem Gast schwer, sich vorzustellen, daß dieser Landstrich vor kaum zwei Jahrzehnten mehr einer Wüste als jener Oase glich, die heute Urlaubsgenuß verheißt. Einem ausgefeilten Bewässerungssystem ist das üppige Grün zu verdanken, das durch mehrere 100 Kilometer Rohrleitung gespeist wird. Den Planungen von Eric Blakemore und Robert D. Putman sowie dem finanziellen Engagement von European Ferries und der Peninsular and Oriental Steam Navigation Company ist vor allem das üppige Grün oberhalb des Ortes Los Belones zu verdanken. Wenn auch das Programmangebot nicht nur Golfvergnügen auf 36 Meisterschaftsbahnen, sondern auch eine Vielzahl anderer Sportarten umfaßt, so stehen die beiden Championship-Golfplätze nicht nur wegen ihres Platzbedarfes im Mittelpunkt des Interesses, sondern auch wegen der phantastischen Kombination aus Landschaftsgestaltung und spieltechnischer Herausforderung. Mit ihnen setzte sich Robert D. Putman ein Denkmal.

Auf dem Weg zu den ersten Abschlägen begegnet man gelegentlich Manuel Ballesteros und häufig Vicente Ballesteros. Beide sind Brüder von Severiano Ballesteros, dem weltbesten Golfprofi der achtziger Jahre. Während Manuel nach einer erfolgreichen Spielerkarriere den Posten des Clubmanagers von La Manga übernommen hat, arbeitet Vicente als Teaching Pro im Club. Severiano findet von Zeit zu Zeit den Weg in den Club, zu Familientreffen, um sich in seiner prächtigen Villa nahe des 18. Grüns vom internationalen Turnierstreß zu erholen oder um seine berühmte Golf Clinic abzuhalten.

Während der Nordkurs einen Platzstandard von 71 aufweist, liegt der Platzstandard des Südkurses bei 72. Letzterer wird von den Clubverantwortlichen als der deutlich schwierigere von beiden eingestuft. Zum einen, weil er mit 6238 Metern Meisterschaftslänge um rund 400 Meter länger ist als sein nördlicher »Bruder«, zum anderen, weil er die Mehrzahl der insgesamt 14 Wasserlöcher auf sich vereint.

Der Südkurs bietet sich nur solchen Golfern an, die eine Vorgabe von 21 (Herren) bzw. 28 (Damen) nachwei-

Moderne Kunst repräsentieren der metallische Golfer wie der Baustil des zur Clubanlage gehörenden Vier-Sterne-Hotels.

sen können. Wenn auch die Mehrzahl der Spielbahnen flach sind, so tragen doch einige den natürlichen landschaftlichen Gegebenheiten Rechnung, beispielsweise das leicht bergauf führende, 391 Meter lange 4. Fairway, das mit einem schwierig anzuspielenden Grün endet, oder das 9. Loch, ein 541 Meter langes Par 5. Die meisten Fairways verlaufen gerade. Nur die Löcher 3, 11, 13 und 18 knicken als Doglegs sanft nach links ab. Die Löcher 1, 2, 10, 14, 15 und 18 werden von einem tiefen, spielstrategisch geschickt angelegten Graben gequert, die Löcher 2 und 15 davon linksseitig, die Löcher 1 und 3 davon rechtsseitig begleitet. Dieser Graben, gepaart mit den teilweise großen Wasserlöchern und den hervorragend plazierten Bunkern, fordert dem Golfer permanent neue, aus der individuellen Spielsituation erwachsende Überlegungen ab, die jedoch leider nur zu oft Theorie bleiben. Das 18. Loch läßt das Herz eines jeden Golfers höher schlagen. Das Clubhaus im Blick, erinnert er sich gerne an den Sieg Arnold Palmers auf diesem 464 Meter langen Par 5 während der Spanish Open von 1975!

Der Nordkurs zeichnet konsequenter als der Südkurs die natürlichen landschaftlichen Gegebenheiten nach. Er ist von hügeliger und abwechslungsreicher Gestalt. Und weniger windgeschützt, was sich besonders bei Gegenwind bei den auf das Mar Menor zulaufenden Par 5-Löchern bemerkbar macht. Fairways zeigen Gefälle, wie das 4. Loch, ein 200 Meter langes Par 3, das in einem verhältnismäßig kleinen Grün endet, oder steigen an, wie das 6. Loch, ein Par 5, dessen welliges Grün höher liegt. Besondere Aufmerksamkeit verlangt das 2. Loch. Sein Fairway ist nur 119 Meter lang, jedoch recht eng. Die Löcher 3, 6, 13, 14, 15, 17 und 18 knicken leicht ab, stellen aber den Spieler vor keine allzu große Aufgabe. Anders die Gräben, die an den Löchern 3, 4, 5, 6, 7, 9, 10, 13, 14 und 18 ins Spielgeschehen eingreifen.

Für beide Plätze gilt, daß die Roughs recht kurz gehalten sind, daß die Fairways zumeist von hohen Palmen gesäumt oder durch diese voneinander getrennt werden, daß durchschnittlich vier meist flache, aber große Bunker pro Spielbahn Gefahr in sich bergen, und daß die Grüns nach amerikanischem Vorbild generell groß, teilweise wellig angelegt sind. Angesichts der 14 spieltechnisch gut plazierten Seen und Teiche ist die Zahl derer, die eine Golfrunde ohne Ballverlust beenden können, relativ gering. Zu den Spielern, die sich im La Manga Club sicherlich über eine »trockene« Runde gefreut haben, gehören Neil Coles, Jerry Heard, Arnold Palmer, Eddie Polland und Bernard Callacher. Ihnen gelang es, sich hier in die Siegerlisten der Spanish Open während der Jahre 1973 bis 1977 einzutragen. Besonders der Sieg »Arnie« Palmers erfüllte die Verantwortlichen mit Freude. Wer kann schließlich schon einen vierfachen US-Masters-Champion und zweifachen British Open-Sieger auf dem Kontinent in seiner Siegerliste ausweisen?

Besonderes Lob verdient der hervorragende Pflegezustand beider Plätze; ein Lob, das auf den ganzen La Manga Club übertragen werden kann.

## Platz-Charakteristik

La Manga verfügt über zwei 18-Löcher-Meisterschaftsanlagen. Der Südkurs hat bei Par 72 für die Herren eine Länge von 5925 Metern und für die Damen von 5517 Metern. Der Nordkurs mißt für Herren 5573 Meter und für Damen 5167 Meter bei Par 71. Die Championship-Längen betragen 6238 beziehungsweise 5873 Meter.

## Fairways

Die Fairways des Nordkurses sind hügeliger als die des Südkurses. Beide Plätze haben nur wenige, zumeist schwach abknickende Doglegs. Der Südkurs hat vier Par-5-, zehn Par-4- und vier Par-3-Löcher, der Nordkurs vier Par-5-, neun Par-4- und fünf Par-3-Löcher.

## Rough

Nur wenig, gewöhnlich flaches Rough behindert das Spiel.

## Bunker

Durchschnittlich vier Sandhindernisse treten pro Loch ins Spiel. Plaziert sind die großen, jedoch flachen Bunker in der Mehrzahl auf Drivehöhe und rund um die Grüns, die sie wirkungsvoll verteidigen.

## Wasser

Auf dem Südkurs liegen die meisten der insgesamt 14 Wasserhindernisse. Die Fairways 1, 2, 10, 14, 15 und 18 des Südkurses und die Fairways 3, 4, 5, 6, 7, 9, 10 und 18 des Nordkurses werden von einem Graben gequert.

## Sonstige Hindernisse

Zahlreiche hohe Palmen säumen die Spielbahnen oder grenzen die Fairways gegeneinander ab.

## Greens

Alle Grüns sind sehr großzügig angelegt, groß und aufgrund ihrer zahlreichen Wellen sehr schwer zu lesen. Die Grüns des Südkurses gelten als treuer und schneller als die des Nordkurses.

## Club

Der La Manga Club, in dem Gäste jederzeit willkommen sind, bietet neben Golf noch zahlreiche andere Sportarten an. So stehen für den Gast 13 Tennisplätze, 2 Pelota-Courts, ein Reitzentrum, ein Bowling-Green, ein Crocket-Rasen und Möglichkeiten zum Windsurfen, Segeln und Tauchen bereit.

## Pro-Shop

Im Pro-Shop findet man ein breitgefächertes Angebot, das allen Ansprüchen gerecht wird. Hier kann man auch einen Schlägersatz mieten.

## Caddie-Service

Caddies stehen in genügender Zahl bereit. Trolleys und Elektrocarts können gemietet werden.

## Driving Range

Die großzügig angelegte Übungswiese liegt etwa 200 Meter vom Clubhaus entfernt. Mit einem Übungsbunker, einem Chipping-Grün und einem großen Putting-Grün lädt sie zum Trainieren ein. Mehrere Pros erteilen Unterricht.

## La Manga

La Manga Campo de Golf
Los Belones
Cartagena (Murcia)
Tel. (68) 56 45 11

## Veranstaltungen

In den Jahren 1973 bis 1977 war La Mangas Südkurs Austragungsort der Spanish Open. Seit 1980 findet alljährlich Anfang Dezember auf beiden Plätzen die Qualifikation zur European Tour statt.

## Saison

Der Platz ist ganzjährig bespielbar. In der Zeit von Oktober bis April herrscht Hochsaison.

## Tip

Während der Qualifikation zur European Tour sind jedes Jahr Anfang Dezember beide Plätze für eine Woche gesperrt.

South Course – Championship Course

| Loch | Länge | Par | Loch | Länge | Par |
|---|---|---|---|---|---|
| 1 | 355 | 4 | 10 | 341 | 4 |
| 2 | 346 | 4 | 11 | 355 | 4 |
| 3 | 473 | 5 | 12 | 128 | 3 |
| 4 | 391 | 4 | 13 | 496 | 5 |
| 5 | 209 | 3 | 14 | 328 | 4 |
| 6 | 359 | 4 | 15 | 396 | 4 |
| 7 | 369 | 4 | 16 | 309 | 4 |
| 8 | 191 | 3 | 17 | 187 | 3 |
| 9 | 541 | 5 | 18 | 464 | 5 |
| Total | 3234 | 36 | Total | 3004 | 36 |
| | | | Insgesamt | 6238 | 72 |

Oben: In neuem Glanz erstrahlt das kürzlich restaurierte Penina Golf Hotel. Im Vordergrund: das 10. Tee.

Unten links: Nach einer Golfrunde können sich die Hotelgäste im riesigen Swimming Pool erfrischen.

Unten rechts: In der Nähe des Hotels liegt das eifrig benutzte Putting-Grün.

PORTUGAL

# Penina

**Beim Anflug auf den portugiesischen Küsten-Flughafen Faro erkennt man bereits deutlich, warum sich Portugal in den vergangenen Jahren einen Namen im Golfsport gemacht hat: Sandbunker und Grüns heben sich, Augen gleich, von der kargen Küstenlandschaft ab. Die Küsten- beziehungsweise küstennahen Golfplätze Vilamoura I und II, Vale de Lobo, Palmares, Parque da Floresta, Penina San Lorenzo und Quinta do Lago ziehen vor allem alljährlich in den Frühlings-, Herbst- und Wintermonaten Tausende von Gästen an. Kaum jemand weiß, daß die Geschichte des Golfsports in Portugal eng mit dem Golfclub Penina verbunden ist. Denn hier, im Westen der Algarve, etwa 40 Kilometer von Faro entfernt, trifft der Golfer auf den ältesten Platz des Landes – und den besten dazu, wie stolz nicht nur der**

Als besonders schwierig gilt das 13. Loch, an dem ein seitliches Wasserhindernis rechter Hand vom Abschlag bis zum Grün verläuft.

Von der Abendsonne rot gefärbt ist das 18. Loch des Meisterschaftsplatzes. Im Hintergrund: das von Bäumen abgeschirmte Hotel.

Clubsekretär zu berichten weiß. Der Name Henry Cottons, des Grandseigneurs unter den Golfplatz-Architekten, ist dabei mit Penina ebenso eng verbunden wie der von Old Tom Morris mit dem berühmten Prestwick-Kurs in Nordwestschottland. Als Henry Cotton 1966 mit der Planung des Platzes beauftragt wurde, war dieses gleichzeitig die Geburtsstunde des Golfsports in Portugal und des Golftourismus an der Algarve. Aber auch für Cotton selbst blieben die Planungs- und Bauarbeiten nicht ohne Auswirkungen: Der Engländer verliebte sich in das unweit des Golfplatzes gelegene Fischerdörfchen Portimão und verbrachte zusammen mit seiner Frau Toots in Penina den Lebensabend. Wenn auch heute einige Golfspieler dem eleganten Flair von Quinta do Lago und dem landschaftlichen Reiz von Vale do Lobo den Vorzug geben, so hat die 36-Löcher-Anlage in Penina doch über die Jahre hinweg ihre Beliebtheit und herausragende Stellung im portugiesischen Golfsport bewahrt.

Henry Cotton, British Open-Sieger der Jahre 1934, 1937 und 1948, schuf sich mit Penina nach einer langen, erfolgreichen Spielerkarriere sein Denkmal als Platzarchitekt. So bekommt der Gast auf dem 36-Löcher-Golfplatz mit seinen zahlreichen Wasser- und Sandhindernissen wirklich nur wenig Gelegenheit zu Verschnaufpausen. Es erfordert schon ein Höchstmaß an Konzentration, will man dem Greenfee nicht noch Ausgaben für Bälle hinzu addieren.

Henry Cotton begnügte sich zunächst mit dem Bau von 18 Löchern, die Anfang der achtziger Jahre durch Dave Thomas um weitere 18 Löcher ergänzt wurden. Parallel zum Ausbau des Platzes wurden Verbesserungsarbeiten am »alten« Course vorgenommen. Der stärker werdende Wettbewerb mit den anderen neuen Golfplätzen an der Algarve um zahlungskräftige Gäste war dabei ausschlaggebend für die Entscheidung der Clubverantwortlichen, Penina den wachsenden Ansprüchen des Golftourismus anzupassen.

Das Gelände, das Henry Cotton 1966 vorfand, war baumlos und flach. Es hatte lange dem Reisanbau gedient. Cotton, bekanntlich kein Freund von halben Sachen, strukturierte die landschaftlichen Gegebenheiten von Grund auf um: 360 000 Bäume wurden angepflanzt und so in die Anlage integriert, daß heute an vielen Stellen die inzwischen bis zu 15 Meter hohen Bäume die Fairways zweiteilen. Eukalyptus-, Orangen- und Zitronenbäume hüllen das Golfparadies in wunderbare Düfte.

PORTUGAL

# Penina

Voll des Lobes über Cottons architektonische Meisterleistung zeigen sich seit mehr als 20 Jahren nicht nur die unzähligen Greenfee-Gäste, sondern auch die fünf Portugal Open-Sieger, die in der bisher 35jährigen Geschichte dieser Meisterschaft in Penina gekürt wurden: Juan Benito 1973, Hal Underwood 1975, Mike Ramos 1977, Howard Clark 1978 und Sam Torrance 1982. Im Jahre 1976 war Penina Austragungsort der Weltmeisterschaften der Amateure.

Peninas Championship-Kurs gehört heute ohne große Einschränkungen zu den anspruchsvollsten Plätzen Europas. Seine zahlreichen Wasserhindernisse und seine Distanzen – neun Par-4-Löcher mit Längen bis zu 449 Metern – stellen hohe Anforderungen an den Golfer. Darüber hinaus beschert das Rough am Rande der Fairways, das aus dichtem Gestrüpp besteht, spieltechnische Probleme. Bei den Gästen rufen die bis zu 90 Meter langen Abschlagsflächen immer wieder Bewunderung und Begeisterung hervor. Zwischen den vier verschiedenen Abschlagsmarkierungen pro Loch liegen teilweise erhebliche Distanzen, die vor allem an den Doglegs erst einmal verkraftet werden müssen. Ein langer Drive spielt nämlich an den meisten Löchern in Penina eine entscheidende Rolle. Vor allem an den

Für Penina charakteristisch sind flache, von Bäumen gesäumte Fairways. Im Bild: die 14. Spielbahn.

Kühlen Kopf in der heißen Sonne Südspaniens bewahrt dieser Spieler mit seiner Kopfbedeckung, die im Sommer jedermann anzuraten ist.

Doglegs kann durchaus einmal ein 220-Meter-Abschlag gefordert sein, um beim zweiten Schlag freie Bahn zum Grün zu haben. Dieser Situation sieht sich der Spieler bereits am 2. Loch, einem Par 4 von 384 Metern, gegenüber. Zunächst gilt es, den Abschlag möglichst präzise zu plazieren, will man das Inselgrün attackieren. Nur wenigen Spielern gelingt es, dieses rundum von Wasser gesicherte Grün mit zwei Schlägen zu erreichen. Viele Spieler entscheiden sich angesichts der drohenden Gefahr, die vom Wasser ausgeht, zumeist dafür, den zweiten Schlag vor das Wasser zu spielen. Der kurze Pitch auf das nicht sonderlich große Grün ist dann immer noch schwer genug!

20000 Bälle sind nach Angaben des Caddie-Masters, der nicht nur über die Startzeiten, sondern auch über alle anderen Geschehnisse auf Peninas Fairways genauestens Buch führt, bisher am 13. Loch, der wasserreichsten Bahn des Platzes, verlorengegangen. Nicht nur, daß hier mit dem Drive ein breiter Bach zu überspielen ist, sondern es gilt auch, einem weiteren, die Spielbahn säumenden Rinnsal geschickt aus dem Weg zu gehen. Auf der anderen Seite erwarten den Ball wohlgepflegte Villengärten – von weißen Pfählen eindeutig als »Out of bounds« deklariert. Diesen Markierungen zum Trotz wird den Anrainern oft ein rascher Besuch abgestattet. Da die Bewohner der Villen größtenteils selbst Golfenthusiasten sind, empfangen sie den in ihren Garten eingedrungenen Gast zumeist nicht nur mit großer Toleranz, sondern auch mit ein paar tröstenden Worten und dem freundlichen Hinweis, gelegentlich mal wieder Peninas großzügig angelegte Driving Range zu frequentieren.

Eine für das Score entscheidende Rolle spielen die Grüns. Seit der Clubgründung von Greenkeeper Antonio Henriques liebevoll gepflegt, stellen die großen und schnellen Grüns die Nerven der Spieler auf eine harte Probe. Der amerikanische Weltklassespieler Doug Sanders bescheinigte Peninas Grüns, die besten Europas zu sein. Wenn man berücksichtigt, daß Sanders seit seinem verschobenen Einmeter-Siegesputt bei der British Open 1971 auf Europas Grüns nicht mehr sonderlich gut zu sprechen ist, dann spricht dieses Kompliment eindeutig für Penina. Auch andere Spitzenspieler haben mit positiven Aussagen zu Peninas Kurzgeschorenem nicht gegeizt.

Belastet wird die Umsetzung golferischer Ambitionen in Penina nicht nur durch die schwer zu lesenden Grüns, sondern häufig auch durch den starken Küstenwind, der die Schlägerwahl an manchen Löchern zu einer Lotterie werden läßt. So zum Beispiel am 5. Loch, einem Par 5 von 463 Metern Länge. Je nach Windrichtung und -stärke ist hier der dritte Schlag entweder mit der Wedge oder aber mit einem langen Eisen auszuführen. Es erübrigt sich, darauf hinzuweisen, daß auch an diesem Dogleg ein Bach das Fairway quert.

Will man den landschaftlichen Reiz der Anlage bewerten, so wird die Runde in Penina am 18. Loch gekrönt. Die Bahn führt schnurgerade auf das prachtvolle Hotel, das gleichzeitig als Clubhaus dient, zu. Dahinter erheben sich die Hügel der Monchique: ein herrlicher Abschluß der Runde.

Penina heißt Gäste an 365 Tagen des Jahres herzlich willkommen. Die Golfsaison liegt in der Zeit von Oktober bis April. Danach verlangen hochsommerliche Temperaturen ein hohes Maß an Kondition, will man die 18 Löcher mit einem guten Score bewältigen. Die Clubturniere, die sich über das Jahr verteilen, stehen generell auch Hotelgästen offen.

## Platz-Charakteristik

Penina verfügt über einen 18-Löcher-Meisterschaftsplatz mit einer Länge von 6439 Metern bei Par 73 (South Course). Darüber hinaus stehen den Gästen die beiden Kurzplätze Monchique (9 Löcher, Par 35, 2987 Meter für Herren, 2630 Meter für Damen) und Quinta (9 Löcher, Par 31, 1851 Meter) zur Verfügung. Der Meisterschaftsplatz und der Monchique-Parcours gelten im Gegensatz zum Quinta-Kurs als schwer.

## Fairways

Penina ist durch flache, von zahllosen Bäumen gesäumte Fairways, die mit einer Mischung aus Bermudagras und Agrostis bepflanzt sind, gekennzeichnet. Wasser- und Sandhindernisse sind an allen strategisch wichtigen Stellen zu finden. Die Löcher 5, 9, 10 und 11 sind als ausgeprägte Doglegs gestaltet. Mit fünf Par-5-, neun Par-4- und vier Par-3-Löchern weicht der Meisterschaftsplatz vom klassischen Layout ab.

## Rough

Der Golfer findet häufig dichtes Gestrüpp am Rande der Fairways vor.

## Bunker

Die 81 Sandhindernisse des Meisterschaftsplatzes sind generell groß, doch nicht sehr tief. Der Sand stammt vom nahen Strand von Portimão.

## Wasser

An 5 Löchern des Meisterschaftsplatzes und an je 2 Löchern der anderen beiden Kurse treten Bäche und künstliche Seen ins Spiel. Darüber hinaus gibt es zahlreiche Gräben.

## Sonstige Hindernisse

Hohe Bäume, vorrangig Eukalyptus, Agrumen und Hibiskus, säumen die Fairways.

## Greens

Peninas großzügig angelegte Grüns aus Bentgras zeichnen sich durch Treue und Schnelligkeit aus. Obwohl es keine Stufengrüns gibt, fordert das richtige Lesen der kurzgeschorenen Flächen die ganze Aufmerksamkeit des Spielers.

## Club

Penina ist ein Mitgliederclub, der Gäste jederzeit willkommen heißt (ca. 60 000 Greenfee-Spieler jährlich). Das Penina Golf Hotel, das auch als Clubhaus dient, umfaßt eine große Sonnenterrasse mit Blick auf den Golfplatz, ein Bowling-Green und einen Crocket-Rasen, Tennisplätze und ein Schwimmbecken. Für das leibliche Wohl sorgen zwei Restaurants, ein Imbißstand und drei Bars.

## Pro-Shop

Der Pro-Shop führt eine kleine, doch sehr gute Auswahl. Hier können auch Schlägersätze gemietet werden.

PRO SHOP PRO SHOP PRO SHOP

## Caddie-Service

Caddies stehen, im Gegensatz zu Trolleys und Elektrocarts, nicht zur Verfügung.

## Driving Range

Die Übungswiese für 64 Spieler liegt 300 Meter vom Hotel entfernt. Übungsbunker, ein Pitching Ground sowie drei Putting-Grüns warten auf die Trainingswilligen. Auch Gäste sind zugelassen.

## Penina

Penina Golf Hotel
P. O. Box 146
P-8502 Portimão Codex
Tel. (082) 41 54 15.

## Veranstaltungen

Penina war Austragungsort der Amateur-Weltmeisterschaften 1976 und der Portugal Open 1973, 1975, 1977, 1978 und 1982. Clubturniere, an denen Hotelgäste teilnehmen können, finden das ganze Jahr über statt.

## Saison

Die Algarve zeichnet sich durch warmes Klima aus. Um der größten Hitze zu entgehen, sollte man den Besuch in die Monate Oktober bis Mai legen.

## Tip

Eine vorherige Anmeldung ist empfehlenswert, will man keine langen Wartezeiten hinnehmen.

South Course – Championship Course

| Loch | Länge | Par | Loch | Länge | Par |
|---|---|---|---|---|---|
| 1 | 411 | 4 | 10 | 500 | 5 |
| 2 | 401 | 4 | 11 | 491 | 5 |
| 3 | 301 | 4 | 12 | 397 | 4 |
| 4 | 375 | 4 | 13 | 208 | 3 |
| 5 | 463 | 5 | 14 | 394 | 4 |
| 6 | 186 | 3 | 15 | 318 | 4 |
| 7 | 299 | 4 | 16 | 210 | 3 |
| 8 | 180 | 3 | 17 | 450 | 5 |
| 9 | 405 | 4 | 18 | 450 | 5 |
| Total | 3021 | 35 | Total | 3418 | 38 |
| | | | Insgesamt | 6439 | 73 |

Das 2. Loch des Orange Course, ein Par 4 von 417 Metern, zählt zu den attraktivsten Löchern der Golfanlage am Atlantik.

PORTUGAL

# Vale do Lobo

Fachleute sind sich einig: Portugals Algarve entwickelt sich immer mehr zur Hochburg europäischen Golfsports. Galt das Sonnenparadies bis vor wenigen Jahren hauptsächlich noch als Reiseziel Nummer eins englischer Golftouristen, so ist die Algarve zwischenzeitlich auch unter Deutschen und Franzosen längst kein Geheimtip mehr. Acht Plätze erfüllen dort derzeit alle Golf-Urlaubsträume – im Laufe der nächsten zwei Jahre sollen weitere sieben Plätze hinzukommen. Eines der golferischen Schmuckstücke der Küste ist unumstritten der Golfclub Vale do Lobo, 15 Autominuten von Faro entfernt. 27 variantenreich angelegte Löcher erwarten im zweitältesten Club der Algarve den Gast. Wenn auch die Geburtsstunde des Platzes bereits 20 Jahre zurückliegt, so wurde Vale do Lobo jedoch erst zu einem wohlklingenden Begriff

Blick zurück auf das Tee des 7. Loches, das vom Atlantik immer mehr bedroht wird.

innerhalb der portugiesischen Golflandschaft, nachdem er vom Holländer Sander van Gelder 1977 erworben worden war. Als Architekt zeichnete seinerzeit Henry Cotton, der einige Jahre zuvor bereits den 40 Kilometer entfernt gelegenen Penina-Platz entworfen hatte, verantwortlich. Die 27 Löcher im Tal des Wolfes sind auf jeweils drei 9-Loch-Courses (Orange, Yellow und Green) verteilt und können in drei Variationen gespielt werden. Die weichen, sehr engen Fairways sind teilweise auf beiden Seiten von Bäumen, in Ausnahmefällen auch von Privatgrundstücken, gesäumt. Höchste Attraktion genießt der gelbe Kurs mit dem berühmten 7. Loch, dem meistfotografierten Fairway Europas. Der Reiz des Abschlages an diesem Par-3-Loch wird einerseits durch den rund 30 Meter weiter unten hoch aufschäumenden Atlantik, andererseits durch zwei tiefe Schluchten, die auf dem Weg zu dem 218 Meter entfernt liegenden Grün lauern, begründet. Mit dem tosenden Atlantik zur Linken, Auge in Auge mit den beiden Schluchten und deren zerklüfteten, rotbraunen Felswänden, die zum Grün hinweisen, das wie aus dem Nichts am Rande des Unmöglichen auftaucht, ist dieses Loch wirklich ein einzigartiges Golf-Erlebnis. Durch die von Wind und Wasser bedingte Erosion verändert sich das Gelände ständig. Aus diesem Grund beabsichtigen die Clubverantwortlichen, das Grün nach rechts hin abzusenken, mit dem Ziel, das Par 3 in ein Par 4 zu verwandeln. Doch auch die 26 übrigen Bahnen überzeugen durch ihre spektakulären Ausblicke, ihren Variantenreichtum und durch eine große sportliche Herausforderung.

PORTUGAL

# Vale do Lobo

Vor 20 Jahren gab es hier, wo heute 27 Meisterschaftsbahnen die Küstenlandschaft bereichern, ausschließlich steile Hänge, unzählige Kiefern-, Feigen-, Oliven- und Orangenbäume und spärlichen Grasbewuchs. Henry Cotton, weit über die Grenzen Portugals hinaus als Erbauer des Meisterschaftsplatzes in Penina bekannt, legte den Meisterschaftsplatz von Vale do Lobo an, der heute in Europa seinesgleichen sucht. Dabei beschränkte sich der dreimalige British Open-Sieger zunächst auf 18 Löcher, die er in perfekter Weise in das vorgegebene Landschaftsbild einpaßte. Erst 1972, als die 18 Bahnen dem Ansturm der jährlich 40 000 Gäste nicht mehr standhielten, wurde ein neuer Parcours über neun Löcher eröffnet. 1977 schließlich wurde der holländische Geschäftsmann Sander van Gelder auf Vale do Lobo aufmerksam. Kurzerhand kaufte er das riesige Areal – und arbeitete in der Folgezeit konsequent daran, den Platz zur Nummer Eins Portugals zu machen. Van Gelder hat zweifelsohne sein Ziel erreicht, denn derzeit trägt sich der Club angesichts des Ansturms von Greenfee-Spielern mit weiteren Expansionsabsichten. Allerdings werden weitere neun Löcher noch einige Zeit auf sich warten lassen, da es dem Club noch nicht gelungen ist, das notwendige Areal zu erwerben.

Zahlreiche Prominente halten Vale do Lobo seit vielen Jahren die Treue. So bespielen unter anderem der spanische König Juan Carlos, die niederländische Prinzessin Margarethe, die Sänger Cliff Richard, Elton John und Bobby Charlton während der Hauptsaison den gepflegten Rasen. Doch auch weniger bekannte Zeitgenossen sind in Vale do Lobo gerngesehene Gäste, wenngleich man seitens des Clubs keinen Hehl daraus macht, daß der tagtägliche Spielbetrieb schon wieder an der Kapazitätsgrenze angelangt ist. Es empfiehlt sich daher, bereits frühzeitig Startzeiten zu reservieren. Die Horrormeldungen, daß in Vale do Lobo Startzeiten bis zu einem Jahr im voraus vergeben werden, treffen aber keineswegs zu!

Wer an Vale do Lobo denkt, dem fällt sicherlich zunächst das bereits erwähnte 7. Loch des gelben Kurses ein. Allerdings bereitet gerade diese Spielbahn den Clubverantwortlichen große Sorgen. Denn Wind und See nagen heftig an dem roten Sandsteinfelsen. Der Strand vor dem 7. Tee ist besorgniserregend schmal geworden. Die Zerklüftung und Auswaschung der beiden Schluchten schreiten immer rascher voran! Es steht zu befürchten, daß die spektakuläre Sieben in naher Zukunft ganz den Naturgewalten zum Opfer fallen wird.

Um so tröstlicher ist es daher zu wissen, daß auch einige der anderen Löcher die 10 Kilometer lange Anfahrt von Faro mehr als wert sind. Besonders der orangefarbene Kurs, dessen Spielbahnen größtenteils parallel zum Atlantik verlaufen oder auf das Meer ausgerichtet sind, lassen die rege Bau-

Direkt vor dem Clubhaus liegt das großzügige Putting-Grün.

Das berühmte 7. Loch auf dem Yellow Course, ein Par 3, gilt als einzigartiges Erlebnis für Golfer jeder Spielstärke. Zwischen Abschlag und Grün liegen zwei tiefe Schluchten.

tätigkeit am anderen Rande der Fairways schnell vergessen. Villen, zum großen Teil hinter gepflegtem Bewuchs verborgen, grenzen vielerorts an die Golfanlage. Womit auch der Beweis angetreten wäre, daß Portugals meistbesuchter Golfkomplex nicht nur von den Greenfee-Einnahmen lebt.

Die meisten Fairways Vale do Lobos werden von hochgewachsenen Pinien-, Feigen-, Oliven- und Orangenbäumen begrenzt. Das Gras ist eher spärlich und widerstandsfähig, wie man es eben oft in südlichen Ländern vorfindet. Vor allem beim Drive wird größter Wert auf Präzision gelegt, will man sich eine gute Ausgangssituation für den nächsten Schlag verschaffen. Die Schlägerwahl erweist sich in Vale do Lobo häufig als sehr schwierig. Nur zu oft wird die Entscheidung am Ende vom Wind bestimmt. Wo heute noch ein langes Holz gezückt werden muß, kann morgen schon ein Eisen genügen. Schwierig anzuspielen sind die von Bunkern gut verteidigten Grüns. Dafür tritt auf allen 27 Spielbahnen nur zweimal Wasser ins Spiel (Loch 1 und 9 des Green Course). Besondere Aufmerksamkeit erfordern die von Greenkeeper Keith Allen liebevoll gepflegten Grüns. Zwar sind sie nicht besonders groß, doch dafür sehr schnell, so daß ein zu hart geputteter Ball das Loch leicht um einige Meter passieren kann. Der Grund dafür ist das in Vale do Lobo verwendete Pencross-Gras, eine Grasart, die aus den Vereinigten Staaten stammt und seit einigen Jahren auch in Europa immer häufiger verwendet wird. Obwohl die Grüns eigentlich relativ flach sind, erweist sich der Rückputt dann nur zu oft als äußerst schwierige Aufgabe.

Mit 8764 Metern Länge für die 27 Löcher stellt Vale do Lobo auch längenmäßig eine große Herausforderung dar, die selbst Golfern mit einstelligem Handicap ihr volles Können abverlangt. Neben dem außergewöhnlichen Loch Nr. 7 auf dem Yellow Course findet man auch auf den anderen Parcours herausragende Löcher. Dies trifft unter anderem auf die Bahnen 2, 5, und 6 des Orange Course zu. Dieser Course besticht nicht nur durch den sportlichen Schwierigkeitsgrad, sondern bietet darüber hinaus atemberaubende Ausblicke, da die Spielbahnen teilweise in unmittelbarer Nähe des Atlantiks verlaufen.

Es überrascht, daß in der 20jährigen Clubgeschichte nur selten hochrangige Pro-Turniere in Vale do Lobo ausgetragen wurden. Vielleicht ist der Grund hierfür in der Tatsache zu suchen, daß die Anlage auf Werbung kaum mehr angewiesen ist. Auch dürfte eine über vier Tage währende 72-Löcher-Meisterschaft, die unweigerlich zu einer Platzsperre für Greenfee-Spieler führen würde, zu große finanzielle Einbußen mit sich bringen, was sicherlich nicht im Sinne der Clubverantwortlichen ist. Das war jedoch nicht immer so; denn noch im Jahre 1971 konnte Ramon Sota, der Onkel von Severiano Ballesteros, im Clubhaus von Vale do Lobo als Sieger der Algarve Open, eines Turniers, das einige Jahre später vom Veranstaltungskalender der European Tour verschwinden sollte, gefeiert werden. Danach wurde es aus internationaler Sicht lange Zeit still um Vale do Lobo. Erst 1985 war die Anlage wieder Schauplatz einer internationalen Meisterschaft, als sich Europas weibliche Golfelite bei der Ladies Open von Portugal ein Stelldichein gaben. Nach einem besonders fulminanten Finish gewann die Engländerin Debbie Dowling das Turnier.

Trotz aller golferischen Mißerfolge: wer einmal die am Atlantik gelegenen Fairways des Orange Course bespielt hat, wird alle »Katastrophen« vergessen und nur beste Erinnerungen vom Golfparadies Vale do Lobo mit nach Hause nehmen. Neben Golf bietet das Urlaubsresort mit seinen zahlreichen renommierten Hotels auch eine internationale Tennisschule an.

## Platz-Charakteristik

Vale do Lobo verfügt über einen 27-Löcher-Platz mit einer Gesamtlänge von 8764 Metern, der sich aus drei Kursen mit je neun Löchern zusammensetzt. Der Yellow Course ist 3036 Meter lang bei Par 36. Der Orange Course hat bei Par 36 eine Länge von 2975 Metern, und der Green Course mißt bei Par 35 2753 Meter.

## Fairways

Die Spielbahnen aus Pencross sind weich und sehr eng. Das 5. Loch des Yellow und des Orange Course sowie die Löcher 4, 7 und 9 des Green Course sind als Doglegs gestaltet. Yellow weist sieben Par-4-Löcher und je ein Par-5- und Par-3-Loch auf. Orange verfügt über je drei Löcher jeder Kategorie. Green setzt sich aus vier Par-4-, zwei Par-5- und drei Par-3-Löchern zusammen.

## Rough

Rough ist nicht vorhanden.

## Bunker

Die zahlreichen, gut plazierten Sandhindernisse – auf dem Yellow und Orange Course gibt es insgesamt 37 – stellen den Golfer vor keine großen Probleme.

## Wasser

Am 1. und 9. Loch des Green Course tritt ein Teich ins Spiel. Das 6. Loch des Orange Course gilt als wahrer Ballfresser.

## Sonstige Hindernisse

Zahlreiche Bäume, insbesondere Feigen-, Oliven-, Mandel- und Eukalyptusbäume, säumen die Fairways.

## Greens

Die Grüns sind verhältnismäßig klein und flach, sehr schnell und in gutem Pflegezustand.

## Club

Vale do Lobo ist ein reiner Gästeplatz, der auf Greenfee-Einnahmen angewiesen ist. In unmittelbarer Nähe der Anlage wartet ein ergänzendes oder alternatives, breitgefächertes Sportangebot auf den Gast.

## Pro-Shop

Der neben Bar und Restaurant gelegene Pro-Shop führt eine kleine, doch sehr gute Auswahl. Hier kann man Schlägersätze ausleihen.

## Caddie-Service

Caddies stehen nur nach Vorbestellung bereit. Trolleys und Elektrocarts können gemietet werden.

## Driving Range

Die Driving Range, 1988 in Betrieb genommen, erstreckt sich über ein riesiges, eingezäuntes Areal, das abseits vom Clubhaus liegt. Sie verfügt über 14 Abschläge, ein Putting- und ein Pitching-Grün. Mehrere Pros erteilen Unterricht.

# Vale do Lobo


Vale do Lobo Golf Club
P-8100 Vale do Lobo (Algarve)
Tel. (089) 94444


## Veranstaltungen

In Vale do Lobo finden viele Amateurturniere statt, zu denen auch Gäste herzlich willkommen sind.

## Saison

Der Platz ist ganzjährig uneingeschränkt bespielbar. Die Hauptsaison liegt im Frühjahr, Herbst und Winter.

## Tip

Die Reservierung von Abschlagzeiten ist zu empfehlen. Wer Schuhe mit Spikes besitzt, sollte sie unbedingt anziehen.

| Yellow Course | | | Orange Course | | | Green Course | | |
|---|---|---|---|---|---|---|---|---|
| Loch | Länge | Par | Loch | Länge | Par | Loch | Länge | Par |
| 1 | 436 | 5 | 1 | 477 | 5 | 1 | 272 | 4 |
| 2 | 309 | 4 | 2 | 417 | 4 | 2 | 185 | 3 |
| 3 | 386 | 4 | 3 | 317 | 4 | 3 | 342 | 4 |
| 4 | 365 | 4 | 4 | 146 | 3 | 4 | 514 | 5 |
| 5 | 387 | 4 | 5 | 373 | 4 | 5 | 347 | 4 |
| 6 | 305 | 4 | 6 | 182 | 3 | 6 | 147 | 3 |
| 7 | 191 | 3 | 7 | 491 | 5 | 7 | 429 | 5 |
| 8 | 350 | 4 | 8 | 134 | 3 | 8 | 133 | 3 |
| 9 | 307 | 4 | 9 | 438 | 5 | 9 | 384 | 4 |
| Total | 3036 | 36 | Total | 2975 | 36 | Total | 2753 | 35 |

Genauigkeit ist beim Spiel gefragt, vor allem, wenn es wie hier am 6. Loch des C-Kurses darum geht, frontales Wasser zu überwinden.

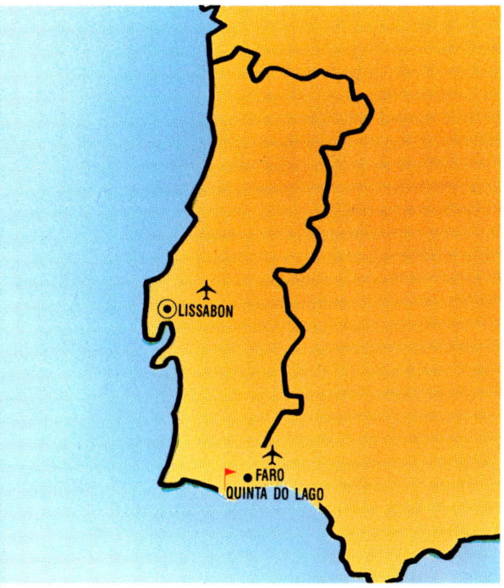


PORTUGAL

# Quinta do Lago

**Bereits in Faro, zehn Kilometer vor dem Ziel, werben riesige Plakatwände für eine Golfrunde auf der 36-Löcher-Meisterschaftsanlage von Quinta do Lago. Hat man den Course dann erreicht, glaubt man sich nach Kalifornien oder Florida versetzt. Luxusquartiere des Four Seasons Country Club liegen beiderseits der Straße, die zum hochmodernen Clubhaus führt. Daß auch in Quinta do Lago, wie überall in der portugiesischen Algarve, ein Teil der Finanzierung des Golfplatzes über den Verkauf von Immobilien sichergestellt worden ist, wird an mehreren Löchern des Platzes deutlich. Luxuriöse Bungalowsiedlungen greifen weit in die Fairways hinein. Daß Quinta do Lago sich im Laufe der Jahre zu einem Musterbeispiel erfolgreichen Golfmarketings entwickelt hat, stört weder Anlieger noch Gäste. Die Besucher freuen sich**

Blick auf den Swimming Pool und das in modernem Stil erbaute Clubhaus.

Zahlreiche künstliche Seen, die im Hochsommer als Wasserreservoir dienen, müssen überwunden werden. Im Hintergrund: das Grün des 5. Loches des C-Kurses.

zu Recht auf das sonnige Urlaubsparadies, denn Quinta do Lago läßt kaum einen Wunsch offen. Dabei bleibt unberücksichtigt, daß 1989 am anderen Ende des insgesamt 680 Hektar großen Urlaubsresorts der Golfplatz San Lorenzo seiner Bestimmung übergeben wurde. Diese Meisterschaftsanlage mit 18 Löchern, die den Gästen des Hotels Dona Filipa vorbehalten ist, zählt schon heute, nicht nur aufgrund ihrer Nähe zum Atlantik, zu den schönsten Plätzen Europas. Diesem Ruf steht auch der 1991 fertiggestellte Pinheiros Altos Course, ebenfalls im Urlaubsresort Quinta do Lago gelegen, in nichts nach. Konkurrenz belebt bekanntlich das Geschäft, eine Erkenntnis, die im Golfclub Quinta do Lago nicht unbeherzigt bleibt. Bei aller Golfbegeisterung sollte es der Gast jedoch nicht versäumen, einen Blick auf das Umfeld des Golfplatzes zu werfen. Dort, wo einst natürliche Küstenvegetation grünte, wächst heute eine touristische Infrastruktur aus dem Boden. Luxushotel steht neben Luxushotel, Feriensiedlung neben Feriensiedlung – und eigentlich erinnert nur noch sehr wenig an die idyllische Algarve der Zeit vor dem Golfboom, doch wird den Gästen der Aufenthalt so angenehm wie möglich gemacht.

PORTUGAL

# Quinta do Lago

Quinta do Lago

Folgt man der Route national 125, die ganz Portugal durchzieht, so stößt man etwa zehn Kilometer hinter der Stadt Pharo auf eine Abzweigung. Der Gast hat nun die Qual der Wahl: Hält er sich rechts, so kommt er bald darauf zum Golfplatz Vale do Lobo. Linker Hand dagegen geht es zur Meisterschaftsanlage Quinta do Lago. Daß Gäste hier herzlich willkommen sind – wie übrigens auf jedem portugiesischen Golfplatz – zeigt sich schon kurz nach der Ankunft: Der Clubsekretär hat für jeden Gast ein paar nette Worte in dessen Heimatsprache parat. Deutsche Gäste überrascht er dabei mit dem Hinweis, daß hier auch Bernhard Langer trainiert habe.

Die in die Anlage gesetzten Erwartungen werden nicht enttäuscht, wie der Gast im Laufe der Runde anerkennend feststellt. Jedes der 36 Löcher, die der amerikanische Architekt William Mitchell geschickt auf fast 200 Hektar verteilt hat, unterscheidet sich vom nächsten. Zahllose Kiefern, das hügelige Gelände, die Nähe des Atlantiks und das Vogelschutzgebiet, das der Golfplatz umschließt, geben darüber hinaus dem Areal seinen besonderen Charakter. Ein weiteres Merkmal von Quinta do Lago sind die vielen künstlichen Seen, die im Zuge der Golfplatzplanung und -gestaltung angelegt wurden. Sie bilden nicht nur Wasserhindernisse, sondern dienen darüber hinaus auch als Wasserreservoir für den Golfplatz. Sie machen es möglich, daß selbst während des Hochsommers sattgrüne Fairways den Gast erwarten.

Mister McInerney, ein englischer Wirtschaftmagnat, der sich Anfang der siebziger Jahre in Quinta do Lago niederließ, verfolgte von Anbeginn an konsequent das Ziel, einen der schönsten Golfplätze Europas inmitten des riesigen Urlaubsresorts entstehen zu lassen. 680 Hektar welliges Gelände standen dem Architekten William Mitchell aus Palm Beach, Florida, zur Realisierung dieses ehrgeizigen Planes zur Verfügung, und Mitchell setzte alles daran, die natürlichen Gegebenheiten geschickt in das Layout des Platzes »einzubauen«. 1974 schließlich war es soweit: Die beiden ersten 9-Löcher-Parcours (A und B) wurden ihrer Bestimmung übergeben. Drei Jahre später folgte der C-Platz und 1989 auch der D-Platz.

Hohe Pinien entlang enger, teilweise sehr langer Fairways, Wasserhindernisse an allen spielstrategisch wichtigen Punkten und große Bunker rund um die Grüns unterstreichen auf jedem der 36 Löcher den Eindruck, daß Quinta do Lago sowohl eine sportliche als auch konditionelle Herausforderung für jeden Golfer ist.

Das Spiel auf den vier 9-Löcher-Parcours läßt sich so gestalten, daß sich dem Gast vier verschiedene 18-Löcher-Meisterschaftsplätze anbieten. Wenn es auch landläufig heißt, daß alle Parcours gleich schwer seien, so stellen die beiden jüngeren – Course C (der längste) und D (der bunkerreichste) – eine höhere Herausforderung als die Course A und B dar. Im besonderen Blickpunkt der golfinteressierten Öffentlichkeit stehen jedoch die Plätze B und C, wenn in Quinta do Lago die Portugal Open entschieden werden. Bereits sechsmal kürten die besten Profispieler Europas auf dem 6488 Meter langen Platz den internationalen Meister, und dieses Turnier wird wieder nach Quinta do Lago zurückkehren.

Erstmals stand Quinta do Lago 1976 als Gastgeber dieses Turniers im Blickpunkt. Salvador Balbuena, jener unvergessene Spanier, der nur kurze Zeit später unter tragischen Umständen ums Leben kam, krönte hier mit einem weiteren großen Erfolg seine Karriere. 1984 bis 1986 sollten es Tony Johnstone, Warren Humphreys und Mark McNulty sein, die sich auf der großen Siegertrophäe verewigten. 1989 ging Mike Harwood als Titelverteidiger an den Start, mußte am Ende der 72-Löcher-Meisterschaft jedoch dem Schotten Colin Montgomerie zum Sieg gratulieren, ehe sich 1990 Mike McLean das Siegerpreisgeld sicherte.

Doch zurück zum Spielgeschehen auf den 3137 (A), 3386 (B), 3263 (C) und 2907 (D) Meter langen Plätzen. Immer wieder nimmt hier Wasser großen Einfluß auf das Spielgeschehen. Insbesondere am 7. Loch

Die welligen Grüns sind großzügig angelegt. Im Bild: das 4. Grün des A-Kurses.

des A-Parcours, dem zweifelsohne schwierigsten Loch des ganzen Platzes. Auf seiner gesamten Länge von 160 Metern führt dieses Par-3-Loch über einen See! Hinter seinem Grün lauern zahlreiche Pinien auf den Ball. Auch an den beiden nachfolgenden Löchern ist äußerste Vorsicht geboten, denn hier erfordern strategisch geschickt plazierte Hindernisse genaue Abschläge. Eine gute Plazierung aller Schläge ist auf dem A-Platz Grundvoraussetzung für einen guten Score, hat man es doch hier, ebenso wie auf dem C-Course, nahezu ausschließlich mit Doglegs zu tun. Seewinde nehmen hingegen wenig Einfluß auf die Schlägerwahl, da dichter Baumbestand die Spielbahnen wirkungsvoll vor der Brise schützt.

Einer, der die 36 Löcher so gut wie kaum ein anderer Golfer kennt, ist Golf-Manager Mario Barruncho. Er beteuert, daß die beiden schönsten Löcher Quinta do Lagos auf dem B-Parcours liegen.

Gemeint ist damit zunächst einmal das 505 Meter lange 5. Loch, ein Par 5. Der Drive sollte an diesem Loch, seines Zeichens eines der längsten des Golfresorts, schon die Distanz von 200 Metern überwinden; nur so besteht die Chance, das Grün des Doppel-Doglegs mit dem dritten Schlag zu erreichen. Sein großes, welliges Grün wird von Bunkern sehr gut verteidigt. Das zweite Präferenzloch ist die 355 Meter lange Abschlußbahn, ein Par 4, das bei den Portugal Open bereits mehrfach über Sieg und Niederlage entschieden hat. Von der langgezogenen Abschlagsfläche aus eröffnet sich dem Golfer der Blick auf den Fairway, der erst 100 Meter vor dem Grün stark nach links abknickt. Es ist angeraten, den Drive auf der rechten Fairwayhälfte zu plazieren. Beim Grünanspiel müssen zwei Aufgaben gelöst werden: einerseits heißt es, die Anhöhe zu meistern, andererseits müssen die das Grün verteidigenden Bunker vermieden werden.

Die großzügig angelegten, welligen Pencross-Gras-Grüns von Quinta do Lago sind für ihre gute Qualität bekannt. Sie stehen im Ruf, die besten und schnellsten Grüns des Landes zu sein. Zu Recht, wie der Golfer eingestehen wird, auch wenn er hier und da dem breakreichen Kurzgeschorenen mit drei Putts Tribut zollen muß.

Mit seinen 36 Löchern sowie den beiden 18-Löcher-Anlagen Pinheiros Altos (eröffnet 1991) sowie San Lorenzo (eröffnet 1988) ist Quinta do Lago das golfplatzreichste Urlaubsresort ganz Portugals.

## Platz-Charakteristik

Quinta do Lago verfügt über viermal neun Löcher. A- (3137 Meter), B- (3386 Meter) und C-Kurs (3263) haben jeweils ein Par von 36, der D-Kurs (2907 Meter) ein Par 35. Alle vier Plätze werden als schwierig eingestuft, wobei sie insbesondere eine taktisch geschickte Spielweise voraussetzen. Im Urlaubsresort Quinta do Lago liegen auch die Plätze San Lorenzo und Pinheiros Altos (je 18 Löcher).

## Fairways

Die zum Teil welligen, zum Teil hängenden Fairways der 36 Spielbahnen sind mit nur wenigen Ausnahmen sehr eng angelegt. Der Pflegezustand des Bermudagrases ist ausgezeichnet. Die Par-Verteilung der Plätze A, B und C ist gleich: jeweils fünf Par-4-Löcher werden von je zwei Par-3- und Par-5-Löchern ergänzt. Der D-Parcours hat zwei Par-5-, drei Par-3 und vier Par-4-Löcher.

## Rough

Das Rough (Bermuda Gras) ist kurz geschnitten und daher nicht extrem schwer.

## Bunker

Die insgesamt 121 Sandhindernisse sind zwar groß, doch nicht sehr tief und verteilen sich wie folgt: 26 auf dem A-, 24 auf dem B-, 25 auf dem C- und 46 auf dem D-Kurs. Sie liegen hauptsächlich auf Drive-Höhe rund um die Grüns.

## Wasser

Ein typisches Merkmal der Anlage sind die zahlreichen mit Meerwasser gefüllten künstlichen Seen. Sie treten am 9. Loch des A-Kurses, am 3. Loch des B-Kurses, an den Löchern 7 und 9 des C-Kurses sowie am 4. Loch des D-Kurses direkt und scoregefährdend ins Spiel.

## Sonstige Hindernisse

Zahlreiche Pinien säumen die Fairways. Am Rande der Spielbahnen signalisieren Sträucher und Büsche Gefahr.

## Greens

Die kurzgeschorenen Flächen (Pencross Gras) sind von guter Qualität und befinden sich in hervorragenden Pflegezustand. Sie sind großzügig angelegt, zum Teil wellig und breakreich.

## Club

Quinta do Lago ist ein Gästeplatz mit nur wenigen Mitgliedern. Das moderne Clubhaus mit Restaurant, Bar und Umkleideräumen rundet den positiven Gesamteindruck der Golfanlage ab. Wer sich für Reitsport oder Tennis interessiert, kommt in unmittelbarer Nähe auf seine Kosten. Einen ausgezeichneten Ruf hat die Küche des Restaurants »Casa Velha«.

## Pro-Shop

Das Angebot des Pro-Shop ist gut und breitgefächert, jedoch sehr teuer.

PRO SHOP

## Caddie-Service

10 Caddies stehen ganzjährig zur Verfügung. Trolleys und Elektrocarts können gemietet werden.

## Quinta do Lago

Clube de Golfe da Quinta do Lago
Apartado 148
P-8100 Almansil-Loulé
Tel. (089) 94782/94529

## Driving Range

Die Driving Range liegt unweit des Clubhauses. Großzügig angelegt, lädt sie zum intensiven Trainieren ein.

## Veranstaltungen

Quinta do Lago (Parcours B und C) war bereits sechsmal Austragungsort der Portugal Open, darüber hinaus des Weltfinales um den BMW Golf Cup 1990.

## Saison

Der Platz ist ganzjährig bespielbar. Die Hauptsaison läuft jedoch von November bis April.

## Tip

Startzeiten sollten rechtzeitig im Clubsekretariat reserviert werden.

| Course A | | | Course B | | | Course C | | | Course D | | |
|---|---|---|---|---|---|---|---|---|---|---|---|
| Loch | Länge | Par | Loch | Länge | Par | Loch | Länge | Par | Loch | Länge | Par |
| 1 | 367 | 4 | 1 | 390 | 4 | 1 | 410 | 4 | 1 | 358 | 4 |
| 2 | 180 | 3 | 2 | 500 | 5 | 2 | 190 | 3 | 2 | 465 | 5 |
| 3 | 510 | 5 | 3 | 387 | 4 | 3 | 460 | 5 | 3 | 361 | 4 |
| 4 | 380 | 4 | 4 | 171 | 3 | 4 | 325 | 4 | 4 | 374 | 4 |
| 5 | 345 | 4 | 5 | 505 | 5 | 5 | 383 | 4 | 5 | 154 | 3 |
| 6 | 319 | 4 | 6 | 350 | 4 | 6 | 200 | 3 | 6 | 370 | 4 |
| 7 | 504 | 5 | 7 | 182 | 3 | 7 | 372 | 4 | 7 | 160 | 3 |
| 8 | 153 | 3 | 8 | 385 | 4 | 8 | 510 | 5 | 8 | 345 | 4 |
| 9 | 380 | 4 | 9 | 355 | 4 | 9 | 413 | 4 | 9 | 480 | 5 |
| Total | 3138 | 36 | Total | 3225 | 36 | Total | 3263 | 36 | Total | 3067 | 36 |

Prunkstück von Villa d'Este ist das im Landhausstil erbaute Clubhaus, zu dessen Gästen unter anderem König Leopold von Belgien und Bing Crosby gehörten.

ITALIEN

# Villa d'Este

In einer der schönsten und klimatisch angenehmsten Regionen Oberitaliens liegt in Montorfano zwischen Mailand und Como in der Brianza der Circolo Golf Villa d'Este. Der 1926 gegründete Club, einer der ältesten Italiens, weist eine sehr noble Mitgliederliste vor, die zahlreiche bekannte Politiker und Industriemagnaten umfaßt. Er gilt als eine der schwersten Par-69-Anlagen des gesamten europäischen Festlandes. Aus diesem Grund wurden auf dem vom Architekten Peter Gannon angelegten Platz schon seit jeher nationale und internationale Wettbewerbe ausgetragen. Schmuckstück des Parcours ist das hochherrschaftliche Clubhaus, in dem sich neben der einheimischen Prominenz auch so berühmte Golfer wie König Leopold von Belgien und der amerikanische Sänger Bing Crosby zu Hause fühlten. Das Interieur ist

Eleganz und italienischer Chic bestimmen das Interieur des Clubhauses. Im Bild: einer der Salons.

Nur wenige Schritte vom Clubhaus entfernt liegen die in Terrassenform angelegten Abschläge des 1. Loches.

**geprägt von gediegener Eleganz, die Räume sind mit allem nur erdenklichen Luxus ausgestattet, und das Personal scheint angewiesen zu sein, den Gästen die Wünsche von den Augen abzulesen. Selbstredend bleibt der Besuch des »19. Loches« Clubmitgliedern und Gästen des Clubs vorbehalten. Doch nicht nur im Inneren der Clubräume erwartet den Golfer in Villa d'Este Hochklassiges, auch die Fairways sind eine wahre Augenweide. Die von den Meisterschaftsabschlägen 5787 Meter lange Runde erweist sich schnell als golferische Reifeprüfung. Die Fairways üben durch ihre Enge und Länge psychologischen Druck bei nahezu jedem Schlag aus – und verzeihen keinen verzogenen Schlag. Wellige bis hügelige Fairways bringen Standprobleme mit sich, die es stets aufs Neue zu lösen gilt. Hat der Golfer die gut verteidigten Grüns erreicht, wird er häufig von der Puttlinie überrascht, die völlig anders verläuft, als es auf den ersten Blick erschien.**

ITALIEN

# Villa d'Este

Im Jahre 1907, nur kurz nachdem die ersten Golfplätze Italiens ihrer Bestimmung übergeben worden waren, öffnete unweit des Comer Sees der erste Golfplatz der Lombardei seine Pforten. Das Prunkstück der auf die Provinzen Mailand, Pavia, Cremona, Mantua, Brescia, Bergamo, Varese, Como und Sondrio verteilten lombardischen Golfplätze ist der Golfclub Villa d'Este, obwohl in seiner näheren Umgebung auch moderne, nach amerikanischen Vorbildern erbaute 27-Löcher-Meisterschaftsplätze intensiv um die Gunst golfbegeisterter Besucher werben.

Die Mitglieder des Golfclubs Villa d'Este sind sich der landschaftlichen Schönheit des Platzes bewußt. Dennoch legt man keinen allzu großen Wert darauf, daß sich diese Naturpracht zu sehr herumspricht. Die 300 Mitglieder, für die sich die Clubtore erst mit der Entrichtung eines stattlichen Aufnahmebeitrages geöffnet haben, bleiben lieber unter sich. Es reicht hin, so die einhellige Meinung, daß der Platz immer wieder für die Ausrichtung internationaler Meisterschaften zur Verfügung gestellt wird. Außerhalb dieser Turniertage sind Greenfee-Spieler geduldete, keineswegs jedoch mit offenen Armen willkommen geheißene Gäste. Das aber sollte den ambitionierten Gast nicht veranlassen, sich sein Golfvergnügen in Villa d'Este zu versagen.

Reich an Höhepunkten präsentiert sich die Geschichte des Golfclubs, wie im Inneren des Clubhauses zahlreiche Gedenktafeln verraten. So ist Villa d'Este seit 1932 alljährlicher Austragungsort der internationalen italienischen Amateurmeisterschaften, deren Siegerliste hochrangige Namen ausweist, wie Regine Lautens, die heute im bezahlten Golfsport erfolgreich ihr Geld verdient, oder Martha Figueras Dotti. Bei den Herren ist neben dem spanischen Spitzenspieler Roman Taya auch José-Maria Olazabal vertreten, der sich 1985 nicht zuletzt dank eines Asses am 3. Loch gegen einen italienischen Konkurrenten durchsetzte. Darüber hinaus wurden auf dem vom Clubhaus her sehr gut einsehbaren 18. Grün bereits zwölfmal die Italian Open entschieden. Und auch Italiens Amateur-Asse gaben sich in Villa d'Este bereits wiederholt ein Stelldichein, um ihren nationalen Meister zu küren.

Eine Runde auf dem 5787 Meter langen Meisterschaftsplatz stellt hohe konditionelle und technische Anforderungen an den Spieler. Es empfiehlt sich, jedes einzelne Loch wohlüberlegt und vorsichtig anzugehen, denn der dichte Baumbestand verzeiht kaum einen verzogenen Schlag. Dabei haben die teilweise sehr alten Pinien, Kastanien und Eichen am Rande der Fairways auch ihr Gutes: Sie schirmen die Löcher weitgehend voneinander ab. Fast überall auf dem Platz bleibt der Golfer daher alleine mit seinen Ambitionen. Außerdem ist der Wald ein willkommener Schattenspender.

Das 1. Loch, ein Par 5, führt über 543 Meter einen Hügel hinab.

Die Par-69-Anlage verlangt wegen ihrer von Wald gesäumten engen Spielbahnen präzises Spiel. Im Bild: das Grün des 4. Loches.

Neben dem dichten Waldbestand und dem üppigen Rough als Unterwuchs stellen die zahlreichen Schräglagen ein weiteres Merkmal des Platzes dar. Dieses zeigt sich schon am 1. Loch, einem der drei Par-5-Löcher des Parcours. Vom Clubhaus weg führt es über 543 Meter einen Hügel hinab, ehe das von Bunkern und Bäumen verteidigte Grün erreicht wird.

Am 2. Loch geht es den terrassenförmig angelegten Hügel gleich wieder hinauf. Am Ende der 371 Meter langen Bahn wird dem Golfer klar, warum der Platz im Ruf steht, daß auf den Grüns vieles gewonnen, aber auch alles verloren werden kann. Das zweistufige Grün muß sehr gut gelesen werden, will man nicht drei Putts hinnehmen müssen.

Den Reigen der insgesamt sechs Par-3-Löcher eröffnete das 3. Loch, das mit 192 Metern nicht einmal das längste der »kurzen« Löcher ist. – Zum längsten Par 3 gelangt man erst am 14. Loch, wo es gilt, über eine Distanz von 207 Metern hinweg den langgezogenen Grünbunker zu überspielen. – Doch auch das Grün des 3. Loches ist nicht einfach anzuspielen. Der Spieler steht vor der Entscheidung, entweder die Baumgruppe vor dem Grün zu überspielen oder aber mit einem kontrollierten Slice den Grünzugang zu finden. Entscheidet er sich für den Slice, so findet er auf der Runde noch mehrfach Gelegenheit, diesen unter Beweis zu stellen.

Neun Bahnen später kommt der Golfer an die wohl schönste Stelle des Platzes. Der große Teich zwischen dem 12. Grün und dem 13. Abschlag ermuntert auch den ehrgeizigsten Golfer, alle Golfambitionen für einen kurzen Moment zurückzustellen und seine Blicke über das emsige Treiben der Enten, Schwäne und Gänse schweifen zu lassen. Die Tiere bringen ihre Entrüstung über jegliche Störung ihrer Idylle lautstark zum Ausdruck.

Auch das 15. Loch, das schwierigste Loch des Platzes, führt bergauf. Nach 420 Metern kann man zu Recht stolz sein, hat man das hängende Grün dieses Par-4-Loches erst einmal erreicht. Vorfreude auf die Erfrischung an der Bar des zweistöckigen Clubhauses kommt angesichts der Schwierigkeiten, die es am 16. und 17. Loch zu meistern gilt, wohl erst so richtig am 18. Abschlag auf. Neben dem letzten Grün wartet der Prachtbau, dessen große Terrasse nicht nur Entspannung und Wohlergehen verheißt, sondern auch einen herrlichen Blick auf den See von Montorfano, die herrliche Landschaft der Brianza und die spielerischen Ereignisse am 10. und 18. Loch bietet.

## Platz-Charakteristik

Villa d'Este verfügt über einen 18-Löcher-Meisterschaftsplatz. Mit 5787 Metern von den Meisterschaftsabschlägen, 5585 Metern von den Herren- und 5572 Metern von den Damenabschlägen gilt er als der schwerste Par-69-Platz Europas.

## Fairways

Die Spielbahnen haben oft Stufen und schwierige Schräglagen. Sie sind sehr eng angelegt und von dichtem Baumbestand gesäumt. Die Löcher 1, 2, 8, 9, 13 und 17 sind als Doglegs gestaltet. Mit neun Par-4-, drei Par-5- und sechs Par-3-Löchern weicht die Anlage vom klassischen ayout ab.

## Rough

Sehr dichtes Rough säumt die Fairways.

## Bunker

56 sehr tiefe Sandhindernisse findet man an allen strategisch wichtigen Stellen vor. Ein Paradebeispiel ist der Doppelbunker, der das 11. Loch äußerst wirkungsvoll beschützt.

## Wasser

Ein Wasserhindernis liegt zwischen dem 12. Grün und dem 13. Tee; insgesamt gibt es zwei Wasserhindernisse.

## Sonstige Hindernisse

Baum- und Buschgruppen säumen die Fairways in geringer Distanz. Sie sind nicht nur Hindernisse, sondern auch willkommene Schattenspender während der heißen Sommermonate.

## Greens

Die 15 bis 18 Jahre alten Grüns aus Agrostis tenuis sind in sehr gutem Zustand, häufig stufig angelegt, so an den Löchern 2, 5, 8, 9, 12, 13 und 18, und sehr schwer zu lesen.

## Club

Villa d'Este ist ein Privatclub mit 300 Mitgliedern. Das elegante Clubhaus bietet u. a. Umkleideräume, Speisezimmer, eine Bar und Bridgeräume.

## Pro-Shop

Der Pro-Shop führt eine gute Auswahl; hier kann man auch Schlägersätze mieten.

## Caddie-Service

60 Caddies stehen im Dienste des Clubs. Angesichts des hügeligen Geländes macht sich ihre Hilfe mehr als bezahlt. Elektrocarts fehlen, Trolleys können gemietet werden.

## Driving Range

Je zwölf Plätze im Freien und unter Dach mit Übungsbunker, Pitching- und Putting-Grün erwarten die trainingseifrigen Mitglieder und Besucher.

## Veranstaltungen

Villa d'Este war bisher zwölfmal Austragungsort der Italian Open. Seit 1932 finden hier alljährlich die internationalen italienischen Amateurmeisterschaften statt; 1992 werden hier die internationalen Damenmeisterschaften ausgetragen.

## Villa d'Este

Circolo Golf Villa d'Este
Via per Cantù 13
I-22030 Montorfano (CO)
Tel. (031) 200200/200210

## Saison

Die Saison ist auf die Monate von März bis Dezember begrenzt. In den heißen Sommermonaten empfiehlt es sich, früh morgens oder erst in den späteren Nachmittagsstunden auf die Runde zu gehen.

## Tip

Gäste sind an Wochentagen willkommen. Am Wochenende und an Feiertagen gilt für Damen Handicap 32, für Herren Handicap 26.

Championship Course – Herren

| Loch | Länge | Par | Loch | Länge | Par |
|---|---|---|---|---|---|
| 1 | 543 | 5 | 10 | 178 | 3 |
| 2 | 371 | 4 | 11 | 391 | 4 |
| 3 | 192 | 3 | 12 | 337 | 4 |
| 4 | 301 | 4 | 13 | 499 | 5 |
| 5 | 140 | 3 | 14 | 207 | 3 |
| 6 | 297 | 4 | 15 | 420 | 4 |
| 7 | 186 | 3 | 16 | 160 | 3 |
| 8 | 390 | 4 | 17 | 490 | 5 |
| 9 | 369 | 4 | 18 | 316 | 4 |
| Total | 2789 | 34 | Total | 2998 | 35 |
| | | | Insgesamt | 5787 | 69 |

Oben: Einen unvergleichlichen Ausblick auf das Mittelmeer und die Cala di Volpe, die Bucht der Füchse, bietet die 1977 an der Costa Smeralda erbaute Golfanlage von Pevero. Links: das 10. Grün. In der Bildmitte: das 18. Fairway.

Unten links: Von der Sonnenterrasse des Clubhauses aus läßt sich die an zwei Seiten vom Mittelmeer eingeschlossene Golfanlage bestens überblicken.

Unten rechts: Stilvoll präsentieren sich die Salons im Inneren des modernen Clubhauses.

ITALIEN

# Pevero

Viele hatten es erhofft, doch nur wenige wirklich daran geglaubt, daß Pevero einst die Zierde aller Golfträume auf Sardinien sein würde. Zu viele Schwierigkeiten standen im Raum, bevor der 18-Löcher-Meisterschaftsplatz seiner Bestimmung übergeben werden konnte. Zwar sprachen die klimatischen und landschaftlichen Voraussetzungen für einen Golfplatz, doch tauchten während der fünfjährigen Bauphase so gewaltige Probleme mit dem felsigen Untergrund auf, daß mehr als einmal daran gedacht wurde, die Pläne aufzugeben. Die Geduld und Investitionsbereitschaft der Initiatoren wurde jedoch belohnt: Robert Trent Jones, der in den siebziger Jahren im Zenit seines Schaffens stand, schuf zwischen dem Sandstrand der Pevero-Bucht und der romantischen Cala di Volpe, der Bucht der Füchse, ein Golfparadies, das nicht nur

Auf den schnellen und treuen Grüns von Pevero ist das Putten ein echtes Vergnügen. Im Bild: das 14. Grün.

wegen seiner landschaftlichen Schönheit in Europa seinesgleichen sucht. Von zwei Seiten führt das Mittelmeer mit seinen Bilderbuch-Buchten nahe an die Fairways heran. Kleine Seen, bizarre Felsen, die üppige mediterrane Flora und die unvergeßliche Aussicht auf das smaragdgrüne Meer mit seinen weißen Sandstränden verzaubern den Golfer, wenn er auf den großzügig angelegten Spielbahnen seiner Leidenschaft frönt. Es gibt keinen Zweifel: Der Phantasie des kreativsten Golfplatz-Architekten unserer Zeit waren in Pevero keine Grenzen gesetzt. Eine Gruppe amerikanischer Achitekten hatte zuvor das Gelände sondiert und sich für das felsige Terrain im Norden der Insel entschieden. Mußte Trent Jones andernorts Kompromisse schließen, so konnte er hier an der Costa Smeralda seinem Ideenreichtum uneingeschränkten Lauf lassen. Gäste sind heute immer wieder erstaunt, wenn sie erfahren, daß der Pevero Golf Course erst 1977 angelegt wurde. Denn der Platz erweckt den Eindruck, als sei er schon immer hier gewesen – so perfekt wurde er in die Landschaft eingepaßt. Auf dem höchsten Punkt der Anlage liegt das Clubhaus. Die Terrasse mit ihrem atemberaubenden Ausblick verheißt Erholung und Entspannung. Hier kann man darüber nachdenken, warum solche Schönheit stets mit besonderer Exklusivität verbunden ist.

ITALIEN

# Pevero

Pevero, so heißt es, sei das Killarney des Südens. Wenn man auch einem derartigen Vergleich mit gesunder Skepsis begegnen sollte, so muß man doch bereits nach wenigen Löchern zugeben, daß Pevero ihm uneingeschränkt standhält. Die 18 landschaftlich äußerst reizvollen, im Nordosten Sardiniens gelegenen Spielbahnen werden durch eine sehr variantenreich gestaltete Bahnführung bestimmt. Ob der Gast dabei das 190 Meter lange 5. Loch, ein Par 3, oder das 514 Meter lange 3. Loch, ein Par 5, spielt, stets genießt er einmalige Ausblicke auf malerische Meeresbuchten.

Von den Problemen, die Pevero in der Initialphase belasteten, spürt der Gast heute nichts mehr. Dabei gestaltete sich die Arbeit von Robert Trent Jones, der von Prinz Aga Khan 1972 mit der Planung des Platzes beauftragt wurde, zunächst äußerst schwierig. Zwar bot sich die Landschaft für den Bau eines Golfplatzes in geradezu idealer Weise an, doch wirkte sich der steinige Untergrund hemmend auf die Realisierung aus. Auch die Be- und Entwässerung der Anlage stellte die Initiatoren lange Zeit vor große Probleme. Robert Trent Jones löste sie, indem er den ganzen Platz mit einer vollautomatischen, unterirdisch verlegten Berieselungsanlage ausstattete.

Fünf Jahre nach Baubeginn war der Platz endlich spielbereit. Pevero öffnete seine Clubpforten für Mitglieder und Gäste, die das neue Urlaubsangebot der Sonneninsel gerne annahmen. Wieviel Geld der Golfplatz am Ende verschlungen hatte, darüber hüllen sich die Initiatoren bis dato in Schweigen. Man kann jedoch davon ausgehen, daß Pevero einer der teuersten Golfanlagen Europas ist. Sicher aber ist, daß der Mut des Marketing Board der Costa Smeralda zum finanziellen Risiko belohnt wurde.

Manche Plätze begründen ihren Ruf mit bestimmten Löchern, andere durch besondere Platzcharakteristika. Im Falle von Pevero ist es hauptsächlich das Rough, das den Ruf bestimmt und die Spieler das Fürchten lehrt. Macchia, jene dem Mittelmeerraum eigene Mischung aus Gras, hartlaubigem Gebüsch und Gesträuch, umschließt die teilweise sehr engen Spielbahnen. Wem es nicht gelingt, seinen Ball auf den Fairways zu halten, der wird reichlich Ballverluste hinnehmen müssen. In dieser Beziehung ähnelt Pevero den schottischen Links-Plätzen. Denn auch in Pevero bestehen nur geringste Chancen, einen verzogenen Ball wiederzufinden. Im Gegensatz zu der verführerisch nach Lavendel duftenden Macchia geht von den Wasserhindernissen und den rund 90 Bunkern vergleichsweise wenig Gefahr aus. Tückisch ist aber auch der Mistral, der häufig über den Platz weht.

Wie schwierig Pevero zu spielen ist, zeigte sich bei den Italian Open 1978, die hier nur ein Jahr nach der offiziellen Fertigstellung der Anlage ausgetragen wurden. Zahlreiche prominente Spieler mußten dem Platz Tribut zollen, allen voran der Engländer Mark James. Obwohl er sein Resultat nie verriet, hält sich bis heute hartnäckig das Gerücht, daß es 113 Schläge waren, die seine Scorekarte »zierten«. Dieses Ergebnis gibt sicherlich weniger begnadeten Golfern Auftrieb, auch nach einer verpatzten Runde ihr Glück erneut herauszufordern. Daß Pevero den Spielern auch Erfolgserlebnisse bescheren kann, zeigte sich, als Dale Hayes anläßlich jener Italian Open mit 67 Schlägen

Blick auf den Swimming Pool.

Blick vom 15. Grün auf die Bucht der Füchse.

den Platzrekord aufstellte. Dieses Ergebnis wurde wenige Jahre später von John Saxon, einem Amateur, um einen Schlag unterboten.

Die 6186 Meter lange Runde beginnt mit zwei schwierigen Par-4-Löchern von 412 beziehungsweise 383 Metern Länge, die mit ihren traumhaften Ausblicken auf die Sandstrände der Pevero-Bucht und der Cala di Volpe bestechen. Am 3. Tee steht man bereits vor der schwierigsten Spielbahn des Platzes. Das Par-5-Loch führt über 514 Meter bergauf, wobei weniger die Bunker Probleme bereiten als der pausenlos wehende Wind. Am 4. Loch sollte man die Aufmerksamkeit nicht nur dem 354 Meter entfernt liegenden Grün schenken, sondern vom erhöhten Abschlag aus auch einen Blick zurück tun. Über dem Meer erheben sich in der Ferne die Gipfel Korsikas.

Ein Golferlebnis besonderer Art vermitteln die fünf Par-3-Löcher des Platzes. Mit Distanzen zwischen 166 und 190 Metern sind sie allesamt lang. Es gilt hier, die von Bunkern (10. und 14. Loch) beziehungsweise großen Wasserhindernissen (5., 7. und 17. Loch) gut verteidigten Grüns zu treffen. Im Grund genommen gibt es auf Peveros »kurzen« Löchern keine Alternative: Entweder erreicht man mit einem gut plazierten Drive das Grün, oder aber ein hohes Score bleibt als leidvolle Erinnerung an ein »Katastrophenloch« zurück!

Am 15. Abschlag steht der Spieler vor einem der schönsten Golflöcher weit und breit, einem 506 Meter langen Par 5. Das Fairway hängt leicht nach links. Der Drive muß blind über einen Baum gesetzt werden, das von Bunkern verteidigte Grün liegt auf einer kleinen Anhöhe.

Die drei letzten Löcher führen zum modern eingerichteten Clubhaus, das gemütliche und erholsame Stunden garantiert, zurück. Ob man von der Sonnenterrasse aus das Spielgeschehen auf dem Platz beobachtet oder im Schwimmbecken Vergessen vom golferischen Mißerfolg sucht, stets wird man dem Reiz Peveros ein weiteres Mal erliegen und den Weg zum 1. Tee bald erneut einschlagen. Eine gute Runde sollte übrigens gebührend gefeiert werden. Hierfür empfiehlt sich ein Besuch im Hotel »Cala di Volpe« an der gleichnamigen Bucht. Als besondere Gaumenfreude hält man dort die besten Meeresfrüchte bereit. Für denjenigen, der es sich leisten kann und will, stehen auch luxuriös ausgestattete Zimmer bereit. Allerdings muß man während der Hauptsaison mit einem stolzen Zimmerpreis rechnen. Selbstredend gibt es in der näheren Umgebung aber auch preisgünstigere Übernachtungsmöglichkeiten.

## Pevero

Pevero Golf Club
I-07020 Port Cervo – Costa Smeralda
Sardinien
Tel. (07 89) 962 10/11

## Platz-Charakteristik

Pevero besitzt eine Meisterschaftsanlage mit einer Länge von 6186 Metern bei Par 72. Von den Herrenabschlägen ist der Platz 5839 Meter, von den Damenabschlägen 4850 Meter lang. Die Anlage wird als sehr schwierig eingestuft. Der häufig wehende Mistral beeinflußt stark das Spielgeschehen.

## Fairways

Die Spielbahnen sind sehr hügelig und werden von zahlreichen Sand- und Wasserhindernissen gegliedert. Vor allem auf Drivehöhe sind sie teilweise sehr eng angelegt. Die Löcher 2, 6, 8, 13, 15 und 16 sind als Doglegs gestaltet. Mit fünf Par-5-, acht Par-4- und fünf Par-3-Löchern weicht die Anlage vom klassischen Layout ab.

## Rough

Das Rough entlang der Fairways ist sehr dicht. Vor allem das Gebüsch stellt den Spieler vor erhebliche Schwierigkeiten.

## Bunker

Die 92 meist sehr flachen Bunker sind mit feinkörnigem Flußsand gefüllt und nicht leicht zu spielen.

## Wasser

Der Golfer stößt auf den Spielbahnen 5, 6, 7, 16 und 17 auf Wasserhindernisse.

## Sonstige Hindernisse

Seitlich der Fairways trifft man neben dem Rough häufig auch Wassergräben an.

## Greens

Die durchschnittliche Größe der nur leicht hügeligen Grüns beträgt 500 Quadratmeter. Die auf zwei bis drei Millimeter heruntergeschnittenen Grünflächen werden als sehr schnell eingestuft.

## Club

Pevero ist hauptsächlich eine Gäste-Anlage (22 000 Gäste jährlich). Das Clubhaus umfaßt das Sekretariat und verschiedene Aufenthaltsräume, Umkleidemöglichkeiten und ein Schwimmbecken. Die Sonnenterrasse lädt zum Verweilen vor und nach der Runde ein.

## Pro-Shop

Im Pro-Shop kann der Golfer alles erwerben, was er für seine Runde benötigt. Hier können auch Schlägersätze ausgeliehen werden.

## Caddie-Service

Caddies fehlen in Pevero. Es stehen jedoch 60 Elektrocarts zur Verfügung.

## Driving Range

Die Übungswiese befindet sich etwa 150 Meter vom Clubhaus entfernt. Vier überdachte Übungsplätze, drei Übungsbunker, ein Pitching- und ein Putting-Grün laden zum intensiven Training ein. Darüber hinaus stehen Golflehrer zur Verfügung, die ihr Wissen und Können mit Freude weitergeben.

## Veranstaltungen

Die wichtigsten Wettbewerbe sind die alljährlich ausgetragene Costa Smeralda International Amateur Golf Week, die Alisarda Challenge Trophy und das Costa Smeralda International Pro-Am. Die Italian Open fanden 1978 in Pevero statt. Während des Jahres werden ständig Turniere für Gäste und Freunde des Clubs ausgerichtet.

## Saison

Die beste Spielzeit ist im Mai, Juni, September und Oktober.

## Tip

Während der Sommermonate empfiehlt es sich, früh (8 Uhr morgens) beziehungsweise spät (nach 17 Uhr) auf die Runde zu gehen. Während der Wintermonate erlaubt die Witterung zumeist von 11 bis 16 Uhr ungestörtes Golfvergnügen.

Championship Course

| Loch | Länge | Par | Loch | Länge | Par |
|---|---|---|---|---|---|
| 1 | 412 | 4 | 10 | 172 | 3 |
| 2 | 383 | 4 | 11 | 516 | 5 |
| 3 | 514 | 5 | 12 | 351 | 4 |
| 4 | 354 | 4 | 13 | 364 | 4 |
| 5 | 190 | 3 | 14 | 183 | 3 |
| 6 | 316 | 4 | 15 | 506 | 5 |
| 7 | 171 | 3 | 16 | 289 | 4 |
| 8 | 352 | 4 | 17 | 166 | 3 |
| 9 | 454 | 5 | 18 | 493 | 5 |
| Total | 3146 | 36 | Total | 3040 | 36 |
| | | | Insgesamt | 6186 | 72 |

Oben: Kleine, an die Spielbahnen grenzende Seen, wie hier am 9. Fairway, zählen zu den Eigenheiten des von James Harradine erbauten Platzes.

Unten links: Das Putting-Grün vor dem typisch mediterranen Clubhaus.

Unten rechts: Das 9. Loch mit dem Clubhaus.

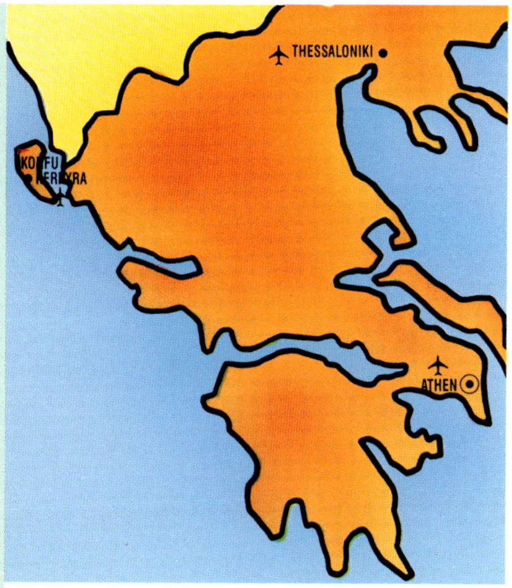


GRIECHENLAND

# Korfu

**Korfu, Perle des Ionischen Meeres, ist in allen Teilen der Welt als ein Urlaubsparadies par excellence bekannt. Zwanzig Autominuten vom Zentrum der Hauptstadt Kerkyra (Corfu Town) entfernt, am Fuß des Berges Aghios Georgios und im Tal des Flüßchens Ropa gelegen, ist der Golfplatz von Korfu das Zentrum einer herrlichen Anlage, die wie ein großer botanischer Garten anmutet. Nur wenige Kilometer nördlich breitet sich die Bucht Ermones aus, wo sich der Sage nach Odysseus in die schöne Nausikaa, Tochter des Phäakenkönigs Alkinoos, verliebte. Heute ist es der 18-Löcher-Meisterschaftsplatz, der, vor zwanzig Jahren unter der Federführung von Donald Harradine gebaut, die Herzen der golfinteressierten Gäste im Sturm erobert. Der englische Architekt fand Ende der sechziger Jahre an dieser Stelle**

Annäherungsschlag auf das 7. Grün. Im Hintergrund: der Berg Aghios Georgios.

**ein riesiges Sumpfgebiet vor und wandelte es in der Folge konsequent in ein Golfparadies um. Was Harradine in mehrjähriger Bauzeit schuf, ist ein Golf-Dorado unter südlicher Sonne, das seit seiner Fertigstellung im Jahre 1971 hinsichtlich Vielseitigkeit und Schönheit seinesgleichen sucht. Heute muß man schon ein gerüttelt Maß an Phantasie aufbringen, will man sich vorstellen, daß hier einst unwegsamer Sumpf die Landschaft prägte. Harradine konzentrierte sowohl Planung als auch Realisierung auf das Ropa-Tal, um einen flachen, attraktiven Golfplatz anzulegen, der sowohl Scratchgolfern als auch Handicapspielern unbegrenztes Golfvergnügen verspricht. Nicht nur, daß der Architekt 36000 Bäume anpflanzen ließ, darüber hinaus erschweren 16 Wasserhindernisse, die sinnvoll über den ganzen Platz verteilt sind, das Spiel. Die für die griechische Landschaft typischen Olivenbäume, Weiden, Pinien und Zypressen bestimmen das Bild der großzügigen Golfanlage. Seit vielen Jahren hat sich Korfus Golfplatz eine bevorzugte Stellung im griechischen Golf gesichert. Man bedauert im Ursprungsland der Olympischen Spiele nur, daß die anderen griechischen Inseln dem Beispiel Korfus bisher nicht gefolgt sind. Mit insgesamt vier Golfplätzen führt der griechische Golfsport auch heute noch ein Schattendasein: Mit Ausnahme von Korfu erweist sich leider keiner der griechischen Plätze als erwähnenswert.**

Wer für die Schönheit einer idyllischen Insellandschaft empfänglich ist, der kommt auf Korfu voll auf seine Kosten. Hier lassen sich erlebnisreiche Golfrunden mit einem erholsamen Urlaub verbinden. Schon auf der Fahrt vom Flugplatz zum Corfu Golf and Country Club bekommt der Gast Appetit auf das Golferlebnis besonderer Art. Große Waldflächen sowie einzelstehende Olivenbäume, Weiden, Pinien und Zypressen bestimmen das Landschaftsbild beiderseits der Straße, die schnurgerade die Insel quert. Der prachtvolle Baumbestand stellt bereits jetzt für die spätere Golfrunde einige Schwierigkeiten in Aussicht.

Gemütliche Atmosphäre umgibt den Gast im großzügig angelegten und sehr gepflegten Clubhaus, das idyllisch in einem Olivenhain liegt. Es ist aus Natursteinen errichtet, seine Räumlichkeiten werden allen Ansprüchen in punkto Komfort gerecht. Als ob es gelte, den gesellschaftlichen Aspekt des Clubs ebenso wie seinen sportlichen Charakter zu betonen, verweist der Clubsekretär gleich auf das vorzügliche Restaurant und den herrschaftlichen Salon, die dem Gast vor oder nach der Runde offenstehen.

Der erste Blick auf die Scorekarte läßt den Golfer erahnen, was ihn in den kommenden Stunden erwartet. Denn der Platz, ehemals ein Sumpfgebiet, wurde auf Wunsch des Architekten bewußt nur zum Teil trockengelegt. So kommt es, daß allein an 15 Löchern strategisch geschickt plazierte Wasserhindernisse scheinbar nur darauf lauern, Bälle für immer aufzunehmen. Da gibt es erst einmal den kleinen Fluß, der sich quer über das Golfplatzgelände schlängelt. Zum anderen vermitteln die 15 großen, ineinander übergehenden Seen den Eindruck, einige Grüns im wahrsten Sinne des Wortes zu »ertränken«. Paradebeispiele hierfür sind die Löcher 8 und 17, wo die kleinen Grüns inmitten der Wasserlandschaft wie Inseln wirken.

Das 17. Loch, ein 405 Meter langes Par 4, gilt wegen seiner Länge und des strategisch gut plazierten Wasserhindernisses an der rechten Grünseite als besonders schwierig.

Dabei gestaltet sich der Rundenauftakt verhältnismäßig streßfrei. Das 1. Loch, ein Par 4 von 310 Metern, birgt keine allzu großen Schwierigkeiten in sich. Auch an den beiden folgenden Löchern wird der Golfer noch im Glauben gelassen, in Korfu ohne große Anstrengungen ein gutes Score nach Hause spielen zu können. Doch am 4. Loch findet dieser Glaube sein jähes Ende. Ein alter, hoher Baumbestand säumt von nun an die Bahnen der ersten neun Löcher. Wenn die Bäume auch attraktive Schattenspender vor allem in den heißen Sommermonaten sind, so bedeuten sie doch eine ernste Gefahr für jeden von der Ideallinie abweichenden Ball. Mit Ausnahme der 8. Bahn, eines langen, aber nicht allzu anspruchsvollen Par 3, sind die restlichen Löcher der Front-Nine daher recht schwierig. Das 7. Loch beispielsweise, mit 505 Metern ein sehr langes Par 5, bietet selbst Longhittern kaum eine Birdiechance, zumal ein tückisches Wasserhindernis das Green wirkungsvoll schützt.

Wie die erste Golf-»Halbzeit« endete, so beginnt die zweite. Am 10. Abschlag bekommt es der Golfer

GRIECHENLAND

## Korfu

Wo einst Sumpf die Landschaft prägte, gehen heute die Golfspieler, hier auf dem 1. Fairway, ihrer Leidenschaft nach.

mit einem extrem langen Par 4 zu tun, das mit 430 Metern schon hart an der Grenze zum Par 5 liegt. Doch damit nicht genug der Schwierigkeiten: Der Fluß durchquert genau auf Drivehöhe das Fairway.

Keine Zeit für abergläubische Gedanken sollte sich der Golfer am 13. Loch nehmen. Dieses Par 4 hat sich nämlich mit seinem von der Drivehöhe bis zum Grün hinziehenden Wasserhindernis schon sehr oft als score- und spielentscheidend erwiesen. Zum schwierigsten Loch des Platzes gelangt der Spieler jedoch erst am 17. Loch, einem Par 4 von 405 Metern. Ein See liegt hier vor dem Abschlag, ein zweiter beginnt nach Hälfte der Spieldistanz und zieht sich bis zum Inselgrün hin. Wem hier mit dem zweiten Schlag kein langer, präzise plazierter Ball gelingt, der kann sich sofort mit der Regel »Frontales Wasserhindernis« auseinandersetzen.

Angesichts der langen und schwierigen Par-4-Löcher erlauben es nur die vier Fünfer-Bahnen, sich eine kurze Atempause zu gönnen. Sie eröffnen sogar die eine oder andere Birdiechance, allerdings nur, wenn der Spieler den Mut zum Angriffsspiel aufbringt.

Einen kleinen Ausgleich für die vielen Wasserhindernisse bietet die relativ geringe Anzahl der Bunker. Einen wichtigen Faktor spielt auch der Wind, der unaufhörlich über den Platz weht. Die Meeresbrise, die aufgrund der umliegenden Berge häufig die Richtung wechselt, erschwert die Schlägerwahl erheblich.

Als außerordentlich gut gepflegt und treu erweisen sich die Grünflächen. Obwohl sie in den Jahren seit der Eröffnung der Anlage keinerlei Veränderungen erfahren haben, werden sie den höchsten Ansprüchen gerecht. Maßgeblichen Anteil hieran hat der Greenkeeper Spiros Kontis, der das aus Amerika importierte Pencross-Gras vor allem im Vorfeld großer Meisterschaften gekonnt pflegt. Die automatische Bewässerungsanlage garantiert zudem auch in der wärmsten Jahreszeit ein gleichbleibend grünes Puttvergnügen, welches sich jedoch angesichts der schwierig zu lesenden Puttlinien oft in eine nervenzehrende Übung verwandeln kann.

Obwohl der Platz ganzjährig bespielbar ist, schließt der Club in der Winterzeit seine Pforten.

Mit einigen hundert Mitgliedern ist Korfu der größte Golfclub Griechenlands. Auf der 6300 Meter langen Anlage finden auch die vier größten Turniere des griechischen Turnierkalenders statt. Die internationalen griechischen Amateurmeisterschaften haben hier einen ebenso festen Platz wie die internationale Zählwettspielmeisterschaft, die nationale Seniorenmeisterschaft und das Golffestival, das zahlreiche Golfer aus allen Teilen Europas nach Korfu lockt. Darüber hinaus findet an nahezu jedem Wochenende ein clubinternes Turnier statt, zu dem auch Gäste herzlich willkommen sind. Dank zahlreicher Teilnehmer aus Deutschland, England und Frankreich haben diese Clubturniere internationalen Charakter. Dank seiner Lage und seines Angebotes genießt der Corfu Golf and Country Club eine Sonderstellung unter den griechischen Plätzen, plaziert sich die Anlage unter die europäischen Golfparadiese. Wer sein nächstes Urlaubsziel noch nicht festgelegt hat, sollte also unbedingt auch Korfu in die engere Wahl mit einbeziehen.

Das schön gelegene Putting-Grün, vom Clubhaus her gesehen.

## Platz-Charakteristik

Der Golf and Country Club von Korfu verfügt über 18 Löcher mit Par 72 bei einer Länge von 6300 Metern, für die Donald Harradine architektonisch verantwortlich zeichnete. Von den Herrenabschlägen ist der Platz 5700 Meter lang, von den Damenabschlägen 5095 Meter. Aufgrund des häufig wechselnden Windes ist die Schlägerwahl nicht ganz einfach.

## Fairways

Die flachen und größtenteils sehr engen Spielbahnen weisen zahlreiche Hindernisse, hauptsächlich Wasser, auf. Dank der automatischen Bewässerungsanlage sind die Fairways das ganze Jahr über gleichbleibend grün und zeigen einen guten Pflegezustand. Die Löcher 5, 6, 15 und 18 sind als Doglegs angelegt. Mit zehn Par-4-, vier Par-5- und vier Par-3-Löchern hat die Anlage ein klassisches Layout.

## Rough

Das sehr kurz gehaltene Rough entlang der Fairways spielt keine allzu große Rolle für das Spiel.

## Bunker

47 sehr flache, gut plazierte Sandhindernisse erschweren den Weg zum Grün.

## Wasser

Hauptmerkmal des Platzes sind die zahlreichen Wasserhindernisse. Insgesamt tritt an 14 Löchern Wasser in das Spielgeschehen. Das Grün des 17. Loches wird gleich durch zwei Wasserhindernisse geschützt.

## Sonstige Hindernisse

Der Platz liegt in einem Tal, umgeben von Bergen und großen Waldflächen. Eukalyptus, Weiden, Pinien und Tannen begrenzen und begleiten die Fairways.

## Greens

Die kurzgeschorenen Grünflächen aus Pencross-Gras sind sehr gut gepflegt, treu und schnell.

## Club

Korfu ist vorrangig ein Gästeclub. Das Clubhaus bietet Umkleideräume und Salons, ein gutes Restaurant, eine Bar und eine Sonnenterrasse.

## Pro-Shop

Golfausstattungen und Souvenirartikel erhält man im Pro-Shop zu erschwinglichen Preisen. Halbe Schlägersätze, darunter auch zwei halbe Sets für Linkshänder, können gemietet werden. Im Preis mit inbegriffen ist auch ein Trolley.

PRO SHOP PRO SHOP

## Caddie-Service

Trolleys können zusammen mit Schlägersätzen gemietet werden. Ein Elektrocart steht für Behinderte bereit. Caddies stehen nicht zur Verfügung.

## Driving Range

In unmittelbarer Nähe des Clubhauses befinden sich ein Putting-Grün und ein Übungsbunker. Übungsbälle bietet der Pro-Shop an. Mehrere Pros erteilen Unterricht.

## Korfu


Corfu Golf and Country Club
Ropa Valley (Ermones), Corfu
P. O. Box 71
Corfu
Tel. (06 61) 942 20


## Veranstaltungen

Korfu ist alljährlich Austragungsort der internationalen griechischen Amateurmeisterschaften, der internationalen Zählwettspielmeisterschaft, der nationalen Seniorenmeisterschaft und des Golffestivals von Korfu.

## Saison

Der Platz ist ganzjährig bespielbar. Die Hauptsaison liegt zwischen dem 1. April und dem 15. November. In den Monaten Juni, Juli und August empfiehlt es sich, die Runde bereits frühmorgens in Angriff zu nehmen.

## Tip

Leichtes Schuhwerk beschert in Korfu unbeschwertes Gehvergnügen.

Championship Course

| Loch | Länge | Par | Loch | Länge | Par |
|---|---|---|---|---|---|
| 1 | 310 | 4 | 10 | 430 | 4 |
| 2 | 150 | 3 | 11 | 380 | 4 |
| 3 | 470 | 5 | 12 | 160 | 3 |
| 4 | 380 | 4 | 13 | 370 | 4 |
| 5 | 435 | 5 | 14 | 305 | 4 |
| 6 | 350 | 4 | 15 | 345 | 4 |
| 7 | 505 | 5 | 16 | 205 | 3 |
| 8 | 205 | 3 | 17 | 405 | 4 |
| 9 | 425 | 4 | 18 | 470 | 5 |
| Total | 3230 | 37 | Total | 3070 | 35 |
| | | | Insgesamt | 6300 | 72 |

SILENCE
PLEASE

Als Austragungsort der European Masters, eines der bestdotierten Profi-Turniere in Europa, ist der Hochgebirgsplatz von Crans-sur-Sierre seit Jahren ein Begriff. Im Bild: das 9. Loch.

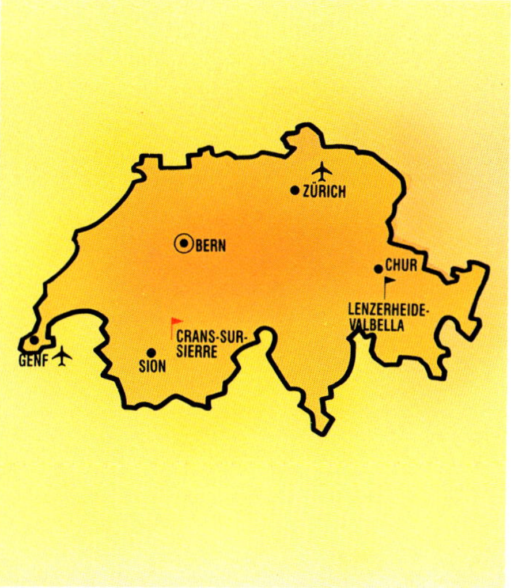


SCHWEIZ

# Crans-sur-Sierre

Crans-sur-Sierre zählt sicherlich nicht zu den schwierigsten Golfanlagen. Kaum ein anderer Parcours wird jedoch dem Platz den Ruf, einer der spektakulärsten Gebirgsplätze Europas zu sein, streitig machen. Der einmalige Blick auf das gewaltige Bergpanorama der Walliser und Savoyer Alpen ist hier im Greenfee inbegriffen, so daß der 1500 Meter über dem Meeresspiegel gelegene Meisterschaftsplatz mit seinen unvergeßlichen Ausblicken die Herzen seiner Gäste im Sturm erobert. Doch nicht nur die landschaftliche Schönheit spricht für eine Runde in Crans, sondern auch die interessante Bahnführung, die den Golfer immer wieder vor neue Spielsituationen stellt. Vor allem von Amateuren wird schon ein gehöriges Maß an spielerischem Können und Kondition gefordert, wollen sie den 6260 Meter langen Parcours mit

Severiano Ballesteros auf dem 1. Fairway vor der gewaltigen Bergkette der Walliser Alpen.

72 Schlägen bewältigen. Nicht umsonst entpuppt sich der von Berghängen durchzogene Platz anläßlich der hier alljährlich ausgetragenen Ebel European Masters Swiss Open als Favoritenschreck. Die Siegerliste liest sich wie das »Who ist Who« des Golfsports. Als ebenso spektakulär erweist sich die Auflistung der Spieler, die in Crans vorzeitig alle Meisterschaftsträume begraben mußten. Severiano Ballesteros und Johnny Miller seien hier nur stellvertretend für jene Stars erwähnt, die in der Vergangenheit zur Enttäuschung von Zuschauern und Organisatoren nach 36 Löchern dem Platz Tribut zollten und vorzeitig die Heimreise antreten mußten. Crans ist mit seinen infolge der Höhenlage weitfliegenden Bällen auch immer für eine Sensation gut. In der bisher fast neunzigjährigen Clubgeschichte wurden Rekorde am laufenden Band erzielt, allen voran das Traumergebnis des Kanadiers Jerry Anderson, der 1984 mit 27 Schlägen unter Par als Sieger der 72-Löcher-Meisterschaft Ebel European Masters Swiss Open hervorging. Ende 1988 wurden die ersten neun Löcher eines weiteren, von Jack Nicklaus entworfenen Platzes eröffnet.

SCHWEIZ

# Crans-sur-Sierre

Es kommt wirklich nicht von ungefähr, daß sich die Champions seit 1948 ohne Unterbrechung alljährlich in Crans ein Stelldichein geben. Hierzu trägt nicht nur das hohe Preisgeld bei, das die zwischenzeitlich zur Ebel European Masters Swiss Open avancierte Meisterschaft zum zweithöchst dotierten Turnier der gesamten Euro-Tour werden ließ. Auch der idyllische Ort, in dem sich während der Swiss Open wirklich alles ausschließlich um das Turnier und dessen Teilnehmer dreht, hat es den Weltstars angetan. Wen kümmert es da schon, daß die witterungsbedingt nur sechs Monate im Jahr bespielbaren Fairways hier und dort kahle Stellen aufweisen oder daß die Grüns nicht unbedingt mit dem Attribut »Weltklasse« bedacht werden können?

Obwohl es im Sommer ganz so aussieht, ist der Golfsport keineswegs das einzige, was in dem noblen Schweizer Urlaubsort die Kassen klingeln läßt. Kaum ist der erste Schnee gefallen, präsentiert sich Crans mit seinen 1000 Bewohnern in einem ganz anderen Bild. Dort, wo im Sommer die Übungswiese zum Trainieren des Golfschwungs einlädt, folgen dann aufmerksame Schüler ihren Skilehrern am Übungshang. Am 1. Abschlag beginnt eine Langlaufloipe, und quer über den ganzen Golfplatz führt die Skipiste, die erst im etwas tiefer gelegenen Ort Crans-Montana ihr Ende findet. Bezüglich des Freizeitangebotes läßt der Ort, in dem 1988 die Ski-Weltmeisterschaften ausgetragen wurden, wirklich keinen Wunsch offen: Sechs Monate erwarten sattgrüne Fairways den aktiven Erholungssuchenden, während die andere Hälfte des Jahres ganz im Zeichen des Wintersports steht. Und so erstaunt es einen Gast kaum, wenn ihm sein Golftrainer im Winter als Skilehrer gegenübertritt.

Das Golfzeitalter begann in Crans, als 1907 auf einem sonnigen Bergplateau der 18-Löcher-Meisterschaftsplatz eröffnet wurde. Dieser besticht nicht nur durch seine technischen Schwierigkeiten, sondern auch durch seinen Ausblick auf das Rhônetal, das Matterhorn und den Monte Rosa. Dem Golfer verschlägt es angesichts dieser Szenerie spätestens am 7. Abschlag den Atem. Dieses Tee heißt wohl im Volksmund das »Ende der Welt«, weil seitlich des Abschlages ein steiler Hang ins Tal zu einem malerischen Dörfchen hinabführt. Auf der anderen Seite des langgezogenen Rhônetales erheben sich hohe Berge mit ihren schneebedeckten Gipfeln in den Himmel. Dieser Anblick läßt vor allem bei schönem Wetter alle golferischen Ambitionen – und seien sie noch so hochgesteckt – in den Hintergrund treten. Der Blick des Spielers fällt jedoch an diesem Abschlag auch auf die konditionelle Herausforderung, die ihn einige Meter weiter erwartet. Denn das 290 Meter lange Loch führt zunächst stetig bergab, ehe bei der 200-Meter-Marke der steile Aufstieg zum Grün beginnt. Spitzenspieler wie Sandy Lyle, Ian Woosnam oder auch Severiano Ballesteros erreichen hier das Grün regelmäßig mit dem Abschlag. Für den Amateur gilt es jedoch, beim Grünanspiel die steile Anhöhe zu überwinden.

Drei Löcher später, am 9. Loch, gelangt der Golfer an das wohl schwierigste Loch des Platzes. Mit 580 Metern vom Herrenabschlag fordert dieses Par 5 selbst in der weittragenden Höhenluft drei sehr gute Schläge, um das Grün zu erreichen. Die Schlägerwahl wird dabei an den meisten Tagen noch durch oft drehende Winde erschwert. Und als ob das Loch durch seine Länge nicht schon schwierig genug wäre, verlangt die große, uralte Tanne inmitten des Fairways auch noch eine präzise Plazierung des zweiten Schlages, um danach das links und rechts von Bunkern verteidigte Grün anspielen zu können. Swiss Open-Stammgäste wissen, warum an diesem Grün die meisten Zuschauer auf die Stars warten. Dieses liegt weniger in der unmittelbaren Nähe zum Clubhaus begründet als in der großen Bodenwelle, die das Grün durchzieht. Drei bis vier Putts sind auf der etwa 35 Meter langen kurzgeschorenen Rasenfläche keine Seltenheit. So mußten sogar schon Gary Player und Craig Stadler an diesem Loch nach drei Putts alle Siegeshoffnungen begraben!

Eine Besonderheit in punkto Bahnführung erlebt der Golfer, hat er die Löcher 11 und 13, zwei Par 3, erst einmal gut überstanden. Denn mit dem 14. und 15. Loch folgen gleich zwei Par-5-Löcher aufeinander, die unter den Spitzenspielern zwar als Birdielöcher gehandelt werden, die aber auch die eine oder andere unangenehme Überraschung in sich bergen. So gilt es am bergab führenden, 525 Meter langen 14. Loch gleich zwei tiefe Schluchten zunächst mit dem Ball, dann mit der Golftasche zu überwinden, wobei vor allem der erste, etwa 50 Meter breite Graben genau auf Drivehöhe liegt. 470 Meter zurück, diesmal bergauf, geht es am 15. Loch, wo allerdings nur das breakreiche Grün Gefahr für das Score bedeutet.

Spätestens an den letzten drei Löchern wird der Golfer die Leistung von Baldovino Dassu zu würdigen wissen, der 1971 mit 60 Schlägen einen Rekord aufstellte, der bis heute an der Spitze aller europäischen Bestleistungen liegt. Nur dreimal geriet dieses »12 unter Par« in ernste Gefahr, und zwar durch Peter Townsend (1971), Roger Chapman (1985) und José-Maria Canizares (1986). Auch diese »11 unter«-Ergebnisse wurden allesamt in Crans-sur-Sierre erzielt. Dennoch darf Crans keinesfalls als leichter Platz eingestuft werden. Schließlich gehören auch zahlreiche »über Par-Ergebnisse« zum alljährlich gewohnten Bild der Ebel European Masters Swiss Open.

Von der Runde zurück, erwarten den Golfer im »Sporting« gemütliche Stunden des Après-Golfs. Diese dürfen sich durchaus bis tief in die Nacht hineinziehen, denn das Clubhaus dient während der Saison allabendlich auch als Diskothek. Unvergessen bleiben die »goldenen Swiss Open«-Zeiten der siebziger Jahre, als das »Sporting« zu jeder Tages- und Nachtzeit Treffpunkt aller Spieler, Organisatoren und Beobachter des Turniers war. Dieses besondere »Rahmenprogramm« der Meisterschaft ging leider im Zuge des Anstiegs der Zuschauerzahlen etwas verloren, denn heute bevorzugen es die internationalen Spitzenspieler, die Abende in kleinem Kreis bei Fondue und Raclette zu verbringen.

Noch heute wird Crans in Spielerkreisen liebevoll das »kleine St. Andrews der Schweiz« genannt. Die Gründe hierfür liegen auf der Hand: Genau wie beim großen schottischen Vorbild liegt auch in Crans der Platz inmitten des Ortes. Außerdem gehen die Einwohner mit jener großen Begeisterung dem Golfsport nach, die sonst eigentlich nur auf den britischen Inseln zu finden ist. Kaum ein Einheimischer versäumt es, Golf zu spielen, und aus nahezu jeder der alteingesessenen Familien ist im Laufe der Jahre eine Stütze der schweizerischen Nationalmannschaft hervorgegangen. Der Golfplatz steht dabei jedermann offen. Ein Handicapnachweis genügt, um sich ganz dem Berg-Golfvergnügen hinzugeben. Gäste sind bei nahezu allen Clubturnieren, die zwischen Mai und September ausgetragen werden, herzlich willkommen. Daß Crans sich seine herausragende Stellung im schweizerischen Golfsport einiges kosten läßt, stellte es zuletzt Ende 1988 unter Beweis, als die ersten neun Löcher eines weiteren Meisterschaftsplatzes, der ebenfalls inmitten des Ortes liegt, ihrer Bestimmung übergeben wurden. Als Architekt für diese zweite Anlage verantwortlich zeichnete kein geringerer als Jack Nicklaus.

Bereits mehrmals hat sich das 18. Grün als dramatischer Schlußpunkt bei Meisterschaften erwiesen. Im Hintergrund das »Sporting«, das große Clubhaus.

Nicht nur die männlichen Profis, auch die Proetten tragen in Crans-sur-Sierre regelmäßig Turniere aus. Im Bild: Spiel aus dem Bunker.

## Platz-Charakteristik

Crans-sur-Sierre verfügt über eine 18-Löcher-Meisterschaftsanlage von 6260 Metern Länge bei Par und SSS 72. Von den Herrenabschlägen ist der Platz 5850 Meter, von den Damenabschlägen 5255 Meter lang. Ein weiterer 18-Löcher-Meisterschaftsplatz befindet sich in unmittelbarer Nähe des ersten Platzes im Bau. Neun Löcher der neuen Anlage sind bereits bespielbar.

## Fairways

Die bergauf und bergab führende Bahnführung ist sehr abwechslungsreich. Die Spielbahnen weisen zahlreiche hängende Lagen vor. Berücksichtigt man, daß der Platz sechs Monate im Jahr unter einer Schneedecke liegt, so befinden sich die Spielbahnen in sehr gutem Pflegezustand. Die Löcher 4, 5, 9, 10 und 12 sind Doglegs. Mit zehn Par-4-, vier Par-5- und vier Par-3-Löchern ist das Layout klassisch.

## Rough

Entlang aller Fairways stößt man auf sehr hartes Gras, das auf 8 bis 10 Zentimeter geschnitten wird.

## Bunker

Die durchschnittlich drei bis vier Bunker pro Loch sind spielstrategisch sehr gut plaziert. Die Sandhindernisse sind flach.

## Wasser

Crans-sur-Sierre hat keine Wasserhindernisse.

## Sonstige Hindernisse

Hoher, alter Baumbestand, bestehend aus Lärchen und Tannen, säumt die Spielbahnen. An einigen Löchern erfordern einzeln stehende Bäume genau plazierte Schläge.

## Green

Die Grüns sind großzügig angelegt, breakreich und sehr schnell.

## Club

Mit 1300 Mitgliedern ist Crans nach Lausanne und Genf der drittgrößte Golfclub der Schweiz. Besucher werden im Golfclub stets herzlich willkommen geheißen. Das große, zweistöckige Clubhaus beherbergt das Sekretariat, ein Restaurant und Umkleideräume. Die große Sonnenterrasse bietet einen weitreichenden Ausblick auf die umliegenden Berge. Es ist vorgesehen, das »Sporting« im Laufe der kommenden Jahre durch ein modernes Clubhaus zu ersetzen.

## Pro-Shop

Der Golfclub hat keinen eigenen Pro-Shop, doch gibt es viele Sportgeschäfte mit guter Auswahl in unmittelbarer Nähe des Platzes.

PRO SHOP

## Caddie-Service

Caddies stehen nach Vorbestellung zur Verfügung. Trolleys, elektrische Trolleys und Schlägersets können gemietet werden.

## Driving Range

Am 1. Abschlag liegen zwei große Putting- und Pitching-Grüns. Die Driving Range ist etwa 10 Minuten vom Clubhaus entfernt. Der Weg lohnt sich jedoch, denn auf der bergab führenden großen Übungswiese fliegen die Bälle besonders weit. Zwölf Golflehrer erteilen Unterricht.

### Crans-sur-Sierre

Golf-Club Crans-sur-Sierre
CH-3963 Crans-sur-Sierre
Tel. (027) 41 21 68

## Veranstaltungen

Seit 1948 finden in Crans alljährlich die Swiss Open, heute Ebel European Masters Swiss Open, statt. Seit 25 Jahren wird im Juli das Memorial Olivier Barras ausgetragen, ein gutdotiertes Turnier für Pros und Amateure. Nahezu alle Clubturniere sind für Gäste offen.

## Saison

Die Saison dauert von Mai bis Oktober. Die beste Spielzeit liegt zwischen Juni und September.

## Tip

Da in den Bergen das Wetter rasch umschlagen kann, nehmen vorsichtige Golfer einen Regenschutz mit auf die Runde.

Championship Course

| Loch | Länge | Par | Loch | Länge | Par |
|---|---|---|---|---|---|
| 1 | 475 | 5 | 10 | 370 | 4 |
| 2 | 395 | 4 | 11 | 195 | 3 |
| 3 | 170 | 3 | 12 | 365 | 4 |
| 4 | 460 | 4 | 13 | 190 | 3 |
| 5 | 325 | 4 | 14 | 525 | 5 |
| 6 | 300 | 4 | 15 | 470 | 5 |
| 7 | 290 | 4 | 16 | 300 | 4 |
| 8 | 175 | 3 | 17 | 325 | 4 |
| 9 | 580 | 5 | 18 | 350 | 4 |
| Total | 3170 | 36 | Total | 3090 | 36 |
| | | | Insgesamt | 6260 | 72 |

Oben: Mit 1500 Metern über Meereshöhe zählt der Golfplatz Lenzerheide zu den höchstgelegenen Plätzen Europas. Im Vordergrund: das 7. Grün. Im Hintergrund: das Lenzerhorn.

Unten links: Alpenidylle am 17. Grün, dahinter das im Stil eines Schweizer Chalets erbaute Clubhaus.

Unten rechts: Das 13. Grün kurz vor Sonnenuntergang.

SCHWEIZ

# Lenzerheide

**Auf dem alpinen Bergparcours in Lenzerheide-Valbella ist Kondition gefordert! Nur 30 Autominuten vom schweizerischen Chur entfernt liegt dieser 18-Löcher-Golfplatz, der den Ruf hat, einer der schönsten alpinen Golfplätze Europas zu sein. Bereits im Jahre 1951 konnte der bekannte Luftkurort Lenzerheide die Eröffnung des Golfplatzes feiern. Lenzerheide ist einerseits für die familiäre Clubatmosphäre, andererseits aber auch für mehrere spieltechnische Raffinessen bekannt. Die Vegetation, die den Platz umgibt, ist üppig und besteht hauptsächlich aus alten Tannen und Bergföhren. Inmitten einer landschaftlichen Idylle liegen die 18 Löcher, die mit einer Länge von 5269 Metern zunächst eigentlich nur wenige Schwierigkeiten erwarten lassen. Doch spätestens am 3. Abschlag wird der Golfer eines Besseren belehrt. An die-**

Das Grün des 5. Loches, dahinter der 6. Anschlag.

Nur wenig Raum für Patzer bietet die Schneise am 5. Abschlag. Insgesamt erfordert der Parcours größte Präzision und ist deshalb für Anfänger nicht unbedingt geeignet.

**sem Par 4 mit einer Länge von 410 Metern trifft er auf das unumstritten schwierigste Loch des Parcours. Zunächst gilt es, eine tiefe Schlucht zu überwinden. Am besten plaziert man dabei seinen Ball in der Mitte des sehr stark nach rechts abfallenden Fairways, das von zahlreichen Bäumen umsäumt wird. Auch beim zweiten Schlag gilt es, eine Schlucht zu überwinden, bevor der Ball – hoffentlich – auf dem Grün landet.**
**Unter Lenzerheide-Kennern gefürchtet ist auch das 14. Loch, das auf den ersten Blick kurz und unscheinbar erscheint. Doch wehe, der Abschlag verirrt sich zu weit nach rechts. Ein Naturweg inmitten von Büschen erwartet neben dem kegelstumpfförmigen Grün den Ball. Es erfordert dann schon einiges an golferischem Geschick, soll der Ball doch noch auf dem Grün plaziert werden. Spätestens wenn der Golfer dieses Loch überwunden hat, ist ihm klar geworden, warum gerade hier schon so manches Score verloren ging.**
**Infolge der besonderen Witterungsbedingungen ist dieses Juwel unter den alpinen Plätzen nur von Juni bis Oktober bespielbar. Doch wie der Volksmund sagt: Vorfreude ist die schönste Freude. Eine Tatsache, mit der sich alle Lenzerheide-Fans gut über die golffreien Wintermonate retten.**

SCHWEIZ

# Lenzerheide

Auf einem 1500 Meter hohen Hochplateau zwischen Chur und Tiefencastel, mitten in dem herrlichen Schweizer Kanton Graubünden, liegt der Golfclub Lenzerheide. Es ist noch gar nicht allzu lange her, daß hier rund um einen kleinen Gutshof nur saftige Wiesen lagen. Doch spätestens als mit dem Bau des »Hotel Kurhaus« das Dorf Lenzerheide-Valbella zum Luftkurort avancierte, kamen innerhalb der Dorfgemeinschaft auch die ersten Gedanken an einen Golfplatz auf, die 1951 schließlich in die Tat umgesetzt wurden.

Heute zählt der Ort mehr als eine Million Besucher pro Jahr, von denen viele nur wegen des Golfplatzes den Weg in das etwas abseits gegelegene Lenzerheide-Valbella finden. Die Anreise lohnt sich, wie man rasch feststellen wird. Denn der Platz am Fuße des 2863 Meter hohen Rothorns wird den Golfer durch viele kleine Details für eventuell entgangene sportliche Erfolgserlebnisse entschädigen. Bereits die waldigen Berghänge, die besonders im Spätsommer mit ihrer farbenfrohen Pracht faszinieren, sind ein Naturschauspiel, das bei den Gästen immer wieder große Begeisterung findet. Auch der Anblick der Bergbäche, die als natürliche Hindernisse den Platz durchziehen, tröstet darüber hinweg, wenn wieder einmal ein Ball in ihrem glasklaren Wasser verlorengegangen ist.

Bevor die Runde in Angriff genommen wird, erwartet den Golfer am 1. Abschlag ein herrlicher Blick über die gesamte Anlage. Hier wird dem Spieler zumeist auch bewußt, daß die kommenden Stunden ihm einiges an Kondition abverlangen werden. Die Spielbahnen führen bergauf und bergab. Sie sollten mit insgesamt 69 Schlägen bewältigt werden.

Schon auf der 1. Bahn fällt auf, daß nur wenige Bunker ins Spielgeschehen treten. Die Sandhindernisse sind selten, sehr flach angelegt und dürften kaum ernsthafte Probleme aufwerfen. Beim Bau des Platzes war man davon ausgegangen, daß die Anlage aufgrund ihrer hängenden Fairways sowie der zahlreichen Baumgruppen und Wasserläufe schon genügend natürliche Hindernisse aufwies, als daß die Runde noch durch künstliche Gefahrenzonen bereichert werden sollte.

Über ein leicht nach rechts hängendes Fairway geht es zum 1. Grün, das seitlich von Wasser begleitet wird, bergab. Erscheint dieses Loch als relativ leicht, so sieht die Welt am 2. Loch schon ganz anders aus. Ein mit Büschen und Bäumen bepflanzter Graben trennt an diesem 165 Meter langen Par-3-Loch Abschlag und Grün. Eigentlich läßt dieses Loch nicht viele Möglichkeiten offen: Entweder man trifft das Grün, oder man entschließt sich, den nächsten Ball aus dem Golfbag zu nehmen.

Am 3. Loch sollten sich selbst gute Golfer über ein Bogey freuen. Am 4. Loch, einem Par 3 von 157 Metern Länge, wartet erneut ein langgezogener Graben auf zu kurz gespielte Bälle. Danach wird dem Golfer eine Verschnaufpause gegönnt. Die nun folgenden Löcher verzeihen schon mal den einen oder anderen Fehlschlag. Das 7. Loch sollte jedoch konzentriert angegangen werden. An diesem 417 Meter langen Par 5 führen der Drive über Bäume und einen Bach und der 2. Schlag über einen Hügel hinweg. Das Fairway hängt auf seiner gesamten Länge nach links und verengt sich zum Grün hin zunehmend. Wie nahezu jedes der Grüns in Lenzerheide wird auch das 7. wirkungsvoll verteidigt. Diesmal sind es zwei der seltenen Bunker, die das Anspiel erschweren.

Eine Kostprobe der »liebenswerten Tücken«, die schon so manchen Golfer in Lenzerheide zur Verzweiflung gebracht haben, bekommt der Spieler am 13. Loch, einem Par 4 von 367 Metern Länge. Dieses Loch vereint sämtliche möglichen Hindernisse in sich. Ein nach rechts hängendes, welliges Fairway, ein langgezogener Wassergraben, zahlreiche nur schwer zu überwindende Bäume, ein tiefer Bunker und ein schwer zu puttendes Grün stellen des Golfers Können auf eine harte Bewährungsprobe.

Hoher Tannenbestand säumt die oft seitlich abfallenden Spielbahnen dieses Bergparcours. Im Bild: das 14. Grün mit Blick auf das Rothorn.

Ein kleiner Teich beschützt linker Hand das Grün des 1. Loches.

Sehr eng gestaltet sich das Spielgeschehen noch einmal gegen Ende der Runde. So wird das 15. Loch, ein Par 5 von 441 Metern Länge, auf seiner gesamten Distanz von Bäumen gesäumt. Besonders beim Grünanspiel wird sich der Golfer der Gefahr, die von den »senkrechten Hindernissen« an diesem Dogleg ausgeht, so richtig bewußt. Von jetzt an erweisen sich die Bäume bis zum Ende der Runde als Begleiter. Sowohl am 16. Loch, bei dem das Grün hinter großen Bodenwellen versteckt liegt, als auch am 17. Loch, wo das kleine Grün nur schwer zu treffen ist, schirmen sie den Golfer vom sonstigen Spielgeschehen ab. Aufgeatmet werden darf da erst wieder am 18. Loch; denn an diesem 144 Meter langen Par 3 gefährden nur noch drei das Grün sichernde Bunker das Score.

Zum würdigen Abschluß der Runde trifft man sich in dem kleinen, gemütlichen Chalet, das als Clubhaus dient. Wer noch immer nicht genug Golf erlebt hat, der genießt sicherlich den atemberaubenden Blick von der großen Sonnenterrasse aus auf den zu seinen Füßen liegenden Golfplatz. Zudem verdrängt die Aussicht auf das umliegende Bergpanorama und die vielfarbige Bergflora jeden Gedanken an etwaige Mißerfolge und läßt Vorfreude auf die schweizerischen Spezialitäten im gut geführten Clubrestaurant aufkommen!

Leider ist es mit dem Golfvergnügen in Lenzerheide schon Ende Oktober vorbei, wenn erfahrungsgemäß die ersten Schneefälle die Bergidylle in eine weiße Landschaft verwandeln.

## Platz-Charakteristik

Der 18-Löcher-Platz von Lenzerheide ist für Herren 5274 Meter und für Damen 4538 Meter lang bei Par 69 und SSS 68. Er wird als mittelschwer eingestuft.

## Fairways

Die Spielbahnen sind hügelig und hängend. Wie bei einem Gebirgsplatz zu erwarten, führen sie oft bergauf und bergab, ihr Pflegezustand ist gut. Die Löcher 1, 3, 7, 10, 13, 15 und 17 sind Doglegs. Die Anlage umfaßt sieben Par-4-, sieben Par-3- und vier Par-5-Löcher.

## Rough

Das Rough bereitet keine großen Schwierigkeiten, da es sehr kurz gehalten wird.

## Bunker

Die wenigen Bunker, die man am 1., 3., 5., 7., 9., 13., 14. und 18. Loch findet, schützen nahezu ausschließlich die Grüns. Sie sind sehr flach und bedeuten keine große Gefahr.

## Wasser

Kleine Bergbäche durchziehen den Parcours und treten am 2., 3., 4., 5., 7., 8., 10., 11., 13. und 15. Loch ins Spiel. Ein kleiner Teich beschützt das Grün des 1. Loches.

## Sonstige Hindernisse

Viele Bäume (vorrangig Fichten und Lärchen) sowie zahlreiche Sträucher säumen die Spielbahnen. Häufig gliedern Bäume die Fairways. An einigen der Par-3-Löcher treten mit Sträuchern bewachsene Gräben ins Spiel.

## Greens

Die relativ kleinen Grüns begeistern durch ihren Pflegezustand. Die Greens des 12. und 13. Lochs sind als Stufengreens gestaltet. Das zweite und vierte Green weisen Sockel auf.

## Club

Lenzerheide ist ein Privatclub, der Gäste stets mit offenen Armen aufnimmt. Das Clubhaus, ein Holzchalet, verfügt über Aufenthaltsräume und eine Bar und begeistert durch seine große Terrasse mit Blick auf den Golfplatz. Das gute Restaurant hält zahlreiche Schweizer Spezialitäten bereit.

## Pro-Shop

Das Warenangebot beschränkt sich auf das Wesentliche. In Lenzerheide ist jedoch eine große Filiale des Sportgeschäftes Pesko zu finden. Schlägersätze können gemietet werden.

PRO SHOP

## Caddie-Service

40 Caddies sind im Einsatz. Trolleys können gemietet werden.

## Driving Range

Die Driving Range mit 20 Übungsplätzen, vier Trainingsboxen, einem Übungsbunker, einem Pitching- und einem Putting-Green liegt 150 Meter vom Clubhaus entfernt. In der Saison erteilen bis zu vier Pros Unterricht.

# Lenzerheide

Golf Club Lenzerheide-Valbella
CH-7078 Lenzerheide
Tel. (081) 341316

## Veranstaltungen

Die meisten Clubturniere, bei denen auch Gäste willkommen sind, finden im Juli und August statt.

## Saison

Der Platz ist von Juni bis Ende Oktober bespielbar. Als beste Spielzeit gelten die Wochen im Spätsommer, weil sich die Anlage dann in optimalem Zustand befindet.

## Tip

Lenzerheide ist ein besonders kinderfreundlicher Ort, der über zahlreiche ausgezeichnete Restaurants verfügt und viele andere Sportmöglichkeiten anbietet. Gäste des Golfclubs werden gebeten, ihren Clubausweis vorzulegen.

| Loch | Länge | Par | Loch | Länge | Par |
|---|---|---|---|---|---|
| 1 | 368 | 4 | 10 | 463 | 5 |
| 2 | 165 | 3 | 11 | 252 | 4 |
| 3 | 416 | 4 | 12 | 177 | 3 |
| 4 | 157 | 3 | 13 | 367 | 4 |
| 5 | 288 | 4 | 14 | 132 | 3 |
| 6 | 266 | 4 | 15 | 441 | 5 |
| 7 | 417 | 5 | 16 | 385 | 4 |
| 8 | 182 | 3 | 17 | 486 | 5 |
| 9 | 168 | 3 | 18 | 144 | 3 |
| Total | 2427 | 33 | Total | 2847 | 36 |
| | | | Insgesamt | 5274 | 69 |

Oben: Panoramablick über die Fairways der Löcher 1, 2, 4, 5, 7 und 8 von Seefeld, einem der bekanntesten Golfplätze Österreichs. Im Hintergrund: die Hohe Munde.

Unten links: Beliebter Treffpunkt nach der Runde ist die Terrasse im ersten Stock des Clubhauses.

Unten rechts: Das große, stark abfallende Grün des 9. Loches kann einen guten ersten Schlag mit drei oder mehr Putts zunichte machen.

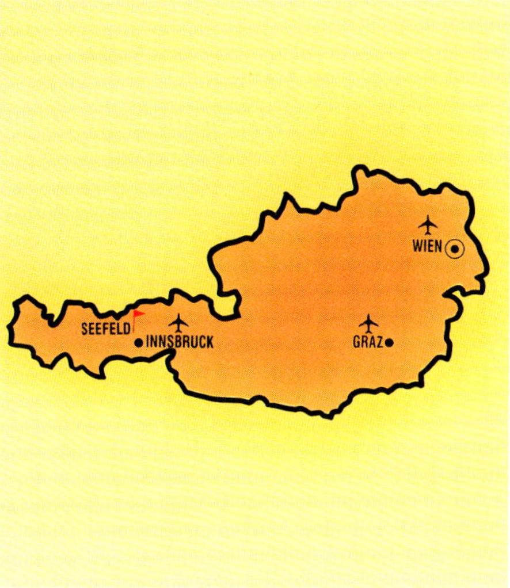


ÖSTERREICH

# Seefeld

**Erblickt man schneebedeckte Gipfel, rasante Skipisten und gespurte Loipen, so weiß man sich in einem alpenländischen Wintersportort. Während der weißen Monate herrscht hier Jubel und Trubel – doch mit der Schneeschmelze ist es mit dem Zauber vorbei, glaubt man! Daß dem nicht so sein muß, dafür ist der Golfplatz Seefeld im österreichischen Tirol ein Paradebeispiel. Der 18-Löcher-Platz ist zweifelsohne der spektakulärste Golfplatz Österreichs, und dieses, obwohl er nur sechs Monate im Jahr bespielbar ist. Er vereint dabei all jene Eigenschaften, die von einem Gebirgsplatz erwartet werden: Traumhaft gelegen, bietet er herrliche Ausblicke und ist zugleich eine sportlich höchst interessante Herausforderung. Die Löcher dieses konditionsfordernden Platzes sind hervorragend in die Landschaft eingepaßt.**

Im flachen Teil schlängeln sich die Fairways durch Birkenhaine, im bewegten Gelände wachen Lärchen und Fichten über des Golfers Bemühungen, ihnen möglichst weiträumig aus dem Weg zu gehen. Es gehört in Seefeld schon ein gehöriges Maß an Willensstärke dazu, sich nicht von der paradiesischen Umgebung ablenken zu lassen und sich voll und ganz auf sein Spiel zu konzentrieren. Denn Konzentration ist von Nöten, will man den 5942 Meter langen Meisterschaftsplatz mit einem guten Ergebnis bewältigen. Die Schwierigkeiten beginnen bereits bei der Schlägerwahl. Beispielhaft hierfür ist das 163 Meter lange 9. Loch, ein Par 3, bei dem sich schließlich die Wedge als richtiger Schläger erweist. Oder aber das 534 Meter lange 14. Loch, ein Par 5, dessen Grün trotz der gigantischen Länge der Spielbahn selbst von einem mittelmäßigen Golfer mit zwei Schlägen erreicht werden kann. Des Rätsels Lösung liegt darin, daß Seefelds Fairways nicht nur durch teilweise sehr große Höhenunterschiede von sich reden machen, sondern daß sich bekanntlich auch das Flugverhalten eines jeden Balles in der Höhenluft verändert: Er fliegt länger und weiter. Erfolgserlebnisse sind daher in Seefeld im Greenfee inbegriffen, auch wenn die Scorekarte am Ende einer Runde dieses nicht immer dokumentiert.

Viererpartie auf dem Grün des 8. Loches, einem Par 4 von nur 260 Metern Länge.

Das Grün des 16. Loches, umgeben von herbstlich gefärbten Tannen.

ÖSTERREICH

# Seefeld

Hat man die steile, enge Serpentinenstraße erst einmal überwunden, wird man in 1330 Metern Höhe über dem Meeresspiegel für die beschwerliche Anfahrt belohnt. Das rustikale Clubhaus des Golfclubs Seefeld-Wildmoos, erbaut im typischen Tiroler Stil, verheißt weitab vom Lärm der Straße und dem Trubel des Ortes Ruhe und Komfort. Die Beschaulichkeit der Almregion und das atemberaubende Bergpanorama stellen sich sehr schnell als Balsam für Körper, Geist und Seele heraus.

Bevor der Golfsport Einzug in Seefeld hielt, war der Ort ein über die Grenzen des Landes hinaus bekanntes Skiurlaubsgebiet, das im Sommer immerhin eine Wanderung zum Leutasch bieten konnte. Nach und nach erschloß sich der Ort eine ganze Reihe neuer Freizeitangebote, und seit 1970 ergänzt der Golfplatz das umfassende Sportprogramm des Fremdenverkehrsortes.

Für den Bau der 18-Löcher-Anlage zeichnet der englische Golfplatz-Architekt Donald Harradine verantwortlich, der sich zuvor bereits mit der Planung und dem Bau einiger Alpenplätze in der Schweiz und Italien hervorgetan hatte. Die Wahl auf Harradine fiel wohl auch aufgrund der Tatsache, daß die Initiatoren bei den Bauarbeiten mit zahlreichen Schwierigkeiten rechneten, die nur von einem im Bau von Gebirgsplätzen erfahrenen Architekten gelöst werden konnten.

Harradine löste die Aufgabe zur vollen Zufriedenheit der Auftraggeber und der vielen Golfer, die alljährlich ihr Können auf dem inmitten eines Naturschutzgebietes gelegenen Platzes unter Beweis stellen. In der Tat: Seefelds Golfplatz stellt für die Region golferisch die optimale Lösung dar. Zwar wurden in den vergangenen Jahren noch einige kosmetische Verbesserungen vorgenommen (zuletzt 1987, als ein weiteres Wasserhindernis zu den bereits vorhandenen in die Bahnführung integriert wurde), doch im Grunde präsentiert sich der Platz heute noch so, wie er vor zwanzig Jahren von Donald Harradine entworfen worden war.

Obwohl es im Pro-Shop Trolleys zu mieten gibt, empfiehlt es sich, darauf zu verzichten und die Golftasche lieber zu schultern. Spätestens beim ersten steilen Anstieg, auf den man nur kurz nach Beginn der Runde stößt, weiß man, warum! Das Gelände ist teilweise sehr unwegsam. Ein weiterer nützlicher Hinweis: Durch die vielen Hanglagen erscheinen in Seefeld die Spielbahnen oft viel länger, als sie in Wirklichkeit sind. Dieses sollte, neben dem veränderten Flugverhalten der Bälle in der Höhenluft, bei der Schlägerwahl unbedingt mitberücksichtigt werden.

Mit einer Länge von 6135 Metern von den Championship-Abschlägen entspricht der Platz dem international vorgeschriebenen Standard, was nur bei wenigen Bergplätzen der Fall ist. Etwas kürzer ist die Runde für Amateure. Für die »normalen« Herrenabschläge weist die Scorekarte »nur« 5353 Meter aus, für Damen heißt es, 4676 mit zahlreichen Hindernissen gewürzte Meter zu bewältigen. Beim ersten Blick auf die Scorekarte fallen zudem die enormen Längenunterschiede der einzelnen Löcher auf. So mißt das 2. Loch, ein Par 4, beispielsweise 363 Meter, während es am 8. Abschlag, ebenfalls einem Par 4, nur 243 Meter zu überwinden gilt. Diese Unterschiede liegen in der bewegten Landschaft begründet, denn 243 Meter bergauf können sich unter Umständen als schwieriger erweisen als 363 Meter bergab. Außerdem liegt gerade in dem Variantenreichtum der Spielbahnen die besondere Herausforderung, die Seefelds Ruf als einer der interessantesten Bergplätze Europas begründet hat.

Als besondere Attraktion des Platzes gelten die drei Par-5-Löcher. Besonders hervorgehoben werden sollte hierbei das 14. Loch, das mit einer Länge von 534 Metern als das längste Loch auf dem europäischen Festland gilt. Dennoch ist hier keine allzu große Gefahr für Score und Nerven angesagt, denn in der Höhenluft kann nahezu jeder Spieler mit der Erfolgsmeldung aufwarten, seinen

Vor allem im Herbst ist Seefeld ein Traum für jeden Golfer. Die Farbenpracht des Bergwaldes läßt dann jeden Drive, wie hier am 12. Tee, zum Vergnügen werden. Im Bildhintergrund die Stubaier Alpen.

Verhältnismäßig klein sind in Seefeld die Grüns. Im Bild: das 18. Kurzgeschorene.

Ball auf der bergab führenden Bahn nach zwei Schlägen kurz vor dem Grün wiedergefunden zu haben!

Erhöhte Abschläge oder Grüns sind typisch für das Tiroler Golfvergnügen. Dieses wird besonders am 9. Loch deutlich. An diesem Par 3, auf der Scorekarte mit 163 Metern ausgewiesen, liegt das gutverteidigte Grün 80 Meter tiefer als der Abschlag. Nicht umsonst steht dieses Loch im Ruf, Seefelds »Schicksalsloch« zu sein, an dem sehr oft Turniere entschieden werden.

Im Gegensatz zu den meisten anderen Gebirgsplätzen erschweren in Seefeld auch Wasserhindernisse das Spiel. So ist das 2. Loch durch zwei Teichanlagen mit einem Verbindungsbach gesichert, und am 14. Loch schirmt ein weiterer Teich das Grün sehr wirkungsvoll ab.

Keinen allzu großen Einfluß auf das Spielgeschehen haben im Gegensatz zu den Wasser- die allesamt sehr flachen Sandhindernisse. Das 5. Loch, ein Par 3 von 218 Metern Distanz, gilt mit seinen drei Bunkern als die sandreichste Bahn des ganzen Platzes. An einigen Löchern treten dagegen gar keine Bunker ins Spiel. Weitaus größere Probleme machen dem Golfer die Baumgruppen inmitten der Spielbahnen und der dichte Waldbestand, der die Fairways säumt. Spätestens wenn ein verzogener Drive für immer im Wald verschwunden ist, wird auch der Spieler, der zum ersten Mal in Seefeld ist, voll des Lobes für den Ideenreichtum von Donald Harradine sein.

Als spiel- und scoreentscheidend treten die Grüns immer wieder ins sportliche Geschehen ein. Naturgemäß sind sie mit einer durchschnittlichen Größe von 150 und 200 Quadratmetern verhältnismäßig klein angelegt, doch verlangen die hügeligen Grünflächen schon nach der höheren Schule der Puttkunst, will man nicht mit drei Putts oder gar mehr das Grün verlassen. Man sollte sich daher viel Zeit nehmen, um die vom Greenkeeper Alois Weichinger gut gepflegten Grüns zu lesen, ehe man den Putt ausführt. Kann es doch sogar bei einem kurzen Putt passieren, daß man einen Meter rechts oder links vom Loch anhalten muß.

Der große Ansturm von Golfern aus allen Teilen Europas hat die Clubverantwortlichen gezwungen, Sonderregelungen zu erlassen. So steht Seefeld während der Golfsaison (Mai bis Oktober) zwar allen Gästen offen, vorausgesetzt, sie können ein Handicap von mindestens 34 nachweisen. Ein Trost für Rabbits: Seefelds Fairways bleiben auch für sie nicht ganz verschlossen. Denn in Begleitung eines anderen Spielers, dessen Handicap niedriger als 28 ist, dürfen auch sie eine Runde in Angriff nehmen.

## Seefeld

Golfclub Seefeld-Wildmoos
Postfach 22
A-6100 Seefeld
Tel. (0 52 12) 30 03

## Platz-Charakteristik

Seefeld verfügt über 18 Löcher mit Par 71 bei einer Länge von 5942 Metern von den Championship-Abschlägen, 5353 Metern von den Herren- und 4576 Metern von den Damenabschlägen.

## Fairways

Die ersten neun Löcher dieses Gebirgsplatzes ziehen sich verhältnismäßig flach durch die Landschaft, die Back-Nine sind steil und zudem sehr eng. Die Löcher 2, 11, 12 und 16 sind als ausgeprägte Doglegs angelegt. Neben elf Par-4- weist die Anlage drei Par-5- und vier Par-3-Löcher auf.

## Rough

Das rauhe Rough entlang aller Fairways stellt den Spieler vor keine allzu großen Probleme.

## Bunker

Auf insgesamt 27 sehr flache Sandhindernisse stößt man auf den ersten Spielbahnen und bei den Löchern 10, 11, 12, 14, 16, 17 und 18.

## Wasser

Wasserhindernisse greifen nur am 2. und 14. Loch ins Spiel ein.

## Sonstige Hindernisse

Dichter Waldbestand, hauptsächlich hohe Birken und Lärchen, säumt die meisten Fairways. Darüber hinaus trifft man auch inmitten der Fairways Baumgruppen als »natürliches Hindernis« an.

## Greens

Die Grüns sind bei einer durchschnittlichen Größe von 150 bis 200 Quadratmetern verhältnismäßig klein. Sie sind schwer zu lesen und mit einer Rasenhöhe von meist 5 Millimetern eher langsam.

## Club

Gäste sind in Seefeld jederzeit herzlich willkommen. Das Clubhaus ist eine Berghütte im Tiroler Stil und besticht durch eine herrliche Terrasse mit weitreichendem Ausblick auf das Spielgeschehen und die Berge.

## Pro-Shop

Der Pro-Shop führt kein allzu großes Warenangebot, doch findet der Golfer alles, was er braucht. Hier kann man auch Schläger ausleihen.

## Caddie-Service

Im Sommer stehen 20 Caddies auf Vorbestellung zu Diensten. Es gibt keine Elektrocarts.

## Driving Range

Die Übungswiese liegt 20 Meter vom Clubhaus entfernt. In einer neuartigen »Golfakademie«, die über alle nötigen Trainingsmöglichkeiten und sechs Übungslöcher verfügt, können Anfänger wie Routiniers unter Anleitung internationaler Golfpros Abschlag, Bewegungsablauf und sämtliche entscheidenden Golfkriterien erlernen beziehungsweise verbessern.

## Veranstaltungen

Herausragendes Ereignis ist das alljährliche Seefelder Pro-Am im Juni. Darüber hinaus stoßen die Internationalen Seefelder Golftage im August auf große Resonanz. Bei den meisten Clubturnieren sind Gäste herzlich willkommen.

## Saison

Der Platz ist von Mai bis Oktober bespielbar. Die beste Spielzeit ist im September und Oktober.

## Tip

Im Sommer, wenn die Spielerfrequenz sehr hoch ist, sollte man vorzugsweise ab 14.00 Uhr spielen. Es ist ratsam, sämtliche Eisen und eine genügende Anzahl Bälle mitzunehmen.

Championship Course

| Loch | Länge | Par | Loch | Länge | Par |
|---|---|---|---|---|---|
| 1 | 418 | 4 | 10 | 360 | 4 |
| 2 | 363 | 4 | 11 | 382 | 4 |
| 3 | 294 | 4 | 12 | 518 | 5 |
| 4 | 349 | 4 | 13 | 156 | 3 |
| 5 | 218 | 3 | 14 | 534 | 5 |
| 6 | 351 | 4 | 15 | 379 | 4 |
| 7 | 519 | 5 | 16 | 293 | 4 |
| 8 | 243 | 4 | 17 | 165 | 3 |
| 9 | 163 | 3 | 18 | 337 | 4 |
| Total | 2918 | 35 | Total | 3024 | 36 |
| | | | Insgesamt | 5942 | 72 |

Oben: Modellierte, mit Grashügeln versehene Spielbahnen und kleine, stark verteidigte Grüns wie das Doppelgrün der Löcher 9 und 18 verdeutlichen die in den USA geprägte Architekturauffassung von Jack Nicklaus.

Unten links: Ein heißes Match lieferte sich Jack Nicklaus, der größte Golfspieler aller Zeiten und Architekt von Gut Altentann, im Rahmen der Platzeröffnung mit Tony Jacklin, einem der erfolgreichsten britischen Golfspieler in den sechziger Jahren. Im Bild: Szene am 8. Grün.

Unten rechts: Das lange, schmale Grün des 15. Loches erfordert eine präzise Annäherung.

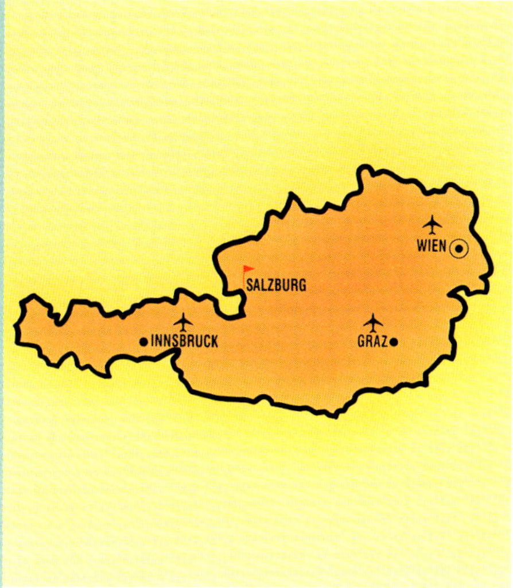


ÖSTERREICH

# Gut Altentann

Golf erlebt in Österreich augenblicklich ein enormes Interesse. Die stark vom Fremdenverkehr geprägte Alpenrepublik hat die Bedeutung von Golfplätzen für die Ausweitung des Freizeitangebots erkannt, und so wachsen allerorten neue Golfplätze aus dem Boden. Eine dieser neuen Anlagen ist der in Henndorf nahe Salzburg gelegene Golf Country Club Gut Altentann, der, eigenen Angaben zufolge, »eine für Österreich bahnbrechende Golfanlage nach internationalem Vorbild« fertiggestellt hat. Der Architekt des 18-Löcher-Platzes ist kein geringerer als der erfolgreichste Golfer aller Zeiten: Gut Altentann ist der erste von Jack Nicklaus entworfene Parcours auf dem europäischen Festland.
Für Nicklaus ist Gut Altentann das »Showpiece« für Europa, bei dem er seine Vorstellungen von Golfplatz-Architektur ideal

verwirklichen konnte. Erstens, so Nicklaus, soll Golf mehr ein Spiel der Präzision als der Kraft sein. Zweitens soll derjenige Spieler belohnt werden, der seinen Kopf einsetzt, und drittens ist der ursprüngliche Charakter der Landschaft so weit wie möglich zu erhalten. Diesen seiner Arbeit zugrunde liegenden Prämissen wurde Nicklaus bei Gut Altentann gerecht, auch wenn größere Erdbewegungen nötig waren, um die Baupläne des »Goldenen Bären« zu realisieren. Das Ergebnis ist ein Meisterschaftsplatz amerikanischen Zuschnitts, der in die Henndorfer Hügellandschaft integriert wurde. Schneeweißer Bunkersand, der eigens aus den USA herbeigeschafft wurde, und Fairway-Modellierungen stellen dabei in Österreich ebenso ein Novum dar wie das von großen Bunkern und einem künstlichen Teich verteidigte Doppelgrün der Löcher 9 und 18. »Es war mir ein besonderes Vergnügen, unter diesen optimalen Bedingungen einen Golfplatz zu entwerfen«, erklärte Nicklaus anläßlich der Platzeinweihung im Spätsommer 1988.

Ein relativ einfacher Auftakt, der über den wahren Schwierigkeitsgrad des Platzes hinwegtäuscht, ist das 1. Loch, ein Par 4.

Höhepunkt von Hin- und Rückrunde ist das an einem See gelegene Doppelgrün der Löcher 9 und 18, ein besonderer Einfall des Architekten Jack Nicklaus.

ÖSTERREICH

# Gut Altentann

Jack Nicklaus ist heute nicht mehr so oft auf den großen Golfplätzen der Welt anzutreffen wie noch vor einigen Jahren, als der »Goldene Bär« das Weltgolf dominierte. Ein Leben ohne Golf aber ist für Jack Nicklaus undenkbar. Wahrscheinlich war dieses auch der Hauptgrund, warum der »Golfer des Jahrhunderts« – diesen Titel bekam er 1988 in New York verliehen – begann, Golfplätze zu entwerfen. Die »Golden Bear Corporation« von Nicklaus hat bereits 54 Anlagen auf der ganzen Welt fertiggestellt, weitere 18 Projekte sind im Bau, 36 in Planung. Mittlerweile ist der Firmenchef gar häufiger auf Baustellen anzutreffen als auf Golfplätzen. Dabei ist abzusehen, daß sich der Architekt Jack Nicklaus ebenso wie der Golfer Nicklaus in die Reihe der Großen seiner Zunft einreihen wird. Denn Meisterschaftsplätze wie Shoal Creek, Bear Creek, Muirfield Village und Grand Cypress, die Nicklaus in den Vereinigten Staaten baute, gehören – trotz der Konkurrenz eines Trent Jones oder Pete Dye – zu den besten in Nordamerika.

Seit kurzem hat Nicklaus sein Wirkungsgebiet auch auf Europa ausgedehnt. Gut Altentann gehört neben dem neuen Kurs von St. Mellion und einer 9-Löcher-Anlage in Crans-sur-Sierre zu seinen ersten Werken in Europa. Die Clubverantwortlichen werben zu Recht mit der Nachricht, daß Gut Altentann der erste Nicklaus-Platz auf dem europäischen Festland sei. Dabei ist nicht nur erstaunlich, daß der vielgefragte Architekt sich entschloß, im »Golf-Entwicklungsland« Österreich ein Projekt dieser Größenordnung zu verwirklichen, sondern auch, daß er diesen Auftrag überhaupt erhielt. Denn Nicklaus läßt sich die Erfahrung, die er als Professional in unzähligen Turnieren rund um die Welt sammeln konnte und die er nun als Architekt weitergibt, teuer bezahlen. Wer Nicklaus anheuert, muß nicht nur mit siebenstelligen Honoraren rechnen, sondern auch gewaltige Geldmittel zur Verfügung haben, um die zu Papier gebrachten Vorstellungen des Meisters praktisch umsetzen zu lassen.

Bei der Konzeption einer Golfanlage legt Jack Nicklaus ebenso Wert auf die natürliche Gestaltung wie auf die solide technische Ausführung beim Bau von Abschlägen und Grüns. In Gut Altentann ist ihm beides hervorragend gelungen. Nicklaus schuf hier in zweieinhalbjähriger Arbeit einen anspruchsvollen Meisterschaftsplatz, der nicht nur in der Alpenrepublik Maßstäbe setzen soll. Die Anlage liegt rund 20 Kilometer von Salzburg entfernt, die alljährlich Tausende von Gästen anläßlich der Festspiele anlockt.

Der 6223 Meter lange Meisterschaftsplatz ist anspruchsvoll, aber auch für den durchschnittlichen Spieler nicht unbezwingbar. Die ersten neun Löcher ziehen sich weitgehend durch flaches Gelände westlich des großzügigen Clubhauses, während die zweiten neun Löcher mit vielen Steigungen versehen sind. Die

Das Grün des 16. Loches ist an der Stirnseite durch eine Steinwand vom Teich getrennt, was eine schwierige Fahnenposition schaffen kann.

Runde beginnt mit einem 351 Meter langen Par-4-Loch, an dem es vor allem auf einen genauen Drive ankommt. Die Spielbahn ist nämlich in zwei Ebenen geteilt, und nur derjenige hat gute Chancen, die Fahne anzugreifen, dessen Abschlag auf der höheren Bahn landet.

Wie es sich für einen im amerikanischen Stil erbauten Platz gehört, kommt häufig Wasser ins Spiel. Am 3. Loch, einem 424 Meter langen Par 4, fließt ein Bach auf gesamter Länge an der rechten Seite des engen Fairways entlang und erzwingt einen schnurgeraden Abschlag. Die vier Par-5-Löcher des Platzes sind durchweg so gehalten, daß mit zwei mächtigen Schlägen das Grün erreicht werden kann. Allerdings geht man bei der »Tigerline« immer das Risiko ein, den Ball ins Aus oder Wasser zu schlagen.

Präzision steht auch beim 7. Loch, einem Par 4 von 380 Metern, an erster Stelle. Ein Biotop und ein langgezogener Bunker zur Linken und ein See auf der rechten Seite der schmalen Spielbahn zwingen Spieler, die ihre Hölzer nicht hundertprozentig kontrollieren, zu einem Abschlag mit dem Eisen. Höhepunkt der »Front-Nine« ist das 153 Meter lange 9. Loch, ein Par 3, an dem der Teeshot carry über das Wasser auf dem Doppelgrün landen soll.

Auf der Rückrunde werden die technischen Fähigkeiten noch einmal einem echten Härtetest unterzogen, wenn es gilt, Schräglagen zu meistern. Etliche Spielbahnen verlaufen nämlich steil bergauf, andere wieder bergab. Ihnen ist gemein, daß sie die Kondition fordern. Absolute Genauigkeit verlangt das 13. Loch. Dieses 367 Meter lange Par 4 weist auf der linken Seite eine Ausgrenze und rechts eine Reihe von Grasbunkern auf. Auch der Annäherungsschlag hat seine Tücken, da das Grün stark geneigt ist. Auffallend auf der Rückrunde ist vor allem die Modellierung der Spielbahnen, die sich wie schmale Wellbleche durch die Hügellandschaft ziehen.

Eine entscheidende Rolle auf diesem abwechslungsreichen Parcours spielen die Wasserhindernisse. Neben den Bächen, die viele Spielbahnen auf voller Länge begleiten, sind auch die Seeufer hervorzuheben, die Drive und Grünanspiel an den Löchern 6 und 7 erschweren. Besondere Aufmerksamkeit widmete Nicklaus zudem den Grüns, für die er einen speziellen Unterbau schuf. Sie präsentieren sich als schnell und pflegetechnisch auf höchstem Niveau.

Daß der Golf & Country Club Gut Altentann kein Club wie jeder andere ist, zeigt sich an der Tatsache, daß bereits im zweiten Jahr des Bestehens ein Professional-Turnier der europäischen PGA-Tour in Altentann ausgetragen wurde. Jack Nicklaus gab eine erste Kostprobe seines immer noch überragenden Könnens anläßlich der offiziellen Einweihung des Meisterschaftsplatzes. Im Rahmen einer Demonstrationsrunde auf dem Par-72-Kurs deklassierte er seinen Kontrahenten, den ehemaligen British Open-Champion Tony Jacklin, um mehrere Schläge.

## Platz-Charakteristik

Der 6223 Meter lange Meisterschaftsplatz (Par 72) wird aufgrund der vielen Spielhindernisse als sehr schwierig eingestuft.

## Fairways

Die Fairways sind geneigt und breit. Auffallend ist die starke Modellierung nach dem Vorbild amerikanischer Plätze. Die ersten neun Löcher ziehen sich durch eher flaches, die zweiten neun Löcher durch hügeliges, gelegentlich steiles Gelände. Verwendung fand Bentgras. Die Löcher 2, 3, 6, 7, 8, 10, 11, 14, 15 und 17 sind als Doglegs angelegt. Die Par-Verteilung ist mit zehn Par-4-, vier Par-3- und vier Par-5-Löchern bei Par 72 klassisch.

## Rough

Das Rough ist zwar dicht, doch ziemlich kurz gehalten. Es besteht zum größten Teil aus höherem Gras und befindet sich an den seitlichen Rändern der Spielbahnen.

## Bunker

Nicklaus bevorzugte zur Grünverteidigung tiefe, aus Quarzsand bestehende Bunker, die ein wenig an Sandhindernisse schottischer Links-Courses erinnern. Am stärksten verteidigt sind die Grüns der Löcher 4, 5, 11 und 18. Einige Spielbahnen weisen gut plazierte Fairwaybunker auf.

## Wasser

Bei Loch 3 befindet sich links vom Grün ein Moor. Bei Loch 6 erstreckt sich zu beiden Seiten des Fairways ein Wasserhindernis. Rechts von Loch 7 befindet sich ein See, und bei Loch 9 liegt zwischen dem Abschlag und dem Grün ein Wasserhindernis. Auch am 16. Loch ist links vom Grün ein Wasserhindernis.

## Sonstige Hindernisse

In erster Linie sind Bäume, vor allem Birken und Eichen, zu nennen. Sie sind entweder als Solitäre strategisch in den Landezonen der Abschläge plaziert, oder sie säumen als Baumgruppen die Fairwayränder.

## Greens

Die Grüns sind hügelig. Der Rasen besteht aus Pencross-Bentgras, und die Rasenhöhe beträgt 4 Millimeter.

## Club

Der Golf & Country Club befindet sich in der Nähe von Henndorf am Wallersee. Das Clubhaus war ursprünglich ein 300 Jahre alter Bauernhof, der renoviert wurde. Jetzt ist es für die Clubmitglieder und Gäste ein angenehmer Treffpunkt mit Restaurant. Ab 1991 steht der Platz vor allem Mitgliedern offen.

## Pro-Shop

Der Pro-Shop führt alle gängigen Hersteller. Hier kann man auch Schläger mieten.

## Caddie-Service

Caddies oder Golfwagen stehen zur Verfügung.

## Driving Range

Der Übungsplatz liegt 300 Meter vom Clubhaus entfernt und umfaßt einen Übungsbunker, ein Pitching- und ein Putting-Grün. Die Range steht Mitgliedern und Gästen offen. Zwei Golfpros bieten Unterricht an.

# Gut Altentann

Golf & Country Club Gut Altentann
A-5302 Henndorf
Tel. (06214) 6026

## Veranstaltungen

In der ersten Oktoberhälfte ist jeweils ein Profi-Turnier vorgesehen, dessen Durchführung für die nächsten Jahre gesichert ist. Jeden Monat werden Wettbewerbe für die Mitglieder abgehalten. Gut Altentann ist auch Schauplatz für Wettbewerbe von Unternehmen.

## Saison

Der Platz ist von April bis November geöffnet.

## Tip

Man benötigt alle verfügbaren Schläger, außerdem sind Schuhe mit Spikes Pflicht.

Championship Course

| Loch | Länge | Par | Loch | Länge | Par |
|---|---|---|---|---|---|
| 1 | 351 | 4 | 10 | 351 | 4 |
| 2 | 460 | 5 | 11 | 360 | 4 |
| 3 | 424 | 4 | 12 | 160 | 3 |
| 4 | 181 | 3 | 13 | 367 | 4 |
| 5 | 332 | 4 | 14 | 352 | 4 |
| 6 | 403 | 4 | 15 | 491 | 5 |
| 7 | 380 | 4 | 16 | 172 | 3 |
| 8 | 466 | 5 | 17 | 365 | 4 |
| 9 | 153 | 3 | 18 | 455 | 5 |
| Total | 3150 | 36 | Total | 3073 | 36 |
| | | | Insgesamt | 6223 | 72 |

Oben: Gut von Bäumen und Sandbunkern verteidigt ist das 18. Grün. Im Hintergrund: das Clubhaus.

Unten links: Blick auf das 14. Grün.

Unten rechts: Etwas erhöht liegt, hinter Büschen versteckt, der 1. Abschlag. Im Vordergrund: das Putting-Grün.

BUNDESREPUBLIK DEUTSCHLAND

# Hamburg

**Am 26. Mai 1907 gehörte er zu jenem kleinen Kreis von sieben Golfclubs, die im Hamburg-Uhlenhorster Fährhaus den Deutschen Golfverband ins Leben riefen. Neben Berlin, Bremen, Kitzeberg, Leipzig, Baden-Baden und Reinbek übernahm der Hamburger Golf-Club Falkenstein eine wesentliche Rolle bei der Gründung des Verbandes, in dem heute mehr als 260 deutsche Clubs organisiert sind. An seiner Vorbild-Funktion hat sich seither nichts geändert: Mehr als 80 Jahre später eilt dem viertältesten Golfclub Deutschlands immer noch der Ruf voraus, eine der landschaftlich schönsten und technisch anspruchsvollsten Anlagen im Lande sein eigen zu nennen. Trotz unmittelbarer Nachbarschaft zu zehn weiteren Spitzenplätzen und großer Konkurrenz landet Falkenstein bei Umfragen nach Deutschlands**

schönstem Golfplatz unter Professionals und Amateuren immer wieder auf Spitzenplätzen, wenn nicht gar auf dem ersten Rang. An diesem guten Abschneiden kann auch die Tatsache nichts ändern, daß sich die Länge des 18-Löcher-Platzes von »nur« 5925 Metern im Vergleich zu modernen Meisterschaftsplätzen eher bescheiden ausnimmt. Falkenstein wartet mit ganz anderen Schwierigkeiten auf, die einerseits in der gekonnten Integration landschaftlicher Gegebenheiten ins Spielgeschehen, andererseits in hohen technischen Anforderungen gründen. Künstliche Hindernisse hat der Golfer in Falkenstein nicht zu fürchten. Da sich solche Hindernisse nur schwer in die Anfang der dreißiger Jahre festgelegten Bahnführungen einbauen ließen, hat man seitens der Clubverantwortlichen bisher ganz bewußt auf sie verzichtet. Zu Recht geht man davon aus, daß der Spieler mit den großen Heideflächen, die es im Laufe der Runde immer wieder zu überwinden gilt, und mit dem astreichen alten Baumbestand, dem möglichst weiträumig aus dem Weg gegangen werden sollte, genug gefordert ist.

Besonders reizvoll gestaltet sich die Runde in Falkenstein für Frühaufsteher. Dann nämlich, wenn Rehe und Hasen aus dem umliegenden jahrhundertealten Wald auf die Spielbahnen treten und sich dort auch nicht von Golfbällen aus der Ruhe bringen lassen, wird dem Spieler erst richtig bewußt, daß Falkenstein die Symbiose aus Golf- und Naturparadies ist.

Besuchern steht Falkenstein wochentags uneingeschränkt offen. An Wochenenden und feiertags bleiben die Mitglieder jedoch unter sich. Zuletzt ein kleiner Trost für den Gastspieler, dessen golferisches Selbstvertrauen in Falkenstein gelitten haben mag: Er steht sicherlich nicht allein da mit dem Hader um ein schlechtes Spiel und Ergebnis. Ihm sei empfohlen, sich in dem modernen Clubhaus nahe dem 18. Loch zu trösten.

Die Grüns sind, wie hier am 13. Loch, einem Par 4 von 321 Metern Länge, gewöhnlich flach und großzügig angelegt.

Von einem erhöhten Tee führt der Weg auf das Grün des 15. Loches, eines der schönen Par-3-Löcher des Platzes.

Während der ersten Hälfte unseres Jahrhunderts, lange vor dem Einzug von Persimmon, Graphitschäften und der computerüberwachten Produktion von Golfbällen, waren Golfplatz-Architekten bekanntlich der Ansicht, daß die Länge eines Platzes kein Kriterium zur Bestimmung seines Schwierigkeitsgrades sei. Diesem Leitsatz blieben auch John Morrison und Charles Alison treu, als sie vom 1906 gegründeten Hamburger Golf-Club im Jahre 1930 mit der Planung eines 18-Löcher-Platzes beauftragt wurden.

BUNDESREPUBLIK DEUTSCHLAND

# Hamburg

Das 50 Hektar große Gelände, das den beiden Architekten hierfür angeboten wurde, erwies sich schnell als Glücksgriff für den Falkensteiner Golfclub. Sandiger Untergrund war Garant für eine ganzjährig natürliche Drainage. Darüber hinaus empfahlen sich ein wunderbarer alter Waldbestand mit Kiefern, Birken und Eichen sowie eine hügelige Landschaft, die andernorts erst in mühsamer, zeitaufwendiger Arbeit künstlich errichtet werden mußte, als Golfplatzgelände.

So wurden die Mitglieder für die dreißigjährige Geduldsprobe zwischen Clubgründung und Platzfertigstellung hinreichend belohnt, als in dem im Südwesten der Hansestadt Hamburg gelegenen Vorort Falkenstein 1930 endlich die Bälle fliegen konnten. Die »Streckenführung« des Platzes, für die schottische Links-Courses Pate gestanden hatten, stieß allerorts auf spontane, ungetrübte Begeisterung, die auch heute noch uneingeschränkt anhält, obwohl zwischenzeitlich im näheren Umkreis zehn weitere Meisterschaftsplätze von internationalem Standard angesiedelt wurden. Wenn auch Jahre später einige Veränderungen von Bernhard von Limburger ausgeführt wurden, so achtete man doch mit Nachdruck darauf, daß der Platz sein ursprüngliches Erscheinungsbild behielt.

Erstaunen mag, daß auf einem unweit der Elbe gelegenen Meisterschaftsplatz kein einziges Wasserhindernis ins Spiel tritt. Morrison und Alison verzichteten wohl bewußt auf künstliche Teiche und Seen und beflügelten ihre Phantasie mehr am Wald, der an jeder einzelnen der 18 Spielbahnen ins Spielgeschehen integriert wurde. Sandhindernisse findet man nahezu ausschließlich rund um die Grüns vor, wo sie der ihnen zugedachten Rolle des Verteidigers sehr wirkungsvoll gerecht werden. Zwischen Abschlag und Kurzgeschorenem sind es vor allem die großen, naturbelassenen Heideflächen, die als Rough dem Golfer das Leben erschweren. Einerseits gilt es, diese Flächen, die sich je nach Jahreszeit bräunlich, grün oder violett darbieten, zu überspielen. Andererseits sind präzise, gerade Schläge angezeigt, soll eine ermüdende, oftmals erfolglose Suche in dem beiderseits die Spielbahnen säumenden Heiderough vermieden werden. Wer präzise schlagen will, der sollte zudem unbedingt auf den Wind achten, der fast ständig unterschiedlich stark über dem Parcours liegt.

Abschlagtafel am 15. Loch, dem einfachsten des Platzes.

In den hohen spieltechnischen Anforderungen, die der Platz stellt, mag auch der hohe spielerische Standard der Spieler des Clubs begründet liegen. Seit vielen Jahren gehen regelmäßig Spieler aus Falkensteins Jugendriege hervor, die später die deutsche Nationalmannschaft wirkungsvoll verstärken. Besonders stolz sind die Hanseaten jedoch auf ihr Clubteam, das die deutschen Mannschaftsmeisterschaften geprägt hat wie kein Team vor ihm. Sechzehnmal gelang es Falkenstein in der bisher 36jährigen Geschichte dieser Meisterschaft, als Sieger hervorzugehen.

Das 301 Meter lange 1. Loch, ein Par 4, gibt dem Spieler eine letzte Gelegenheit, sich seinem Umfeld zu widmen. Danach ist absolute Konzentration auf das Spielgeschehen gefordert, will man mit einem guten Score ins Clubhaus zurückkehren. In die »Vollen« geht es dabei schon am 4. Loch, einem Par 5, das mit seinen 436 Metern das längste Loch des Platzes ist. Hier hat es der Spieler mit dem ersten Dogleg des Platzes zu tun, dem sich zwei weitere anschließen werden! Hat er den Drive erst einmal dort plaziert, von wo aus ein Weiterspielen ohne allzu große Schwierigkeiten möglich ist, gilt es beim Grünanspiel immer noch, den riesigen Bunker, der den Zugang zum Grün versperrt, zu umgehen.

Der 1981 von Sam Torrance aufgestellte Platzrekord von 63 Schlägen hat heute noch Gültigkeit. Daran konnten auch die Teilnehmer der Vagliano Trophy (1985), der Junioren-Europameisterschaft (1986) oder der Herren-Europameisterschaften (1988), die alle im Hamburger Golf-Club ausgetragen wurden, nichts ändern. Nach Abschluß ihrer Runden waren sich die besten Amateurspieler Europas jedoch einig: Sam Torrances 63er Runde verdient allergrößte Bewunderung.

Mit Ausnahme des 1. Loches bieten sich in Falkenstein reelle Birdiechancen nur an den drei Par-5-Löchern an. Insider erinnern diese Bahnen auch immer wieder an die vielen denkwürdigen Ereignisse, die sich während der zahlreichen, in Falkenstein ausgerichteten nationalen und internationalen Meisterschaften zugetragen haben. Am 2. Loch legte beispielsweise Sam Torrance während des Turniers im Jahr 1981 mit dem einzigen Eagle den Grundstock für seine 30-Schläge-Halbrunde, der er 33 Schläge folgen ließ. Das 436 Meter lange 4. Loch erweist sich in der Loch-

für-Loch-Statistik bei Meisterschaften immer wieder als »Birdie-King«, während am 439 Meter langen 17. Loch alle erzielten Birdies von jenem Ereignis in den Schatten gestellt werden, das sich 1973 anläßlich der Deutschen Meisterschaften zutrug: Rainer Falge lochte hier damals zum Eagle ein. Er verlor das Loch dennoch gegen Jens Harder, der zuvor sein Holz zum Albatros 2 gelocht hatte.

Über das Score entscheiden in Falkenstein zumeist die vier Par-3-Löcher, bei denen Baumgruppen das Grünanspiel erschweren und die zwischen 148 und 196 Meter lang sind. Als ebenfalls immer wieder spielentscheidend erweisen sich die zehn Doglegs, die nur dann in Par zu bewältigen sind, wenn der Abschlag richtig plaziert wird. Findet der Drive nämlich die Ideallinie nicht, so steht der Spieler beim Schlag zum Grün vor einer unmöglichen Ausgangslage. Erschwert wird die sportliche Herausforderung für den Spieler zudem durch einige »blinde« Grüns, deren ideales Anspiel erst ausgekundschaftet werden muß. Pro-Ansprüchen werden die Grüns allerdings nicht mehr ganz gerecht.

Zu den Besonderheiten von Falkenstein zählt das Heidekraut, das sich als gefährliches Rough nicht nur am 18. Fairway präsentiert. Im Bildhintergrund: die 17. Spielbahn.

## Platz-Charakteristik

Der Hamburger Golf-Club von 1906 verfügt über einen 18-Löcher-Meisterschaftsplatz, der, harmonisch in eine Wald- und Heidelandschaft eingebettet, vor den Toren Hamburgs liegt. Der Platz hat einen Platzstandard 71 bei einer Länge von 5925 Metern für Herren und 5276 Metern für Damen. Er reiht sich unbestritten unter die schwierigsten deutschen Plätze ein und wird zu den schönsten Plätzen Deutschlands gezählt.

## Fairways

Es wechseln, den natürlichen Gegebenheiten entsprechend, flache und hügelige Bahnen ab. Läßt man sich von den durch den dichten Waldbestand ausgelösten optischen Täuschungen nicht verwirren, erweisen sich die Fairways als weitaus breiter, als dieses zunächst den Anschein hat. Zehn Spielbahnen sind als Doglegs angelegt. Die ersten neun Löcher sind um 200 Meter länger als die zweiten neun, die nur ein einziges Par 5 aufweisen. Die Verteilung lautet: elf Par-4-, drei Par-5- und vier Par-3-Löcher.

## Rough

Dichtes Gebüsch und große, dichte Heideflächen machen präzise Schläge unbedingt notwendig.

## Bunker

Mit Ausnahme einiger weniger, sehr großer Fairwaybunker findet man die Sandhindernisse hauptsächlich rund um die Grüns. Die Bunker sind generell flach, Pottbunker fehlen.

## Wasser

Wasserhindernisse fehlen.

## Sonstige Hindernisse

Der Parcours wird geprägt von dichtem Waldbestand aus Kiefern, Birken und Eichen beiderseits der Spielbahnen.

## Greens

Die generell flachen Grüns sind großzügig angelegt. Obwohl nur an wenigen Löchern Bodenwellen das Lesen der Puttlinie erschweren, erfordert die Vorbereitung auf Putts ganze Konzentration. Infolge des sandigen Untergrunds trocknen die Grüns schnell ab, worauf man sich unbedingt einstellen sollte.

## Club

Falkenstein ist ein hanseatischer Club, dessen Mitglieder durch feine, manchmal britisch anmutende Zurückhaltung zu charakterisieren sind. Die Restaurants sind ganzjährig geöffnet. Montag ist Ruhetag. Wochentags sind Gäste willkommen.

## Pro-Shop

Der Pro-Shop führt ein gutes Angebot. Man kann hier auch Schläger und Trolleys entleihen.

PRO SHOP PRO SHOP PRO SHOP

## Caddie-Service

Bei Meisterschaften sind zehn Caddies im Einsatz. An turnierfreien Tagen ist es schwer, einen Caddie-Service zu erhalten.

## Driving Range

Bei vier überdachten Übungsplätzen bietet die Driving Range insgesamt Platz für 40 Spieler. Ferner stehen Übungsbunker, Pitching- und Putting-Grün bereit. Mehrere Pros erteilen Unterricht.

## Hamburg

Hamburger Golf-Club
In den Bargen 59
D-2000 Hamburg 59
Tel. (040) 812177

## Veranstaltungen

Falkenstein war mehrfach Ausrichter großer nationaler und internationaler Meisterschaften. Clubinterne Turniere sind gut über die Sommerferien verteilt.

## Saison

Der Parcours ist ganzjährig geöffnet. Erfahrungsgemäß liegt während des Winters nur an wenigen Tagen Schnee. Der leichte, durchlässige Heideboden bietet eine hervorragende Drainage für die in Küstennähe so häufigen Niederschläge.

## Tip

Von Hamburg kommend, empfiehlt es sich bis Blankenese zu fahren, dann in die Rissener Landstraße, von wo es links ab geht.

Championship Course

| Loch | Länge | Par | Loch | Länge | Par |
|---|---|---|---|---|---|
| 1 | 301 | 4 | 10 | 170 | 3 |
| 2 | 510 | 5 | 11 | 403 | 4 |
| 3 | 220 | 3 | 12 | 376 | 4 |
| 4 | 436 | 5 | 13 | 336 | 4 |
| 5 | 371 | 4 | 14 | 322 | 4 |
| 6 | 383 | 4 | 15 | 148 | 3 |
| 7 | 327 | 4 | 16 | 314 | 4 |
| 8 | 166 | 3 | 17 | 439 | 5 |
| 9 | 388 | 4 | 18 | 354 | 4 |
| Total | 3102 | 36 | Total | 2862 | 35 |
| | | | Insgesamt | 5964 | 71 |

Oben: Der Bremer Platz in der Garlstedter Heide gilt als einer der sportlich anspruchsvollsten Plätze Deutschlands. Im Bild: das 11. Grün.

Unten links: Das 16. Grün mit Clubhaus und Terrasse im Hintergrund.

Unten rechts: Im Club zur Vahr dienen die Bunker meist zur Verteidigung der Grüns.

BUNDESREPUBLIK DEUTSCHLAND

# Bremen

Die Geschichte ging um die Golfwelt: Auf die Frage, ob es seinem Score gutgetan hätte, wären mehr Vor-Caddies eingeteilt worden, antwortete German Open-Teilnehmer Roberto de Vicenzo schmunzelnd: »Ich glaube nicht, denn die hätten sich doch bestimmt nur verlaufen.« Ob der argentinische Meister damit auf die überdurchschnittliche Länge des Platzes oder aber auf den dichten Waldbestand, der jedes der 18 Löcher umgibt, anspielte, ließ er freilich offen. Wie dem auch sei, seit diesem denkwürdigen Statement im Jahre 1971 eilt dem 6625 Meter langen Platz der Ruf des »Course in the forest, where the caddies get lost« voraus. Unabhängig von der oben erwähnten Anekdote läßt Roberto de Vicenzo allerdings keinen Zweifel daran, daß er den Meisterschaftsplatz von Bremen als den in Europa längsten und

**schwierigsten Prüfstein für alle Golfer einschätzt. Ein Kompliment, das dem Club auch schon von vielen anderen German Open-Siegern, darunter Bernhard Langer, Neil Coles und Peter Thompson, gemacht wurde. Es gibt Golfplätze, die durch ihre ideenreiche Streckenführung oder durch ihre schwer zu spielenden Roughs bestechen; andere wiederum erobern des Golfers Herz durch zahllose Sand- und Wasserhindernisse. Der Golfclub zur Vahr ist in keine dieser Platz-Charakteristiken einzuordnen. Er weist mit seinen langen, eng durch den Wald gezogenen Fairways ein eigenes »Layout«, in dem künstliche Hindernisse gänzlich fehlen, vor. Die Tatsache, daß auf dem ganzen Platz lediglich 24 Bunker angelegt wurden, zeigt wohl deutlich, daß Architekt Bernhard von Limburger im doppelten Sinne des Wortes sehr stark auf die natürlichen Gegebenheiten baute, um den Platz in die kleine Gruppe anerkannter Spitzenplätze avancieren zu lassen. Die Rechnung des Erbauers ging auf, denn Kraft und Präzision sind heute gleich zwei Spieleigenschaften, die dem Golfer abverlangt werden, will er den Platz in den vorgegebenen 74 Schlägen absolvieren. Teiche und Moorflächen verschönern zwar das von hohen Bäumen bestimmte Gesamtbild der Anlage, tragen jedoch gleichzeitig das ihrige dazu bei, ein gutes Resultat im Club zur Vahr zum erinnerungswürdigen Ereignis eines jeden Golferlebens werden zu lassen.**

**Man kann Neil Coles, der den Kurs vom Club zur Vahr mit dem von Augusta vergleicht, nur zustimmen. Er ist ebenso zauberhaft angelegt, allerdings nicht ganz so überladen wie der berühmte Master-Kurs. Auch Bernhard Langer schätzt den Bremer Platz sehr, trotz der hier oft recht widrigen Witterungsbedingungen, wie beispielsweise bei den German Open von 1985. Damals mußten die Abschläge wegen des heftigen Regens vorverlegt werden (Par 66), was das Gesamtergebnis des Turniers etwas verfälschte.**

Wenn auch die heutige Meisterschaftsanlage erst Anfang der sechziger Jahre fertiggestellt wurde, so kann der Club zur Vahr auf eine lange Clubgeschichte zurückblicken. 1905 gegründet, ist der Verein einer der ältesten Golfclubs Deutschlands. Zahlreiche sportliche Aktivitäten hatte sich der Club dabei in seinem Gründungsjahr auf die Vereinsfahnen geschrieben, unter denen auch der Golfsport auf einem stadtnahen 9-Löcher-Platz eine zunächst relativ unbemerkte Rolle spielte. Dieses sollte sich erst Anfang der sechziger Jahre ändern, als der Vereinsvorstand beschloß, auf einem 20 Kilometer von Bremen entfernt gelegenen dichten Waldgelände inmitten der Garlstedter Heide einen zweiten Golfplatz zu bauen. Clubpräsident August Weyhausen, der bereits in den Jahren zuvor kein Hehl aus seiner Begeisterung für die großen schottischen und englischen Meisterschaftsplätze gemacht hatte, wußte dabei genau, was er wollte: Es sollte ein Platz werden, der Golfer aller Spielklassen zum »Spiel mit Köpfchen« zwingt und einem jeden Golfer seine individuellen spielerischen Grenzen deutlich vor Augen führt.

Für die Realisierung dieser hochgesteckten Ziele standen dem engagierten Präsidenten und dem bekannten Architekten Bernhard von Limburger ein 85 Hektar großes, leicht hügeliges und dichtbewachsenes Gelände zur Verfügung. Vor allem der dichte, erhaltenswerte Baumbestand bewog die Initiatoren, die von der Natur gegebenen Verhältnisse möglichst wenig zu verändern und die vorgefundenen Gegebenheiten konsequent in die Bahnführung mit einzubeziehen. Das Ergebnis präsentierte sich drei Jahre später: Hohe Bäume – ob inmitten der Fairways, als Gruppe vor dem Grün oder als psychologisch geschickt eingebaute Barriere zur längenmäßigen Ideallinie – bestimmen heute das Spielgeschehen der 18 Meisterschafts-

BUNDESREPUBLIK DEUTSCHLAND

# Bremen

Der 1963 fertiggestellte Platz liegt in dichtem Waldgebiet.

Ein gelungener Schlag aus dem Bunker zum 7. Loch.

bahnen. Darüber hinaus übt der dichte Waldbestand am Rande der Fairways einen großen Einfluß auf Spiel und Score aus.

Das beste Beispiel für die gelungene Einbeziehung von Natur und Landschaft ins Spielgeschehen liefert dabei das 7. Loch. Zwei total verschiedene Wege führen hier vom Abschlag auf das 375 Meter entfernt liegende Grün. Die guten Spieler entscheiden sich dabei zumeist für die gerade Linie auf der rechten Seite des Fairways, das hier allerdings erst nach etwa 200 Metern beginnt. Präzision ist bei dieser Streckenwahl Voraussetzung, denn nur wenige Meter vom Fairway entfernt liegt eine der vielen Ausgrenzungen. Viel mehr Platz bietet da schon die linke Fairwayhälfte, allerdings erfordert es dann schon einen weitaus längeren zweiten Schlag, um das von einer Baumgruppe verteidigte Grün zu erreichen.

Neil Coles, Gewinner der in Bremen ausgetragenen German Open 1971 und zusammen mit Peter Thompson Platzrekordhalter mit 68 Schlägen, ging sogar soweit, Zur Vahr mit dem Platz zu vergleichen, auf dem alljährlich die US-Masters ausgespielt wird. »Hier spielen der Ideallinie folgende Drives eine ebenso entscheidende Rolle wie in Augusta.«

Besonderes Lob gebührt den Par-5-Löchern des Clubs. Andernorts häufig Garant für Pars oder gar Birdies, erweisen sich die Löcher 2, 6, 10 und 15 in Bremen nur zu oft als Endstation aller Siegesträume. Am 490 Meter langen 2. und am 525 Meter langen 6. Loch müssen selbst die weltbesten Spieler ein großes Risiko eingehen, wollen sie über die sehr engen Fairways das Grün mit zwei Schlägen erreichen. Als noch gefahrenvoller erweist sich das 10. Loch mit seinen 500 Metern. Die Schneise, die es zu treffen gilt, um beim zweiten Schlag Sicht aufs Grün zu haben, ist kaum breiter als 40 Meter – und liegt zudem etwa 200 Meter vom Abschlag entfernt! Wer hier aus Sicherheitsgründen nicht zum Driver greift, muß sich mit der unorthodoxen Situation abfinden, beim zweiten Schlag ein kurzes Eisen zu zücken – oder einen kontrollierten Slice das weitere Fairway hinabzujagen.

Die unkonventionelle Art, in der Roberto de Vizenco einst das 15. Loch meisterte, beschreibt nur zu gut die Schwierigkeiten, die das vierte Par-5-Loch des Platzes dem Spieler bereitet. Zunächst verzog der Argentinier, der während seiner langen Karriere weltweit 220 internationale Titel gewinnen konnte, seinen Drive um einige Meter zu weit nach rechts – in den

Wald. Der »Befreiungsschlag« geriet zu lang, so daß der Spieler seinen Ball – nur knapp 40 Meter weiter – auf der anderen Fairwayseite im ebenso dichten Gestrüpp wiederfand. Auch der nächste Schlag überquerte erneut das Fairway, so daß Vicenzo nach drei Schlägen noch immer, 220 Meter vom Grün entfernt, im hohen Rough lag. Nur einem lehrbuchartig gespielten vierten Schlag war es dann zu verdanken, daß der Argentinier der Katastrophe noch einmal entrinnen konnte.

Über alle golferischen Mißerfolge hinweg tröstet das Ende der Runde. Zunächst verzeiht das 16. Loch, eines der wenigen geraden Löcher des Platzes, schon mal einen nicht ganz gelungenen Schlag und erlaubt dem Golfer, sich für einen kurzen Moment der landschaftlichen Idylle zu widmen, die ihn umgibt. Nach dem 210 Meter langen 17. Loch, einem Par 3, schließlich kommt der Spieler am 18. Loch zum letzten Dogleg der Runde. Hier gilt es noch einmal, alle Kräfte zu mobilisieren, um mit dem Abschlag die Stelle zu erreichen, die einen offenen Schlag zum Grün bietet.

Einer Runde auf Deutschlands baumreichstem Golfplatz steht unter der Woche nichts im Wege. Nur an Wochenenden und Feiertagen möchten die Mitglieder des exklusiven Clubs unter sich bleiben. Dieses gilt übrigens auch für den »zweiten« Platz des Golfclubs. Der weitaus ältere 9-Löcher-Platz präsentiert sich heute noch so, wie er Anfang dieses Jahrhunderts angelegt wurde: mit 3040 Metern nur halb so lang, doch nahezu ebenso eng wie der »richtige« Bremer Platz. Zudem steht er in bezug auf den Baumbestand seinem »großen Bruder« in keiner Weise nach.

Ein origineller Wetterunterschlupf ist die Hütte am 5. Grün.

## Platz-Charakteristik

Der waldreiche Platz in der Garlstedter Heide zeichnet sich durch zum großen Teil enge, durch hohen Baumbestand und tiefes Rough getrennte, flache Fairways aus. Die 18-Löcher-Meisterschaftsanlage ist 6625 Meter vom Championship-Tee, 6405 Meter für Herren, 5715 Meter für Damen lang bei Platzstandard 74. Darüber hinaus besitzt der Club noch einen 3040 Meter für Herren, 2695 Meter für Damen langen 9-Löcher-Platz vor den Toren Bremens.

## Fairways

Die Fairways sind verhältnismäßig flach und gelten wegen ihrer Länge und ihrer oftmals geringen Breite als schwierig. Viele von ihnen sind vor allem auf Drivehöhe sehr eng angelegt. Mit Ausnahme der Löcher 1, 7 und 9 werden alle Spielbahnen von dichtem Baumbestand gesäumt. Die Fairways sind mehrheitlich als Doglegs angelegt, von denen die Spielbahnen 4, 7, 9 und 14 besonders scharf abknicken. Mit acht Par-4-, sechs Par-5- und vier Par-3-Löchern weicht die Anlage vom klassischen Layout ab.

## Rough

Die Fairways werden mehrheitlich von Nadelhölzern und Birken mit Unterwuchs, vorgelagerten Wildgräsern und Heidekraut begrenzt. Nur an einigen Stellen tritt ausschließlich Heidekraut als Rough ins Spiel.

## Bunker

Es gibt lediglich 24 Bunker, alle zur Grünverteidigung angelegt. Das 5. Loch, an dem gleich drei Sandhindernisse angelegt wurden, bildet, was Qualität und Quantität der Bunker betrifft, eine Ausnahme. Den Löchern 12, 13, 14 und 15 fehlen Bunker ganz.

## Wasser

Einige Moorflächen, ein Teich am 2. Loch und ein Wassergraben am 2. und 6. Loch haben bei überlegten Schlägen wenig Bedeutung für das Spiel.

## Sonstige Hindernisse

Vom Baumbestand entlang der Fairways und den vielen Ausgrenzen geht beträchtliche Gefahr für das Spiel aus.

## Greens

Die Grüns sind groß, offen und für Amateurturniere sehr gut geeignet. Sie werden aber den Ansprüchen der Profispieler nicht mehr in Gänze gerecht.

## Club

Das moderne Clubhaus, durch Bäume gut vom Spielgeschehen abgeschirmt, beherbergt ein Restaurant, Umkleideräume, das Sekretariat und eine große Empfangshalle. Es ist ganzjährig geöffnet.

## Caddie-Service

Caddies stehen nur für Turniere bereit. Elektrocarts sind nicht zugelassen, Trolleys stehen dagegen zur Verfügung.

## Driving Range

Die große, nahe dem Clubhaus und Parkplatz gelegene Driving Range steht auch Greenfee-Spielern zur Verfügung. Ein Putting- und ein Pitching-Green liegen zwischen dem 9. und 18. Loch.

## Veranstaltungen

Der Club zur Vahr war bereits dreimal Austragungsort der German Masters. Darüber hinaus finden hier immer wieder große nationale Meisterschaften statt. Der Clubturnierplan ist auf Anfrage im Clubsekretariat erhältlich.

## Bremen

Club zur Vahr Bremen
Bürgermeister-Spitta-Allee 34
D-2800 Bremen
Tel. (04 21) 23 00 41

## Saison

Sieht man von Schneetagen ab, so ist der Platz generell ganzjährig bespielbar.

## Tip

Bei der Wahl geeigneter Golfkleidung sollte berücksichtigt werden, daß im norddeutschen Tiefland häufig ergiebige Niederschläge fallen.

Championship Course

| Loch | Länge | Par | Loch | Länge | Par |
|---|---|---|---|---|---|
| 1 | 325 | 4 | 10 | 500 | 5 |
| 2 | 490 | 5 | 11 | 175 | 3 |
| 3 | 190 | 3 | 12 | 465 | 5 |
| 4 | 520 | 5 | 13 | 375 | 4 |
| 5 | 305 | 4 | 14 | 325 | 4 |
| 6 | 525 | 5 | 15 | 510 | 5 |
| 7 | 375 | 4 | 16 | 415 | 4 |
| 8 | 150 | 3 | 17 | 210 | 3 |
| 9 | 390 | 4 | 18 | 380 | 4 |
| Total | 3270 | 37 | Total | 3355 | 37 |
| | | | Insgesamt | 6625 | 74 |

Würdevoller Abschluß einer anspruchsvollen Golfrunde ist das 18. Loch, bei dem der Abschlag über ein frontales Wasserhindernis auf ein ansteigendes Fairway führt. Im Hintergrund: das über der Anlage thronende Clubhaus.

BUNDESREPUBLIK
DEUTSCHLAND

# Düsseldorf

**Den gleichen hohen Stellenwert, den die Clubs Feldafing, Straßlach und St. Eurach für den Süden sowie Falkenstein für den Norden Deutschlands besitzen, hat der Golf-Club Hubbelrath für den Westen der bundesdeutschen Golflandschaft inne. Böse Zungen behaupten, der Platz habe seine Existenz nur dem Umstand zu verdanken, daß man in ihm die einzige Möglichkeit sah, das Gebiet zwischen der nordrheinwestfälischen Metropole und dem Bergischen Land in Wert zu setzen. Das dazu keine Notwendigkeit bestand, davon kann sich der Gast überzeugen, wenn er, vom Zentrum Düsseldorfs kommend, nach etwa zwanzigminütiger Autofahrt den großen Parkplatz der 36-Löcher-Anlage erreicht. Von einem teilweise bewaldeten Hügel, Standort des großzügig angelegten Clubhauses, bietet sich ihm nicht nur der**

Blick auf die Fairways, Bunker, Wasserhindernisse und Greens beider 18-Löcher-Plätze, sondern auch hinüber zur Landeshauptstadt und zu den Industrierevieren der Region. In diesem Kontrast liegt einer der Reize der Anlage. Die rauchenden Schlote erscheinen jedoch angesichts des Golfparadieses unendlich weit entfernt! Der Club wurde seit seiner Gründung im Jahr 1961 bereits mehrfach mit der Ausrichtung nationaler und internationaler Meisterschaften beauftragt, so zum Beispiel mit den Offenen Deutschen Meisterschaften 1973, 1977, 1986 und 1990, der Ladies German Open 1988 sowie der BMW Ladies Classic 1989 und 1990. Seit dem 20. Mai 1972 können die Mitglieder auch zu Zeiten großer Turniere ihrem Sport nachgehen. Der etwas kürzere West-Platz bietet ihnen hervorragende Gelegenheit dazu. Um den steigenden Anforderungen an einen modernen Meisterschaftsplatz Rechnung zu tragen, wurde der Ost-Platz im Vorfeld der German Open 1986 verändert. Bunker wurden so verlegt, daß sie ins Spiel kommen, Fairways durch Semiroughs schmaler, Grüns zum Teil neu geschnitten und aufgebaut. Diese Maßnahmen werden konsequent fortgeführt. Die das Gelände auszeichnende reiche Flora hat der Anlage den Ruf eingetragen, Düsseldorfs zweiter botanischer Garten zu sein. Dieses Kompliment erfüllt die mehr als 1300 Mitglieder des nahe der Autobahnausfahrt Düsseldorf-Mettmann gelegenen Clubs ebenso mit Stolz wie die Tatsache, daß in ihren Reihen Deutschlands beste Amateurspieler weilen. An der Bergischen Landstraße, Hausnummer 700, bleibt man gern unter sich, Gastspieler heißt man jedoch herzlich willkommen.

BUNDESREPUBLIK DEUTSCHLAND

# Düsseldorf

Es ist bestimmt kein Zufall, daß der Platz des Golf-Clubs Hubbelrath immer wieder in die engere Wahl kommt, wenn man von Verbandsseite daran geht, den Austragungsort hochrangiger Turniere zu vergeben. Nicht selten fällt die Wahl am Ende auf den 6207 Meter langen Meisterschaftsplatz, der sich durch die perfekte Ausrichtung und Durchführung nationaler und internationaler Meisterschaften für weitere Berücksichtigungen bei Meisterschaften empfohlen hat.

Die Anlage, oft als grüne Lunge der umliegenden Industriereviere bezeichnet, bringt alle Voraussetzungen mit, die von einem modernen Meisterschaftsplatz erwartet werden.

Etwas unterhalb des modernen Clubhauses, das einen fabelhaften Ausblick über die 36-Löcher-Anlage bietet, liegt das Pitching-Grün.

Düsseldorf-Hubbelrath war oft schon Austragungsort der German Open, des traditionsreichsten Männer-Profiturniers Deutschlands. Im Hintergrund: das 16. Grün. Vorne: der 17. Abschlag.

Ein großes, geräumiges Clubhaus, zahlreiche Parkplätze, großzügig angelegte Trainingsmöglichkeiten – und zwei über das ganze Jahr hinweg gut gepflegte 18-Löcher-Plätze, von denen der Ost-Platz auch den kritischen Anforderungen der besten Spieler Europas problemlos standhält.

Bereits im Gründungsjahr 1961 stand für die Mitglieder fest: Ihr Platz sollte alle Charakteristika zeitgemäßer Golfplatzarchitektur unter Berücksichtigung der gegebenen Raumausstattung aufweisen. Die beauftragten Architekten wurden den hochgesteckten Anforderungen in jeder Hinsicht gerecht. Der Platz konnte sich in kurzer Zeit einen guten Namen im bundesdeutschen Golfsport machen. Besonderes Lob gebührt den Architekten für das Clubhaus. Hoch über dem 18. Grün gelegen, ist es von nahezu allen Stellen des Platzes sichtbar und verheißt dem Spieler gemütliche, erholsame Stunden, hat er die Runde, vor allem den steilen Aufstieg am 17. Loch, bewältigt.

Auf der Runde selbst bestechen, neben den hohen technischen Anforderungen, Pflanzenvielfalt und -reichtum, welche die sehr variantenreich angelegten Löcher umgeben. Es sind zwar »nur« ganz normale Feld-, Wald- und Wiesenpflanzen, doch in einer selten anzutreffenden Differenzierung an Farben und Formen, von der sich Spieler immer wieder begeistert zeigen.

Der Golf-Club Hubbelrath macht allerdings nicht nur durch seine beiden Plätze von sich reden, sondern auch mit seiner Clubmannschaft. Zumeist liest sich eine Düsseldorfer Teamaufstellung wie ein Auszug aus der bundesdeutschen Nationalmannschaft. Unvergessen sind und bleiben für Deutschlands Golfer auch die nahezu alljährlich wiederkehrenden Duelle zwischen Düsseldorf und Falkenstein um die deutsche Mannschaftsmeisterschaft, die Krone des deutschen Teamgolfs. Einziger Wermutstropfen dabei für die vom ehemaligen Bundestrainer Hans-Peter Ranft trainierten Düsseldorfer Amateur-Asse: Der Vergleichskampf ging meist zu Gunsten der Hanseaten aus.

Obwohl er zumeist im Schatten seines großen Bruders steht, ist auch Hubbelraths West-Platz durchaus einen Besuch wert. Zwar ist er mit 4325 Metern wesentlich kürzer als der »richtige« Platz, was aber durch das schwierig zu spielende Par 66 wieder wettgemacht wird. Auch dieser Platz sammelte übrigens schon nationale Turnier-Erfahrung, als Deutschlands Golfer dort ihren Offenen Nationalen Deutschen Meister ermittelten. Nicht konkurrieren kann er mit diesem Turnier gegen den großen Ost-Platz, der schon German Open- und Ladies German Open-Sieger sowie internationale deutsche Amateurmeister über seine Fairways schreiten sah. Darunter Bernhard Langer, der anläßlich der 52. German Open 1986 das von Severiano Ballesteros

Blick vom 7. Grün zurück auf die Spielbahn.

Vom Meisterschaftsabschlag des 7. Loches muß ein Wasserhindernis überspielt werden, um das Grün zu erreichen.

angeführte Verfolgerfeld in die Schranken wies, oder die spätere Ladies US Open-Siegerin Liselotte Neumann, die 1988 nach einem dramatischen Finale der Französin Marie-Laure de Lorenzi-Taya den bereits sicher geglaubten Siegerscheck doch noch entführte.

Die Runde auf dem Ost-Platz beginnt, wie sie vier anstrengende Stunden später enden wird: mit einem Par 4, das die spieltechnischen Fähigkeiten gleich auf die Probe stellt. Zudem wird man vor die Qual der Wahl gestellt: Kürzt man das nach links abknickende Dogleg, ein 379 Meter langes Par 4, ab und riskiert, seinen Ball am Fuße der hohen Baumgruppen im dichten Rough wiederzufinden, oder folgt man der vom Fairway vorgeschriebenen Bahnführung? Die richtige Wahl ist, wie auch an anderen Löchern des Ost-Platzes, schwer zu treffen. Erst wenn der Ball gelocht ist, wird der Spieler wissen, ob er sich für die richtige Alternative entschieden hat.

Über steigendes und abschüssiges Gelände geht es weiter, so daß nicht nur das golferische Können, sondern auch die Kondition einem harten Test unterzogen wird. Die Fairways sind schmal, von Semirough, Rough, Gebüsch und Bäumen gesäumt. Sie sind mehrheitlich als Doglegs angelegt. Wasser tritt nur an den Löchern 7, 10, 12 und 18 ins Spiel. Die härteste Kraftprobe steht dem Spieler am 17. Loch bevor. Über die gesamte Länge von 523 Metern zieht sich dieses Par-5-Loch den Berg hinauf. Vom Abschlag aus braucht es da schon ein gesundes Maß an Selbstüberwindung, um sich dem Unvermeidlichen zu beugen und den Drive möglichst weit in den Hang hineinzuschlagen.

Selbst der konditionsstärkste Golfer wird nach den 18 Löchern des Ost-Platzes kaum den Wunsch verspüren, eine weitere Runde in Angriff zu nehmen. Lieber beobachtet er von der Terrasse aus jene, deren Kampf gegen Roughs, Wasserhindernisse, zahllose Bunker und immer wiederkehrende Hanglagen noch anhält. Vielleicht liebäugelt er auch mit dem Wunsch, einen spieltechnischen Kontrapunkt auf dem West-Platz zu setzen, der allerdings ebenfalls nicht zu unterschätzende Hanglagen und kleine Grüns parat hält. Gästen stehen beide Plätze wochentags offen. An Wochenenden ist das Spielen jedoch nur in Begleitung eines Clubmitglieds möglich.

## Düsseldorf

Golf-Club Hubbelrath
Bergische Landstraße 700
D-4000 Düsseldorf
Tel. (02104) 72178

## Platz-Charakteristik

Der Golf-Club Hubbelrath verfügt über zwei Plätze. Der Ost-Platz, ein 18-Löcher-Meisterschaftsplatz, hat Platzstandard 72 bei 6207 Metern Champion-Distanz, 6053 Metern für Herren und 5332 Metern für Damen. Er gilt als einer der schwersten deutschen Plätze. Der West-Platz ist mit 4325 Metern für Herren und 3800 Metern für Damen bei Platzstandard 66 deutlich kürzer und weniger schwierig.

## Fairways

Die Bahnführung des Ost-Platzes stellt hohe Anforderungen an Kondition und Golftechnik. Die Fairways ziehen sich über sehr hügeliges Gelände hin. Die Spielbahnen sind zum großen Teil eng und als Doglegs angelegt. Sie werden von Rough, Büschen, Sträuchern und Bäumen gesäumt. Der Pflegezustand ist vorbildlich.

## Rough

Die Semiroughs und Roughs bestehen aus einem Spezialgras. Obwohl sie selbst bei großen Turnieren kurz gehalten werden, kommt der Ball aus ihnen schwer frei.

## Bunker

Die Grüns werden von Sandhindernissen sehr gut verteidigt. Fairwaybunker sind an allen strategisch wichtigen Stellen plaziert worden, so in Drive-Entfernung und im Treffbereich zweiter Schläge.

## Wasser

Wasserhindernisse begleiten die Löcher 7 und 10 linksseitig. Am 18. Loch ist ein Teich vom Abschlag aus zu überspielen. Am 12. Loch quert ein Wassergraben die Spielbahn.

## Sonstige Hindernisse

Waldbestand mit dichtem Unterholz aus Gebüsch und Sträuchern säumt die Fairways. Er erzwingt präzise Schläge, straft Hock und Slice mit Schlägen aus schwierigsten Lagen oder Ballverlust.

## Greens

Die großen, zum Teil »blinden« Meisterschaftsgrüns sind breakreich und schwer zu lesen. Bei großen Turnieren werden sie auf 2,5 Millimeter heruntergeschnitten, so daß sie sehr schnell sind.

## Club

Der Club mit über 1300 Mitgliedern hat Aufnahmesperre. Das große Clubhaus beherbergt neben großzügigen Umkleideräumen ein Schwimmbad, eine Sauna, ein Restaurant und einen Empfangssaal.

## Pro-Shop

Der Pro-Shop führt ein gutes Angebot. Kein Schlägerverleih.

## Caddie-Service

Zehn Caddies stehen im Dienste des Clubs.

## Driving Range

Rund 150 Meter vom Clubhaus liegt die große Übungswiese, die 50 Spielern gleichzeitig Übungsmöglichkeiten bietet. Darüber hinaus stehen ein Übungsbunker, ein Pitching- und ein Putting-Grün bereit.

## Veranstaltungen

Der Ost-Platz war Austragungsort zahlreicher Meisterschaften, darunter die German Open 1986 und 1990, die Ladies German Open 1988, die BMW Ladies Classic 1989 und 1990. Darüber hinaus finden in angemessenem Umfang Clubturniere statt.

## Saison

Der Platz ist ganzjährig geöffnet. Die Bespielbarkeit ist jedoch von den Witterungsverhältnissen abhängig.

## Tip

Die Anlagen stehen unter der Woche Greenfee-Spielern offen (nach Voranmeldung). An den Wochenenden ist Gästen das Spiel nur in Begleitung von Clubmitgliedern gestattet.

Championship Course (Ost-Platz)

| Loch | Länge | Par | Loch | Länge | Par |
|---|---|---|---|---|---|
| 1 | 379 | 4 | 10 | 337 | 4 |
| 2 | 398 | 4 | 11 | 202 | 3 |
| 3 | 328 | 4 | 12 | 438 | 5 |
| 4 | 125 | 3 | 13 | 353 | 4 |
| 5 | 288 | 4 | 14 | 189 | 3 |
| 6 | 514 | 5 | 15 | 390 | 4 |
| 7 | 191 | 3 | 16 | 360 | 4 |
| 8 | 450 | 5 | 17 | 523 | 5 |
| 9 | 366 | 4 | 18 | 376 | 4 |
| Total | 3039 | 36 | Total | 3168 | 36 |
| | | | Insgesamt | 6207 | 72 |

Rauhreif auf dem Fairway des 1. Loches. Im Hintergrund: das 1. Grün und die Benediktenwand.

BUNDESREPUBLIK DEUTSCHLAND

# St. Eurach

Von München aus stößt der Golfer auf der Bundesautobahn in Richtung Garmisch-Partenkirchen nach etwa 20 Minuten bei Penzberg auf jenen Platz, der neben Feldafing und Straßlach den Ruf Münchens als »heimliche Golf-Hauptstadt« Deutschlands begründet hat: St. Eurach. Dieser 18-Löcher-Platz wurde 1973 fertiggestellt und ist somit der weitaus jüngste im Reigen der drei »Vorzeigeplätze« der Metropole des bayerischen Golfsports. Kenner der Golfplatzszene sind sich einig, daß der 6528 Meter lange Parcours einzigartig ist, wozu natürlich auch der ausgedehnte Waldbestand beiträgt, der seine Bahnen weiträumig umgibt. 65 Schläge weist eine Tafel im etwas extravaganten, doch zugleich urgemütlichen Clubhaus als Platzrekord aus. Dieses Ergebnis ist zweifelsohne mehr auf das außergewöhnliche golferische

**Können des Rekordhalters Severiano Ballesteros als auf einen mangelnden Schwierigkeitsgrad des Platzes zurückzuführen. Denn lange, von zahlreichen natürlichen und künstlichen Hindernissen eingeengte Spielbahnen sowie großzügig angelegte, breakreiche Grüns fordern dem Spieler schon einiges an Spielvermögen ab, will er nicht am Ende der anspruchsvollen Runde mit einem übermäßig hohen Score ins Clubhaus zurückkehren. Im Vergleich mit Feldafing kommen in St. Eurach auch die etwas konditionsschwächeren Spieler zum Zuge: Nur drei Löcher ziehen sich durch ansteigendes beziehungsweise abschüssiges Gelände. Die**

Treffpunkt für Jung und Alt ist das moderne, sehr geräumige Clubhaus.

Die große Driving Range liegt vor dem Clubhaus.

**anderen Fairways folgen durch eine ebene Landschaft ihrem vorgezeichneten Weg. Nicht wundern sollte sich der Spieler, muß er im Rough, das auf den ersten Blick doch so harm- und problemlos erscheint, den Verlust eines Balles hinnehmen: Die Grasflächen links und rechts der Fairways sind zwar kurz geschnitten, doch so dicht, daß es durchaus vorkommen kann, daß sich ein Ball darin für immer den Blicken seines Eigentümers entzieht.**

Amerikanische Golfplatz-Architekten sprechen manchmal von einem »god given piece of land«, wenn sie ein landschaftlich reizvolles Areal ohne großen Aufwand in eine hervorragende Golfanlage umwandeln können. Als sicher gilt, daß auch Donald Harradine spontan zu dieser Charakterisierung griff, als er 1971 zum erstenmal das Terrain abschritt, auf dem im Laufe der folgenden 24 Monate unter seiner Federführung der Land- und Golfclub St. Eurach entstehen sollte. Bot doch das Land bereits im Vorfeld aller Golfpläne eine golfplatzähnliche Struktur, die unter dem amerikanischen Architekten in geradezu perfekter Manier in das spätere Spielgeschehen einbezogen wurde. Bayerische Plätze und deren Besonderheiten, die besonders in der Planungsphase zu beachten sind, waren dem amerikanischen Golfplatz-Fachmann dabei nicht fremd, denn zuvor hatte Harradine bereits bei einigen anderen Plätzen der Alpenregion als Geburtshelfer fungiert. Dennoch – oder vielleicht auch gerade deshalb –

gilt St. Eurach heute als sein bayerisches Meisterstück, eine Klassifizierung, auf die seine Mitglieder zu Recht stolz sein können – und sind.

Das erste, was dem Gast ins Auge sticht, ist das großzügige Clubhaus mit seinem fast bis zum Boden reichenden Dach. Es beherbergt neben mehreren Salons und einem Restaurant auch ein Schwimmbad, eine Sauna. Noch bevor er einen Blick auf die Tennisplätze wirft, wird dem Gast bewußt, daß St. Eurachs Clubverantwortliche stets bestrebt sind, ihren Mitgliedern das größtmögliche Maß an Komfort, Erholung und Gemütlichkeit zu bieten. Krönung des Prachtbaus ist bei allem Luxus, den sein Interieur birgt, die große Südterrasse mit ihrem unvergeßlichen Ausblick auf das Golfgeschehen, das sich vor dem Panorama gewaltiger Berge abspielt.

Die große Rolle, die St. Eurach heute im gesellschaftlichen Leben Münchens spielt, verdankt es sicherlich auch der Tatsache, daß es nur etwa 40 Kilometer außerhalb der bayerischen Metropole liegt. Seen, Berge und Wälder, welche die 18 Golfbahnen umgeben, verheißen Ruhe und Erholung vom Alltagsgeschehen, eine Einladung, die von allen Mitgliedern nur zu gerne angenommen wird.

In dieser großen Akzeptanz, auf die St. Eurach im Kreise seiner etwa 600 Mitglieder stößt, ist auch der Grund dafür zu sehen, warum sich der Meisterschaftsplatz Gästen nur zögernd öffnet. Am Wochenende und feiertags bleiben die Clubtore für Nichtmitglieder ganz geschlossen.

Schon am 1. Abschlag wird dem Spieler bewußt, welche große sportliche Herausforderung er angenommen hat. Zwar liegt das Dogleg, ein 400 Meter langes Par 4 (Championship-Abschlag: Par 5, 453 Meter), weiträumig vor ihm. Doch spätestens beim Anspielen des schwer zugänglichen, nach rechts geneigten Grüns wird es ernst für Score und Nerven.

Mit seiner Länge liegt das Auftaktloch übrigens ganz im Rahmen der elf Par-4-Löcher, die über die Runde verteilt sind. Von 305 bis 407 Metern reichen die Längen der Löcher, die es – wohlgemerkt eigentlich – in vier Schlägen zu bewältigen gilt. Eine Sonderstellung nehmen das 1., das 4. (380 Meter) und das 14. Loch (407 Meter) ein. Von den Champion-Tees aus sind sie als Par-5-Löcher ausgewiesen, wodurch auch erklärt ist, warum das Platzpar vom normalen Abschlag (71) zum Meisterschaftsabschlag um drei Schläge differiert.

Dem Golfer werden in St. Eurach kaum Ruhepausen gewährt. Weder an den vier 140 bis 190 Meter langen Par-3-Löchern noch an den bereits erwähnten Par-4-Löchern. Möglichkeiten, Patzer auszugleichen, bieten höchstens die drei Par-5-Löcher, die sich allerdings durch sehr schwer anzuspielende Grüns auszeichnen. So geht es zum Beispiel am 480 Meter langen 7. Loch unmittelbar hinter dem Grün etwa 15 Meter steil bergab; am 444 Meter langen 10. Loch verbirgt sich das Kurzgeschorene hinter hohen Bäumen, und am 18. Loch (437 Meter) ist das Grün in Gänze von einem Bunker umgeben, der zum Abschluß der

Die mächtige Benediktenwand gibt eine prachtvolle Kulisse für das 1. Grün ab.

Runde noch einmal die Nerven des Spielers hart auf die Probe stellt.

Die Par-3-Löcher fordern präzises Spiel. Nicht umsonst kommen St. Eurachs Mitglieder nur selten in den Genuß einer feucht-fröhlichen As-Feier. Denn am 2. Loch, einem Par 3 mit 165 Metern Länge, bei dem es gilt, ein Wasserhindernis zu überwinden und nicht in einem der drei großen Grünbunker zu versanden, ist des Golfers Welt bereits dann in Ordnung, sieht er seinen Ball »nur« auf dem Grün landen. Birdie- oder gar As-Träume verwandeln sich hier, ebenso wie am 17. Loch, jenem »Monster« mit seinem über die ganze Länge von 170 Metern stark nach links geneigten Fairway, häufig zum Golftrauma. Gerät der Ball zu kurz, findet er sich unweigerlich in jenem Gitter wieder, das die Bahn von dem Zufahrtsweg zum Clubhaus trennt.

Das 14. Loch stellt jedoch alle Herausforderungen in den Schatten. Zunächst beeindruckt an diesem Par-4-Loch die sehr respektable Länge von 407 Metern (Damen 360 Meter), die zudem über sehr abschüssiges, enges und bewegtes Gelände führt. Hat man den Abschlag erst einmal in der Mitte des beiderseits von Wald gesäumten Fairways gelegt, gilt es, das erhöht plazierte Grün, das von großen Bunkern flankiert wird, »anzugreifen«. Kenner wissen, daß der Ball die Möglichkeit hat, sich hinter dem Grün, wo es steil abwärtsgeht, für immer zu verabschieden.

Mit der Darstellung der markantesten Löcher St. Eurachs dürften die Schwierigkeiten des Platzes auf einen Nenner gebracht sein: Hügeliges Gelände, Wasserhindernisse, gut verteidigte Grüns und strategisch gut plazierte Fairwaybunker erwarten den Golfer, für den eine Runde dennoch zu einem außerordentlichen Golftag zu werden verspricht. Auf keinen Fall sollte der Spieler dabei vergessen, an manchen Löchern seine Ambitionen für einen Moment zurückzustellen, um die ihm gebotene Aussicht zu genießen. Das Panorama der bayrischen Alpen hilft ihm sicherlich über so manchen golferischen Schicksalsschlag hinweg.

Dichter Baumbestand an den Spielbahnrändern, Wasser und zum Teil hohes Rough prägen den St. Euracher Platz, dessen landschaftlicher Reiz über die Grenzen Süddeutschlands hinaus bekannt wurde. Im Bild: das 2. Grün, vom 1. Fairway aus gesehen.

## Platz-Charakteristik

St. Eurach verfügt über einen 18-Löcher-Meisterschaftsplatz mit einer Länge von 6509 Metern (Meisterschaftsabschläge) beziehungsweise 5888 Metern (Herrentees) bei Par und Standard 74 beziehungsweise 71. Loch 1, 11 und 14 werden für die Championship-Abschläge von Par 4 zu Par 5 erweitert.

## Fairways

Die Spielbahnen sind zum überwiegenden Teil eben und breit angelegt, werden allerdings vom großen Waldbestand optisch sehr verengt. Die Löcher 1, 5, 6, 9, 10, 11, 13, 15, 16 und 18 sind ausgeprägte Doglegs. Mit elf Par-4-, drei Par-5- und vier Par-3-Löchern weicht der Platz vom klassischen Layout ab.

## Rough

Das Rough ist kurz geschnitten und gut gepflegt, aber auch sehr dicht, so daß Rough-Schläge zu einer schwierigen Aufgabe werden können. Man hüte sich besonders vor dem Rough, das die Fairways des 11., 16. und 17. Loches säumt.

## Bunker

Die zahlreichen Sandhindernisse sind variantenreich, teilweise sehr weiträumig gestaltet und spielstrategisch gut plaziert.

## Wasser

An den Löchern 1, 2, 7, 15 und 16 treten – künstliche und natürliche – Wasserhindernisse ins Spiel. Der Teich, der das Grün des 16. Loches rechtsseitig begrenzt, kann spielentscheidend sein.

## Sonstige Hindernisse

Der Platz ist von hohen Wäldern umgeben. Abseits der Spielbahnen findet man mit Nadelbäumen wildbewachsene, in ihrer ursprünglichen Form belassene Flächen.

## Greens

Die Grüns sind nicht sonderlich groß, aber gut verteidigt. Ihr »Lesen« erweist sich als schwierige Aufgabe.

## Club

Das moderne Clubhaus bietet viele Entspannungsmöglichkeiten, so ein Schwimmbad, eine Sauna, einen Fernsehraum, ein Billard- und Bridgezimmer und ein Restaurant. Darüber hinaus stehen den Mitgliedern und Gästen Open-Air-Tennisplätze zur Verfügung. Bei schönem Wetter sollte unbedingt der Ausblick von der Südterrasse genossen werden.

## Pro-Shop

Das Warenangebot erfüllt zwar nicht jeden Wunsch, man wird jedoch sehr fachkundig und zuvorkommend beraten. Leihschlägersets stehen zur Verfügung.

## Caddie-Service

Caddies stehen nach Vorbestellung bereit. Leihwagen können gemietet werden.

## Driving Range

Die golferischen Erfolge können auf der großen, teilweise überdachten Driving Range, einem Pitching- und Putting-Grün vorbereitet werden.

# St. Eurach

Land- und Golfclub St. Eurach
Eurach 8
D-8127 Iffeldorf
Tel. (08801) 1332

## Veranstaltungen

Großen Anklang findet das Damenturnier, das alljährlich im Juni ausgetragen wird. Auch die Durchführung einer offenen Golfwoche im August hat ein breites Echo gefunden.

## Saison

Wie in Süddeutschland üblich, dauert die Golfsaison von März bis November.

## Tip

Am Wochenende können Gäste nur in Begleitung von Mitgliedern spielen. Wer gerne im Spätherbst spielt, sollte sich erkundigen, ob die Wintergrüns bereits eingerichtet sind.

Championship Course

| Loch | Länge | Par | Loch | Länge | Par |
|---|---|---|---|---|---|
| 1 | 453 | 5 | 10 | 447 | 5 |
| 2 | 173 | 3 | 11 | 440 | 5 |
| 3 | 406 | 4 | 12 | 150 | 3 |
| 4 | 424 | 4 | 13 | 341 | 4 |
| 5 | 315 | 4 | 14 | 473 | 5 |
| 6 | 345 | 4 | 15 | 388 | 4 |
| 7 | 535 | 5 | 16 | 363 | 4 |
| 8 | 200 | 3 | 17 | 181 | 3 |
| 9 | 395 | 4 | 18 | 480 | 5 |
| Total | 3246 | 36 | Total | 3263 | 38 |
| | | | Insgesamt | 6509 | 74 |

Oben: Herbstlandschaft am 14. Loch. Im Hintergrund: das 13. Grün und der Starnberger See.

Unten links: Oberhalb des 18. Grüns liegt das Clubhaus des Golf-Clubs Feldafing.

Unten rechts: Eines der wenigen Wasserhindernisse des Platzes liegt vor dem 12. Grün.

BUNDESREPUBLIK DEUTSCHLAND

# Feldafing

**Als einer der ältesten Golfclubs Deutschlands empfiehlt sich der Golfclub Feldafing seinen Mitgliedern und Gästen. 28 Kilometer südlich der bayerischen Landeshauptstadt München, direkt am Starnberger See gelegen, ist der 1926 gegründete 18-Löcher-Platz von Wäldern mit einem teilweise über hundert Jahre alten Baumbestand umgeben. Als geschichtsträchtig erweist sich eine Runde über die insgesamt 5708 Meter langen Bahnen: Vor allem am 11. Abschlag wird der Golfer an die historische Vergangenheit des Geländes, die bis in die Mitte des 19. Jahrhunderts zurückreicht, erinnert. 1853 beschloß König Maximilian II. von Bayern, der die Feldafinger Voralpenlandschaft ins Herz geschlossen hatte, auf dem großen Hanggebiet seine Sommerresidenz zu errichten. Das Projekt kam über die Plan-**

ungsphase kaum hinaus. Seither ruhen auf dem »Königsbergl«, unter der riesigen alten Buche neben dem 11. Abschlag, die ersten Granitbrocken für die Fundamente des geplanten königlichen Schlosses. Sie sind gleich wie das parkähnliche Gelände, das vom Generaldirektor der königlich preußischen Hofgärten, Peter Josef Lenné, angelegt wurde, vage Erinnerung an die königliche Idee. Die Geschichte des Golfclubs Feldafing, der das Gelände in einen Golfplatz verwandelte, begann im zweiten Jahrzehnt dieses Jahrhunderts. 1926 wurde der deutsche Architekt Bernhard von Limburger mit der Gestaltung von neun Löchern beauftragt, denen erst 1962, nach den kriegsbedingten umfangreichen Wiederaufbauarbeiten, die »zweiten Neun« folgten. In den folgenden knapp dreißig Jahren hat der Platz, Ausrichter zahlreicher nationaler und internationaler Meisterschaften, sein Erscheinungsbild weitgehend bewahrt: In der Bahnführung wurden nur wenige Veränderungen vorgenommen, und der beste Weg zu einem guten Score führt auch heute noch über einen beherzten Angriff, der allerdings nur zu oft am baumreichen Saum der Fairways jäh gebremst wird. Präzision wird auf fast allen Spielbahnen verlangt, sowohl beim Abschlag als auch beim Anspielen der kleinen, zumeist von Bunkern sehr gut verteidigten Grüns.

Die Grüns von Feldafing sind klein angelegt und aufgrund zahlreicher Bodenwellen schwer zu lesen. Im Hintergrund: das 11. Grün.

Morgendlicher Blick von der Kapelle oberhalb der 18. Spielbahn auf den Starnberger See. Im Vordergrund: das 17. Fairway und das 16. Grün.

BUNDESREPUBLIK DEUTSCHLAND

# Feldafing

Nicht ganz zu Unrecht sind die ca. 650 Mitglieder des Golfclubs Feldafing stolz auf ihren Platz. Der Seeuferstraße von Starnberg aus nach Tutzing folgend, stößt der Golfer auf ein Areal, mit dem es die Natur besonders gut gemeint hat: Der nahegelegene Starnberger See, die schönen Wälder, die sanften Hügel der Endmoräne, die Parklandschaft und, bei Föhn, die Kulisse der Alpen bilden einen Rahmen, der seinesgleichen sucht. Doch sind es nicht nur die äußeren Umstände, die für eine Runde in Feldafing sprechen. Auch im sportlichen Angebot, das dem Golfer über die 18 Löcher gemacht wird, liegt der Ruf begründet, daß Feldafing einer der schönsten und interessantesten Plätze Deutschlands ist. Dieses wurde 1989 von dem renommierten Magazin Golf Sport bestätigt.

Die Ursprünge des Platzes gehen in die zwanziger Jahre dieses Jahrhunderts zurück, als sich eine Handvoll Golfbegeisterter zusammentaten, um auf dem ehemals königlichen Gelände einen Golfclub ins Leben zu rufen. Mit bescheidenen Mitteln, aber großem Enthusiamus ging man daran, einen 9-Löcher-Platz anzulegen, der bereits kurze Zeit später in die Phalanx der angesehenen deutschen Golfclubs vorstoßen sollte.

Durch den Ausbruch des Zweiten Weltkrieges wurde das Clubleben jäh unterbrochen. Zeitweise mußte man sogar befürchten, daß die Fairways und Grüns, die damals zu Wiesen degradiert wurden, zu Kartoffel- und Rübenfeldern umgewidmet würden. Dieses hätte wohl das Ende des Golfclubs Feldafing bedeutet. Die Wiederaufnahme des Spielbetriebes nach Kriegsende ist den in Feldafing stationierten Amerikanern zu verdanken, die hoch erfreut waren, einen, wenngleich pflegebedürftigen, Golfplatz vor der Haustür vorzufinden. Die Wiederherstellungarbeiten gingen so rasch vor sich, daß bereits 1949 unter der Federführung amerikanischer Militärs in Feldafing die German Open ausgetragen werden konnten, an denen die besten Spieler aus allen Teilen Europas teilnahmen.

Ende der fünfziger Jahre wurde mit Dr. Bernhard von Limburger jener Mann mit der Erweiterung des Platzes auf 18 Löcher beauftragt, der dreieinhalb Jahrzehnte zuvor für die Gestaltung der ersten neun Bahnen verantwortlich gezeichnet hatte. Das Ergebnis, das 1962 der Öffentlichkeit präsentiert wurde, erweist sich als golferisch anspruchsvolle Herausforderung, bei der weniger auf langes als auf präzises Spiel Wert gelegt wird. Denn die Runde ist kurz und führt über 5708 Meter bergauf und bergab; nur selten kann der Spieler vom geraden Stand aus einen Schlag ausführen. Die Grüns, die auf den ersten Blick keine allzu großen Schwierigkeiten erkennen lassen, erweisen sich bei genauem Hinsehen als breakreich und schwer zu lesen. Auch der unter den Mitgliedern als Geheimtip gehandelte Hinweis »sie fallen alle zum See ab« hilft dem Spieler, der erstmals in Feldafing an den Start geht, nur wenig. Kommt es doch immer noch darauf an herauszufinden, wie das Loch links oder rechts angespielt werden muß.

Mit 3039 Metern sind die ersten neun Löcher um nahezu 400 Meter länger als die »Back-Nine«. Im Verlaufe der ersten Rundenhälfte stößt der Spieler auf drei der insgesamt vier Par-5-Löcher. Weitaus schwerer zu spielen sind die Par-4-Löcher, deren Längen zwischen 290 und 382 Metern zunächst zwar kaum Schwierigkeiten vermuten lassen, sich aber spätestens vom Abschlag als wahre Prüfung herausstellen. Nicht nur, daß sie von hochgewachsenem Waldbestand gesäumt werden, sie sind zudem teilweise als Doglegs angelegt, bei denen der Drive schon sehr genau »sitzen« muß, will sich der Golfer die Möglichkeit offen halten, mit dem zweiten Schlag das Grün anzugreifen.

Kleine Verschnaufpausen versprechen da höchstens die – mit zwei Ausnahmen – kurzen Par-3-Löcher. Am 2., 8. und 11. Loch ist nur ein kurzes Eisen einzusetzen, das allerdings sehr präzise gespielt und dosiert geschlagen werden sollte, um auf den engen Grüns Par-Chancen zu eröffnen. Weit geht es dagegen am 14. Loch hinauf: 196 Meter lang zieht sich dieses Par-3-Loch hangaufwärts, ehe das von einer Welle durchzogene Grün

An beiden Seiten von altem Baumbestand gesäumte, oftmals enge Spielbahnen – im Bild: das 13. Fairway – sind das Markenzeichen von Feldafing, einem der ältesten Golfclubs Süddeutschlands.

erreicht ist. Dafür geht es zwei Bahnen weiter nahezu die gleiche Distanz wieder bergab: Am 16. Abschlag tut sich ein Blick auf die von Jahreszeit zu Jahreszeit wechselnde farbenprächtige Landschaft auf, den der Golfer sicherlich noch mehr genießen könnte, wäre da nicht die Unsicherheit, mit dem Abschlag in dem Bach, der das Grün umgibt, zu landen. Besondere Aufmerksamkeit sollte der Spieler der Tatsache widmen, daß immer wieder Spaziergänger, welche die Anlage als Park frequentieren, die Spielbahnen kreuzen.

Spätestens nach Abschluß der ersten Runde wird sich der Golfer eingestehen, daß Feldafing seine ganz eigenen Schwierigkeiten vorzuweisen hat. Wasser- oder Sandhindernisse spielen nur eine untergeordnete Rolle, dafür empfiehlt sich der Platz durch die geschickte Einbeziehung der landschaftlichen Gegebenheiten in das Spielgeschehen.

Einem ständigen Wechsel zwischen Par-3- und Par-4-Löchern muß sich der Spieler zwischen den 10. und 17. Loch stellen. Vor dem 18. Grün freut man sich auf das »Après-Golf« im modernen, 1974 fertiggestellten Clubhaus. Ein knappes halbes Jahrhundert hatte es gedauert, ehe die finanziellen Mittel zur Errichtung des Prachtbaus mit seinem großen Aufenthaltsraum bereitgestellt werden konnten. Auf seiner großzügig angelegten Sonnenterasse, die einen hervorragenden Ausblick auf das zu Füßen liegende Golfgeschehen am 10. und 18. Loch gewährt, läßt sich die Runde besonders gut Revue passieren. Eine gute Küche und eine freundliche Bedienung bringen schnell wieder alle Sorgen um das golferische Können zum Verschwinden und lassen die Vorfreude auf die nächste Runde wachsen. Das alte Clubhaus, das hinter dem heutigen 18. Abschlag stand, gibt es übrigens nicht mehr. Nachdem über Jahrzehnte hinweg von hier das Vereinsleben gelenkt worden war, fiel es nach Fertigstellung des neuen Clubhauses neben dem 18. Grün dem Abriß zum Opfer.

Greenfee-Spieler sind in Feldafing während der Woche gern gesehene Gäste. An Wochenenden und Feiertagen wird es dagegen schwierig, sich eine Startzeit zu sichern. Die Saison beginnt im April und endet im November. Vor allem im Frühjahr, wenn sich der Platz in frischem Grün präsentiert oder im Herbst, wenn die Natur in bunten Farben erstrahlt, ist Feldafing einen Besuch wert.

# Feldafing

Golf-Club Feldafing e. V.
Tutzinger Straße 15
D-8133 Feldafing, Obb.
Tel.: (08157) 7005

## Platz-Charakteristik

Der Golfclub Feldafing verfügt über eine 18-Löcher-Meisterschaftsanlage mit einer Länge von 5075 Metern für die Damen und 5708 Metern für die Herren bei Par und SSS 71. Der Platz wurde 1988 von einer Fachjury zum landschaftlich schönsten Golfplatz Deutschlands gekürt.

## Fairways

Die verhältnismäßig hügeligen und von hohem, altem Baumbestand umsäumten Fairways verlangen ein präzises Spiel. Mehrere der anspruchsvollen Par-4-Bahnen – Loch 4, 5, 12, 13, 15 und 17 – sind als Doglegs angelegt. Mit neun Par-4-, vier Par-5- und fünf Par-3-Löchern weicht die Anlage vom klassischen Layout ab.

## Rough

Rough im herkömmlichen Sinne gibt es in Feldafing kaum. Dafür bekommt es der Spieler am Rand der Spielbahnen sehr oft mit dem Wurzelwerk der Bäume zu tun.

## Bunker

Wenn es auch nur 34 Bunker gibt, so sind diese doch generell spielstrategisch sehr gut plaziert. Sie befinden sich auf Drive-Höhe oder dienen zur Verteidigung der Grüns. Die Sandhindernisse sind mehrheitlich flach angelegt.

## Wasser

Wasserhindernisse treten nur am 12. Loch – dort ist es ein künstlicher Teich – mit einem Bach am 16. Loch ins Spiel. Der Starnberger See, nur 100 Meter vom 10. Grün entfernt, ist zwar oft sichtbar, nimmt aber keinen Einfluß auf das Spielgeschehen.

## Sonstige Hindernisse

Die hügeligen, teilweise hängenden Fairways lassen ungenau geschlagene Bälle leicht in den Wald abrollen. Am 13. Loch muß ein Jahrhunderte alter Baum umoder überspielt werden.

## Greens

Im Vergleich zu den modernen jüngeren Golfplätzen sind die Grüns sehr klein, so daß nur sehr präzise Annäherungen zum Ziel führen. Die kurzgeschorenen Flächen zeichnen sich aufgrund zahlreicher Bodenwellen durch Breakreichtum aus und sind schwer zu lesen.

## Club

Der Golfclub Feldafing ist ein Mitgliederclub, der Greenfeespieler großzügig willkommen heißt. Das neue Clubhaus bietet einen ausgezeichneten Blick auf einige Löcher und den Starnberger See. Sekretariat und Gastronomie sind täglich ab 10.00 Uhr geöffnet (montags Ruhetag!).

## Pro-Shop

In dem großen Pro-Shop findet man ein konsequent auf den Golfsport ausgerichtetes Angebot. Schlägersätze können ebenfalls hier gemietet werden.

## Caddie-Service

Caddies stehen nach Vorbestellung zur Verfügung. Trolleys können gemietet werden.

## Driving Range

Die Übungswiese liegt wie das Putting- und Pitching-Grün 50 Meter vom Clubhaus entfernt. Mehrere Pros erteilen Unterricht.

## Saison

Die Turniersaison dauert von April bis November. Sofern kein Schnee liegt, ist der Platz auch im Winter geöffnet.

## Veranstaltungen

Der Club ist Ausrichter zahlreicher nationaler und internationaler Meisterschaften.

## Tip

Um ein zufriedenstellendes Ergebnis zu erzielen, braucht es vor allem präzise Eisen und einen ruhigen Stand.

Championship Course – Herren

| Loch | Länge | Par | Loch | Länge | Par |
|---|---|---|---|---|---|
| 1 | 340 | 4 | 10 | 290 | 4 |
| 2 | 158 | 3 | 11 | 112 | 3 |
| 3 | 459 | 5 | 12 | 352 | 4 |
| 4 | 368 | 4 | 13 | 382 | 4 |
| 5 | 362 | 4 | 14 | 196 | 3 |
| 6 | 458 | 5 | 15 | 380 | 4 |
| 7 | 304 | 4 | 16 | 161 | 3 |
| 8 | 129 | 3 | 17 | 340 | 4 |
| 9 | 461 | 5 | 18 | 456 | 5 |
| Total | 3039 | 37 | Total | 2669 | 34 |
| | | | Insgesamt | 5708 | 71 |

# Der Bewertungsschlüssel

Die vom Autor vorgenommene Bewertung durch ein, zwei oder drei Symbole ist nicht in erster Linie qualitativ zu verstehen, sondern bezieht sich auf Art, Ausstattung und Angebot der verschiedenen Plätze und ihrer konstituierenden Elemente.

Dabei kommen folgende Kriterien zur Anwendung:

Platz-Charakteristik: Je nach Art der Gesamtanlage; 1 Symbol: überwiegend leicht; 2 Symbole: mittelschwer; 3 Symbole: überwiegend schwer.

Fairways: 1 Symbol: überwiegend flach, gerade und weit; 2 Symbole: teilweise flach, gerade und weit, teilweise hängend, abfallend und/oder eng; 3 Symbole: überwiegend hängend, abfallend, eng und mit zahlreichen Hindernissen ausgestattet.

Rough: 1 Symbol: dünn und kurz; 2 Symbole: dicht und kurz; 3 Symbole: dicht und tief.

Bunker: 1 Symbol: überwiegend flach, mit hartem Sand und leichter Kante; 2 Symbole: teils flach, teils steil; 3 Symbole: mehrheitlich steil, mit tiefem Sand und ausgeprägter Kante.

Wasser: Je nach Lage, Größe und Häufigkeit der Wasserhindernisse; 1 Symbol: überwiegend klein, in geringer Zahl; 2 Symbole: mittelgroß, in genügender Zahl; 3 Symbole: groß und zahlreich.

Greens: Je nach Aufbau und Pflegezustand; 1 Symbol: flach, langsam und klein; 2 Symbole: groß, flach und schnell; 3 Symbole: groß, hängend oder mehrstufig sowie schnell.

Club: Je nach Ausstattung und Angebot: 1 Symbol: befriedigend; 2 Symbole: gut; 3 Symbole: ausgezeichnet.

Pro-Shop: Je nach Ausstattung und Angebot; 1 Symbol: befriedigend; 2 Symbole: gut; 3 Symbole: ausgezeichnet.

Driving Range: Je nach Lage zum Clubhaus und Übungsmöglichkeiten; 1 Symbol: befriedigend; 2 Symbole: gut; 3 Symbole: ausgezeichnet.

# Fotonachweis

Gut Altentann (Brian Morgan) 184/185, 186/187, 188

Bildagentur Baumann 197 u. r.

Denis Machenaud 16 u. l., 28/29, 30/31, 32, 34/35, 36, 37, 38, 40/41, 42, 44, 46/47, 48/49, 50, 58/59, 60/61, 62, 64/65, 66, 67, 68, 70/71, 72/73, 74, 85, 86, 98 o., 112 u. l., 114/115, 132/133, 134, 160/161 o., 164 o., 170 u., 224

Mitchell Beazly 12/13, 18/19, 42/43, 102/103, 108/109, 188/189

Brian Morgan 52/53, 54, 55, 56

TRANSWORLD (R. Sautebin) 4/5, 10/11, 12, 13, 14, 15, 16 o., 17, 18, 20, 22/23, 24/25, 26

TRANSWORLD 2/3, 6/7, 8/9, 76/77, 78/79, 80, 82/83, 84/85, 88/89, 90, 91, 92, 94/95, 96/97, 98 u., 100/101, 102, 104, 106/107, 108, 110, 112/113 o., 113 u., 114, 118/119, 120, 121, 122, 124/125, 126/127, 128, 130/131, 132, 136/137, 138/139, 140, 142/143, 144/145, 146, 148/149, 150/151, 152, 154/155, 156, 157, 158, 160/161 u., 162/163, 164 u. 166/167, 168, 170 o., 172/173, 174/175, 176, 178/179, 180/181, 182, 190/191, 192, 193, 194, 196/197 o., 196 u. l., 199 u., 200, 202/203, 204/205, 206, 208/209, 210, 211, 212, 214/215, 216/217, 218, 220/221, 222/223